人生五情

理论集

苏子龙题

王林强 著

中国文史出版社

目　录

第三辑 激情洋溢 溢于言外

第四辑 豪情满怀 怀质抱真

第五辑　痴情一片　片片真意

在不惑之年谱一曲青春的赞歌（序言）

阎晶明

王林强是一位热爱文学的青年。从他身上，我能感受到他对文学的热爱，有如他对自己工作的热爱，有如他对生活的赤诚热爱。都是怀着不懈的追求、高度的热情，怀着谦虚的学习的态度，也展示着一种透明的质地。果然，他的诗文也彰显着这样的品质，直抒胸臆，表达美好，有一种天然的单纯，又夹带着生活历练赋予的成熟、艺术修为锻炼出的老到。这样的诗文，从充满阳光的心中流出，又带着多重人生积淀而成的沉稳，自有其独特的味道。

2021 年，林强以天津市最年轻的青年作家身份参加了中国作协十代会。那是我们第一次见面。因为是山西乡友，话题就格外多。关于华夏文明的起源和三晋文化及其源流，林强多有自己独到的见解。他谈到了自小对文学创作充满向往，这种向往如同跳跃的光斑，不断闪烁着移向远方，也引领他一步步走上文学之路。他还谈到，从事工作初期，虽执着于文学，但每每不得已要收拾好心情、面目、装扮与才情投身工作的无奈以及日渐融会贯通的收获。他对文学的热诚始终没有改变。他说，得知自己有机会来北京参加中国作协第十次全国代表大会，聆听习近平总书记在开幕式上的重要讲话，见到那么多自己崇敬的文学大家名家，近距离向文学前辈请教，心情如同冬日的阳光一样温暖明媚，久久不能平静。而他内心激起的创作信念是，更加坚信人世间的善与恶、美与丑、光明和希望、现实和理想都可以用文学来护卫，都可以用文学来坚守。他谈得坦诚，谈得深入。他表示，自己将继续埋头写作，争取两年内能再出两本书，并邀请我到时给他的新书作序。我还未发展到“好为人序”的地步，但为着这份笔耕不辍、奋力追梦的恒心和毅力，便鼓励他要匍匐大地、贴近生活、感悟生活、沉入生活，写出更多更有温度、更有厚度、更有深度的作品，并允诺会慎重考虑序言的事宜。

果然，今年盛夏时节，林强便带着两本书的样稿，一本名为《人生五情》的理论文章集，一本名为《人生几度》的诗集，专程来北京找我过目。“人之患在好为人序”，实在是有感于出书者甚多，荒谬、浅显者有之，词不达意者有之，文笔好且能善叙事理、妙趣横生者少之，更遑论能“先行其言而后从之”者。但品读林强的文章，心中竟生出一丝怜惜，他在世间火宅和红尘岸边的夹缝中顽强书写着自己的理想追求、现实境遇以及追逐、彷徨和所有、所得、所获。他的那些理论文章，也许在理论上还算不得多么深奥，却含着深厚的感情、豪迈的热情、洋溢的激情、满怀的豪情和一片痴情。他的诗歌，也一样体现出植物的高度、情感的浓度、感悟的深度、青春的鲜度、乡愁的温度。这“五情”和“五度”，蕴含着他各个时期生活、工作以及创作上的收获，深情回眸荣耀和忧虑结伴同行的似水流年。

文集是生命的片段诗，是一次对自己严格的拷问与检验。十六年中，林强写下了近百万字的文章，许多是与工作相结合的“公文”，这一次，他精选二十三万字，汇成《人生五情》一书。通读这些文章，可以看出，林强的理论文章不仅要表达的思想很丰富，而且正如坚硬的骨骼支撑着生命一样，同时还有涌动的血液和温暖的血肉。文集的首篇《做心怀“五情”的好干部》就很好地将他自己的文学才华充溢在公文的理性逻辑思考中。“感情是投身事业守初心的‘压舱石’”“热情是激发动能向未来的‘发动机’”“激情是启迪智慧增潜能的‘催化剂’”“豪情是征程万里风正劲的‘推进器’”“痴情是追逐梦想再启航的‘梦工厂’”。以文学之文本载政治评论之内容，既有文学的抒情，又不失理论的严谨。不同的阶段有不同的挑战，在与公文长灯相伴的十六年中，林强在不断地思考，不断地学习新的写作艺术和写作技巧，不断探索如何给理论文章注入血液、注入感情、注入温度，从而使其变得明艳、动人。

沿着水流寻找文学气的源头。几年前，林强送给我一套他撰写的散文和旧体诗词《南依离开》，言语虽略显稚嫩，但也不掩其文学造诣和深邃思考。几本集子纵向来看，不难发觉他在写作上是带着使命和责任的，一方面满腔热情投入实境，所以有了理论文章集。同时他又抽离而出，让自己的人生保留了最纯真的部分，在红尘岸边越走越远。在二十五年的诗歌创作跨度中，他的认知、他的感悟唏嘘因为细节拿捏到位而显得真，因为真而显得粗粝，都体现在这部《人生几度》的诗集当中。跟着他，我看到了“植物的高度”和他对大自然的谦逊。这个嘴里叼着狗尾巴草、“曾梦想成为一棵绿着的树”的小男孩受到从事园林绿化工作的父母的影响和熏陶，从小与植物结缘，在这些与植物的对话中，对“天人合一”也有了更直观的体验。从乡村来到城市，在两种话语体系的对立中，在被“金孔雀锁住的时光里”，林强又义务奉献，在小区里开辟出一方可以耕种的土地和花园，修剪为“狮子”“小兔”“孔雀”，“让一切杂想回归大地，让泥土成为归宿”，为居民带来美的体验，也让自己获得片刻的欢愉。除却与自然和植物的心灵碰撞，他也愿意探讨爱的意愿和爱的能力。

在诗集中，家国情怀、家乡情结、家人情感都不再是空洞的文学符号，而是温柔深情的陪伴，是对“时间都去哪了”的最好回答，是情感浓度、感情深度、乡愁温度的翻滚升华。在诗里，我读到了他和人生的和解。人生中有很多不尽如人意的事情，也许是林强确实到了一定的年纪，十五岁那个“初次写诗的男孩”已不再对命运咆哮，他学会了“一路向上”，不再“对镜挽花”，走过了山和水的分界点，他已不动如山，有了“厚度”，这是一种浪漫的、充满自我生命观的抉择和成长。诗集中的每一字每一句每一篇其实写的都是人，这个人带着憧憬和焦虑寻找传统，在历经“几度风雨几度春秋”后仍为着母亲的微笑和大地的丰收而志在建立一个对抗虚无的理想国，我想，在这个过程中他是“痛并快乐的”，更沉醉其中。

唯愿林强在未来能继续坚守文学理想，在生活的庇佑和滋养下，继续满怀对人生的深厚感情，以生命留下的真实印记和温度继续书写青春未完、未来可期的精彩章节。

是为序。

2023 年 9 月 2 日

感情深厚　厚爱无言

做心怀“五情”的好干部

2022年3月1日，习近平总书记出席中央党校（国家行政学院）中青年干部培训班开班式并发表重要讲话，这是总书记第六次为中青班亲授“开学第一课”，谆谆告诫之情、浓浓关爱之意溢于言表。历次讲话尽管主题有所不同，角度各有侧重，但内涵和要求是贯通一致的。身处这个伟大的新时代，广大青年干部要以习近平总书记的重要讲话精神为指引，始终保持永不懈怠的精神状态和一往无前的奋斗姿态，对信仰有坚守，对未来有憧憬，对奋斗有坚持，对祖国有深情，对事业心怀感情、热情、激情、豪情、痴情，埋头苦干、勇毅前行，才能不负党的重托、无愧历史的选择，留下无悔的奋斗足迹；才能真正担当起历史赋予的新使命，走好新时代的长征路，书写不平凡的人生华章。

有感情，是投身事业守初心的“压舱石”。总书记反复勉励广大青年要“胸怀忧国忧民之心、爱国爱民之情”。感情有多深厚，信仰就会有多忠诚，信念就会有多坚定。青年干部对党、对祖国、对人民、对事业的深厚感情，就是为党分忧、为国尽忠、为民解难的不竭动力。对党有深厚感情。夯实信仰之基，铸就“真信仰”“铁忠诚”，才能在任何时候任何情况下都与党同心同德，始终确保政治信仰不变、政治立场不移、政治方向不偏。对祖国有深厚感情。心怀“国之大者”，站在全局和战略的高度想问题、办事情，不管人生的道路延伸到哪里，都要守住那一份对祖国的赤子情怀，把个人的小我融入祖国的大我，以奋斗诠释爱国情怀、践行报国之志。对人民有深厚感情。“江山就是人民，人民就是江山。”要始终怀着对人民的深厚感情，把自己当作人民的一员，始终同人民想在一起、干在一起，把人民的事当作自己的事，把人民的安危冷暖放在心上，把好事实事做到人民心坎上，始终与人民心连心。对事业有深厚感情。承担该承担的责任，做好该做的工作，用汗水浇灌收获，以实干笃定前行，持之以恒、锲而不舍，登高望远，抬头看路，在平凡的岗位上干出令人信服的成绩。

有热情，是激发动能向未来的“发动机”。“热爱可抵岁月漫长。”对工作和事业始终如一地充满热情是一种难得的情怀。中国共产党之所以取得巨大的历史成就，与我们党对事业一以贯之的满腔热情和对人民永远保持的赤子深情密不可分。热情的基点是责任担当。在其位，谋其政，青年干部要有勇挑重担的热情，切实做到干一行专一行、精一行，拿出“逢山开路，遇水搭桥”的勇气和“问题总比办法多，解决一个少一个”的心态，坚持一张蓝图绘到底，努力做出无愧于初心、无愧于时代、无愧于人民的业绩，成为人民群众信得过、可依赖的好干部，让青春身影在新时代改革开放的广阔天地中绚烂绽放。热情的动力是主动作为。伟大的时代蕴藏着伟大的机遇，青年干部拥有更充沛的精力、体力、能力，决不能满足于做四平八稳的“太平官”，要有主动作为的热情，以赤诚的心、无私的爱、滚烫的情，在机遇面前主动出击，不犹豫、不观望，在困难面前迎难而上，不推诿、不逃避，在风险面前积极应对，不畏缩、不躲闪。热情的持久是创新胆识。青年干部富有活力和朝气，要始终保持开拓进取的热情，怀揣“筚路蓝缕、以启山林”的创新胆识，保持“勇争一流、敢为人先”的进取精神，勃发“以我为主、以干为荣”的干事激情，灵活运用新思维、新办法解决新问题、新矛盾，焕发起在新时代新征程建功立业的无限热情。

有激情，是启迪智慧增潜能的“催化剂”。“人是要有一点精神的。”人活着需要激情，工作更是如此，这充分反映了青年干部的精神状态和工作动力。激情是活力的源泉。激情之于人生，如同翅膀之于雄鹰。激情之于事业，犹如劲风之于航船。无论顺境或逆境，青年干部都要精神饱满，都要对人生对事业充满激情，这是永葆战斗力的源泉所在。反之，青年干部如果丧失了激情，就会缺少精神气，饱食终日、碌碌无为。激情是最亮的底色。未来属于青年，希望寄予青年。“请党放心，强国有我”的铮铮誓言，彰显着新时代中国青年的志气、骨气、底气。作为新时代的青年干部，有着新的使命和责任，唯有在奋斗中释放青春激情，敢去啃“最硬的骨头”，敢去抓“最烫手的山芋”，为时代新人“打样”，为党的事业“赋能添彩”，才能创造出无愧于党、无愧于人民、无愧于时代的业绩。激情是精神的境界。青年干部的人生旅程才刚刚开始，应对困难需要激情，干事创业需要激情，激情创造奇迹，激情成就事业，激情提升境界。当今世界正经历百年未有之大变局，我国正处于实现中华民族伟大复兴的关键时期。青年干部在工作中，风雨兼程是常态，有压力和困惑，也是常情。更需要以激情打破暮气、振奋精神，不为任何风险所惧，不为任何干扰所惑，把激情转化为持久的、积极向上的高远境界，以“功成不必在我”的精神境界和“功成必定有我”的激情斗志奋勇前行。

有豪情，是征程万里风正劲的“推进器”。“长风破浪会有时，直挂云帆济沧海”的豪情壮志，助推每一名青年干部鼓足干劲、一往无前。要有壮志凌云的豪情。青年干部要心怀家国情、民族情、为民情，把历史使命装在胸中，把神圣职责落到实处。要以壮士断腕的决心、以不达目的誓不罢休的勇气，把对党和人民事业的无限忠诚和热爱转化为豪情满怀地追求卓越、追求一流、追求梦想的实际行动。要有建功有我的豪情。欣逢盛世，当倍加珍惜。岁月匆匆，当惜时如金。身处在一个伟大的时代，从事一项伟大光荣的事业，总要有一种昂扬向上、朝气蓬勃的精神状态，保持敢于攻坚的勇气，保持勤奋工作的干劲，以建功有我、舍我其谁的雄心壮志，在岗位上干出特色、干出水平、干出成绩。要有务求必胜的豪情。青年干部要勇于以亮剑精神，直面前进路上的荆棘坎坷，无论困难再多、压力再大、担子再重，都要有“千磨万击还坚劲”的意志，保持昂扬向上的干劲、攻坚克难的拼劲、滚石上山的韧劲，高起点想事，全方位谋事，下力气干事，用智慧成事，在不获全胜决不收兵的拼搏中释放活力、燃烧激情，在新时代的浪潮里乘风破浪、直济沧海。

有痴情，是追逐梦想再起航的“梦工厂”。情由心生，青年干部最大的使命是在一代代青年的接力奋斗中把中国梦变为现实，由这个心愿激发的是对党的事业的满腔痴情。专心致志争当行家里手。痴迷于工作的人，总能在平淡中发现乐趣，所谓“情人眼里出西施”，对于工作而言也是如此，安心下来、专心致志、迷恋至深，才能体会到其中的温度与厚重。把心思集中在“想干事”上，把能力体现在“会干事”上，把目标落实到“干成事”上，尽最大努力成为党和人民信得过、离不开、用得上的好干部。拿出抢抓机遇的魄力，展现破解难题的胆识，彰显善抓成效的本领，把对党和人民的忠诚化作干事创业的动力，用“痴心”把工作目标落实到行动中，成为做好工作的行家里手。如痴如醉争做追梦达人。每个人都有自己的梦想，当下，在我们的面前是一方干事创业的沃土，是一方前所未有的天地，是一个值得奋斗的时代。身处追寻梦想的新时代，要始终保持对事业的痴迷、专注，自觉把个人的理想信念融入党和人民的事业之中，把个人的拼搏奋斗与忠诚党的事业紧密相连，把远大的目标与脚踏实地的工作充分结合，在推进新时代中国特色社会主义伟大事业中，实现自己人生的最大价值，扮靓我们的世界，激荡起远大的梦想与抱负，在青春的赛道上奋力奔跑，争取跑出新时代青年的最好成绩。

2022 年 3 月

宣传思想工作要把握好十二个“度”

党的二十大吹响了以中国式现代化全面推进中华民族伟大复兴的时代号角，习近平总书记对中国式现代化的中国特色、本质要求、重大原则、重大关系等一系列重大理论和实践问题作了全面系统深入的阐释，为做好新时期宣传思想工作提供了根本遵循和行动指南。新时代新征程，宣传思想工作必须坚持以习近平新时代中国特色社会主义思想为指导，围绕学习宣传贯彻党的二十大精神这条主线，践行举旗帜、聚民心、育新人、兴文化、展形象的使命任务，把握好十二个“度”，奋力推动宣传思想工作开新局展新貌。

以领袖的高度提升宣传思想工作的准度

没有脱离政治的单纯的业务工作，讲政治是灵魂、是统帅、是根本。宣传思想工作的外在表现是用镜头聚焦亮点、用声音捕捉热点、用笔触记录焦点、用图片展现特点、用技术解决难点，但从本质上来说则是字字千钧、秒秒政治的工作，大事小情都要讲政治。新时代十年，宣传思想工作取得历史性成就、发生历史性变革，最根本就在于坚持以习近平新时代中国特色社会主义思想定盘指向，坚持党对宣传思想工作的全面领导，旗帜鲜明坚持党管宣传、党管意识形态、党管媒体。以党的二十大为标志，宣传思想工作进入一个新阶段。如何引导全党全社会进一步增强对“两个确立”的政治认同、思想认同、情感认同，把全党全国各族人民的智慧和力量激发出来，是宣传思想工作面临的重大课题和紧迫任务。

为扎实深入推进宣传思想工作重点任务的落实，宣传思想工作者要深刻领悟“两个确立”的决定性意义，增强“四个意识”、坚定“四个自信”、做到“两个维护”，不断提高政治判断力、政治领悟力、政治执行力，把“旗帜鲜明讲政治”的要求贯穿到宣传思想工作全过程各领域。讲导向不含糊，持之以恒推进理论学习教育。当前，我们比以往任何时候都需要用习近平新时代中国特色社会主义思想统一思想、统一意志、统一行动，从宣传思想战线来讲，要引导广大党员干部静下心来真学，学出深度，不断在思想上有新悟；要深刻理解真信，学出温度，不断在政治上有新升华；要知行合一真用，学出热度，不断在实践上有新提高。宣导向不放松，深入学习贯彻党的二十大精神。学习宣传贯彻党的二十大精神，是一个持续推进、步步深入的过程，宣传思想战线要从讲政治的高度谋划、部署，推动学习宣传贯彻不断往深里走、往实里走、往心里走。宣传党的二十大精神既要顶天又立地，挺直“腰杆”、补齐“短板”、加固“底板”，把工作深入到方方面面、覆盖到所有人群，又要在“大水漫灌”的同时，精准“滴灌”、“靶向”供给，在“知人知心”“量体裁衣”“因时而变”上下功夫，做到出彩出新、有声有色、有滋有味。抓导向不懈怠，进一步压实意识形态工作责任制。习近平总书记指出，宣传思想工作就是要巩固马克思主义在意识形态领域的指导地位，巩固全党、全国人民团结奋斗的共同思想基础。能否做好意识形态工作，事关党的前途命运，事关国家长治久安，事关民族凝聚力和向心力。宣传思想战线要举旗亮剑，更要激浊扬清，以“时时放不下”的责任感，落实意识形态工作责任制，加强阵地管理，加强意识形态领域预警监测和分析研判处置能力，敢于斗争、勇于斗争、善于斗争，牢牢掌握党对意识形态工作的领导权，做到“任尔东西南北风”，仍然“咬定青山不放松”。

以实践的力度提升宣传思想工作的广度

1978 年 5 月，一篇名为《实践是检验真理的唯一标准》的特约评论员文章，在《光明日报》一版刊发。在那个荡气回肠的年头，掀起了席卷中国的真理标准大讨论，成为撬动改革开放的理论杠杆和破晓之光。短短六千字，激荡四十五年，充分显示了思想引领的强大力量，而“解放思想，实事求是”也最终成为一个鲜明的思想印记，贯穿了中国改革开放的整个进程。透视这场思想理论界的大事件，正是因为宣传思想工作与实践相辅相成、与时代肝胆相照，因实践而思考、为实践去发声，才能在振聋发聩、拨云见日中奏响时代最强音。四十五年春潮带雨，眼前的雄奇景色、耳畔的历史长风，都在发出呼唤，中国特色社会主义事业伟大实践的不断推进，让我们看到宣传思想工作者被赋予了怎样的责任与荣光。

思想来自实践，实践出真知，真知促实践。我们要勇于实践，获得真知。只有扎根实践才能拥有更广舞台。“时代是思想之母，实践是理论之源。”立足所见所闻，方能言之有物、言之成理、言为心声。宣传思想工作远离实践的土壤，必然会失去生命力和说服力，影响的广度和深度更无从谈起。新时代的宣传思想工作，要扎根于社会实践的广阔天地，从丰富深刻的社会实践中寻找宣传思想工作的源泉，从深入扎实的调查研究中充实宣传思想工作的成果，从人民群众的愿望需求中明确宣传思想工作的责任，从新鲜活泼的大众语言中汲取宣传思想工作的营养。宣传思想工作者应当成为中国式现代化实践伟力的亲历者、参与者、记录者，用目光聚焦团结奋斗的时代，把镜头对准团结奋斗的人民，以笔墨描绘时代巨变的画卷。只有服务实践才能吸引更广受众。思想解放，就是摆脱藩篱；思想解放，也是开启新篇。《时务报》之于戊戌变法，《新青年》之于五四运动，皆是如此。如何引导广大干部群众更加自觉地用党的创新理论武装头脑、指导实践、推动工作，使之成为人民所喜爱、所认同、所拥有，成为亿万人民奋进新征程、建功新时代的强大思想武器，是宣传思想工作面临的重大课题和紧迫任务。中央就深入开展调查研究作出重要部署，对于广大宣传思想工作者来说，就是要坚持把目光投向基层一线，察实情、听实话、谋实招，多进行调研式、蹲点式采访，多反映热火朝天、干事创业的景象，让人们看到喜人进展、积累发展信心，让改革进取的“冲锋号”在中国特色社会主义新时代始终嘹亮。只有在实践中练就过硬本领才能开辟更广“战场”。习近平总书记强调，宣传思想工作是专业性很强的工作，没有几把刷子是干不了的。只有在实践的“战场”中练就高素质、好把式、真功夫，才能打出漂亮仗、干出漂亮活。宣传思想干部要心怀“国之大者”，舍得在学习理论上花时间，发扬优良传统，让求真务实、好学能文蔚然成风，深入把握新时代理论、舆论、文化、文明等工作特点，不断增强脚力、眼力、脑力、笔力，善于运用新思路、新机制、新手段开展工作，持续深化群星闪耀、新人辈出的生动局面，在宣传思想工作的广阔天地里干出一番新业绩。

以文化的厚度提升宣传思想工作的气度

中国式现代化不是西方式的片面追求物质财富的积累、信仰缺失、物欲横流的现代化，而是精神财富极大丰富、思想文化自信自强的现代化，物质要富足，精神更要富有。守好中国式现代化的本和源、根和魂，赋予了宣传思想战线坚守中华优秀传统文化之源、谱写物质文明和精神文明相协调的中国式现代化新篇章的重大使命。这要求新时代的宣传思想工作要“气度非凡”。要着眼当下、“就事论事”，弘扬时代主旋律；要与时俱进、展望未来，引领国家的文化风向；更要自信自强、走向世界，展现泱泱大国非凡形象。一言以蔽之，宣传思想工作的时代气度需要具有五千年悠久历史的中华文化底蕴加持，以固根本、聚共识、强信心、增力量。

文化的生命力应与时代发展相适应，应与时代价值相一致，与时代步伐相协调、时代要求相契合、世界潮流相融合，要在坚守中华文化的根脉中更加主动推进中国式现代化。在继承性和时代性相统一中开阔宣传格局。源远流长、博大精深的中华优秀传统文化，积淀着中华民族最深沉的精神追求，是中华民族生生不息、发展壮大的丰厚滋养。治国理政的丰富思想、修身处事的道德理念、革故鼎新的思想方法和质文兼具的表达方式，都是中华优秀传统文化留给我们的丰厚精神遗产。要发扬历史主动精神，深入挖掘、继承、传承千年文化精华，汲取不竭源泉，让宣传思想的格局更开阔、立意更深远、内容更饱满、表达更鲜活，有话可说、有据可查、有理可讲。在包容性和坚守性相统一中赓续精神谱系。当前信息产生主体的多元化、传播渠道的多样化、传播受众的细分化，极大改变了社会思想舆论的环境生态。“人人都有麦克风”“人人都是扬声器”的思想广场上，需要有核心价值观的力量，让无数散落的音符构成雄浑的乐章。宣传思想工作是对社会意识形态的宣扬和引导，无论是“高大上”的理论宣讲，还是社会主义核心价值观的落细落小落实；无论是继承和弘扬中华民族传统美德，还是引导全民做爱国敬业、创业创新的典范，都需要与千年文化有机融合，凝聚文化认同感和精神归属感，在时代的强劲脉动中，更好发挥主流价值强大的引领之力，引导思想观念激浊扬清、百川汇流。在民族性和世界性相统一中演绎中国故事。举世瞩目的中国奇迹，让我们完全有信心有底气讲好中国故事，向世界阐释推介更多具有中国特色、体现中国精神、蕴藏中国智慧的优秀文化，以中华文化感召力塑造可信、可爱、可敬的中国形象。积极有效地宣介我们的理念、政策和主张，拓宽中国声音的“音域”，让世界更好读懂中国，是新时代宣传思想工作者的神圣使命。国际舆论场上，要着力提升叙事能力，拓宽中国声音的“音域”，进一步打通政治话语、学术话语、大众话语和国际话语，打造融通中外的新概念、新表述，让中国观点变成世界语言，在中国主场尽显中国气派。

以融合的深度提升宣传思想工作的热度

“明者因时而变，知者随事而制。”当前，互联网深刻地重塑着世界，正在成为新时代宣传思想工作的主战场、主阵地、最前沿。宣传思想工作坚持改革创新，要勇于破除一切不合时宜的思想观念和体制机制的束缚，引领时代变革风气之先。要从波澜壮阔的现实生活中汲取养分，准确把握人民精神文化需要的新变化，深入把握新形势下宣传思想工作的特点和规律，改进宣传思想工作的领导方式、组织方式、工作方式、管理方式。要把互联网思维和信息技术改造贯穿体现到宣传思想工作各方面、全过程，充分运用先进技术手段丰富文化的生产方式和表现形式，极大丰富文化品种、样式、载体、风格，让一切创造活力竞相迸发，让一切创新才华充分施展，让一切创新成果得到尊重，努力推出创意十足、新风扑面、耳目一新、过目难忘的精品力作，以新语态阐释新思想、以新传播讴歌新时代、以新视听赞美新生活。

让党的宣传思想工作出彩、出新，掀起热潮、提升热度，需要处理好以下几个辩证关系。要把握好“深”与“浅”的关系。马克思主义蕴含着强大的真理力量和科学的理论内涵，是最“彻底的理论”。而只有把理论讲彻底，才能说服人、引领人。这就要求达到深入浅出、举重若轻的效果。要转换话语体系、创新话语表达，坚持平实朴实切实，把政治话语、理论话语转化为群众语言，让理论传播变得更加鲜明、生动、可爱，如春风化雨、润物无声。要把握好“大”与“小”的关系。新形势下的宣传思想工作，更多的是大事儿对着“小屏”，关键在于如何吸引小屏幕那端的受众。要坚持高站位小角度，从下往上讲，从小往大讲，宏大演绎与微观雕琢相结合，让“高大上”的理论变得更接地气、更有“烟火气”、更易于感知。在全媒体发展背景下，媒体的界限正在打破，相互的支撑联动更为重要，要深化“思想+艺术+技术”创新融合，打造融合传播优势，主动设置议题，创新话语表达，精准广泛投送，用琳琅满目、目不暇接的精品节目矩阵营造浓厚氛围，实现最广覆盖范围、最大触达体验、最多转载评论、最热互动话题和最佳传播效果的目的。要把握好“泛”与“精”的关系。学东西最怕泛而不精，做好宣传思想工作创新，既要广泛，更要精品，坚持内容为王和渠道制胜相结合，用先进技术提升内容品质、创新产品形态、改善受众体验。要根据网络特点优化内容供给，拿出更多精力打造导向鲜明、形式活泼、网民喜闻乐见的作品产品，力求真挚明快的内容呈现以及“破圈”融合、“跨界”传播的效应。要敢于善于抢首发、争独家、传遍家，通过精品影响实现更大化的传播，实现更有力的引导。优质产品的核心竞争力是内容，要打造充满创新、浑身创意、满目希望的新媒体新平台，推出创意十足、新风扑面、耳目一新、回味悠长的精品力作，实现思想引领直抵人心、经典镜头意蕴深长、最佳光影极致呈现。

以“食材”的鲜度提升宣传思想工作的速度

宣传思想工作说到底是用让人民群众听得懂、能共情的方式把鲜活的习近平新时代中国特色社会主义思想讲鲜活、把彻底的理论讲彻底，从而达到以大宣传凝聚思想共识的目标。同时，互联网条件下的舆论环境对宣传思想工作的挑战是全面而深刻的，如果提供的精神“食材”跟不上人民群众的“口味”变化，“老烧那几道菜”“总是那几个口味”，就可能会在复杂的形势中失去阵地、失去实力。所以，宣传思想工作应在第一时间把富有说服力、感召力、有意义的内容通过艺术的方式、故事的形式传递给人民群众，引起共鸣共振，在无形中把习近平中国特色社会主义思想立起来、把自信自强的中国精神强起来。

宣传思想工作在“求实”“求深”的同时，更要“求新”“求时”，才能按下“快捷键”，跑出“加速度”。要把握速度是根本。习近平总书记指出，宣传思想阵地，我们不去占领，人家就会去占领。宣传思想工作犹如烹饪，要找好食材，及时烹调方能美味可口。“烹文之术”关键在于把握好“时”，注重时效，先人一步、先声夺人，掌握主动权和话语权。这就要求宣传思想工作要在新闻发生时用最快的速度对事实进行真实、准确的报道，对重大事件迅速发声、对突发事件及时反应，做到关键时刻不失语、重大问题不缺位，让宣传思想工作“冒热气、带露珠、沾泥土”。要感应时代是灵魂。宣传思想工作是时间的“易碎品”，更是历史的“活化石”，发现好“食材”只是第一步，如何既有时效性又见鲜活性，就需要宣传思想战线用心感应时代，坚持与时代同行、与人民同行，紧扣时代的脉搏，充分反映时代精神，传播党的政策主张、记录时代风云、推动领域发展、守望烟火人间，使宣传思想工作在当下能“强信心”“鼓士气”，在跨越时间湍流的未来，能成为孕育实现中华民族伟大复兴的中国梦的丰土沃壤。要形式形态是关键。习近平总书记告诫我们，“不创新不行，创新慢了也不行。如果我们不识变、不应变、不求变，就可能陷入战略被动”。创新在于角度，大主题也可以小切口。创新在于话语，词语鲜活、布局结构翻新。创新在于形态，勤学网、真懂网、多用网，推出更多反映习近平总书记思想精髓和风范气度的融媒体作品，自然能使宣传思想工作“通而不乏”。

以情感的温度提升宣传思想的亮度

宣传思想工作是做人的工作，人在哪儿重点就应该在哪儿，情感的温度就应该在哪儿。只有真情实感才能传递情感，只有读懂人心才能打动人心。“情感温度”不仅是宣传思想工作围绕中心、服务大局的价值归宿，也是弘扬主旋律、打好“感情牌”、掌握话语权、传播正能量的力量源泉。思想是宣传工作的灵魂。“你说的我都信、我信的我就做”，这是受教育者对政治、思想等原则由认知到无悔选择、情感认同、内化于心、外化于行的变化过程。只有全心全意、全情投入、全神贯注、全力以赴带着对人民群众百分之百的温度从事宣传思想工作，在火热实践中汲取营养和力量，才能更好地贴近实际、贴近生活、贴近群众，让大家感到满满的诚意、收获满满的关爱，实现教育人、感化人、培养人的目标，滋润心灵、回报人民。

有情感的温度是最大的流量密码。有情感还得有行动，有行动还得有亮度。要把以人民为中心的发展思想落实到宣传思想工作各方面、全过程，才能提升宣传思想工作的亮度，使求解的问题更优解，让出手的工作更出色。彰显宣传思想的亮度，就是要展示宣传内容和载体的理论光辉、思想光芒、逻辑力量和实践价值。要用真理话语直指人心。马克思指出：“理论只要说服人，就能掌握群众；而理论只要彻底，就能说服人。所谓彻底，就是抓住事物的根本。而人的根本就是人本身。”只有中国化时代化的马克思主义才是彻底的理论、真理的话语，才能为群众所认同。在党的二十大吹响了全面建设社会主义现代化国家、全面推进中华民族伟大复兴的进军号角的时代背景下，我们要以强烈的历史主动精神推进马克思主义中国化时代化，推动当代中国马克思主义、21世纪马克思主义深入人心，坚持不懈用习近平新时代中国特色社会主义思想凝心铸魂。要用主流话语引导人心。舆论引导要始终坚持正确导向，着力巩固发展积极健康向上的主流思想舆论，紧扣时代脉搏、引领时代风气，发挥好“精神导线”和“有声纽带”作用，与群众感同身受，多反映百姓心声，多报道平凡故事，多回应社会关切，不断提高宣传舆论传播力、引导力、影响力、公信力。要用创新话语融通人心。加强传播手段和话语方式创新，坚持分类施策、分层施教，深入研究不同群体心理心态心情，把握他们所思所需所盼，将“大众”细分为不同“小众”，投群众之所“好”，获群众之所“赞”，多做看不见的宣传，收获看得见的效果，达到“忽如一夜春风来，千树万树梨花开”的效果，更好强信心、聚民心、暖人心、筑同心。

2023 年 4 月

奋进新征程　书写新时代

作为来自天津国企一线的青年作家，我怀着十分激动的心情第一次出席全国作代会，第一次亲临会场聆听习近平总书记讲话，总书记高瞻远瞩、深思熟虑的谆谆教诲，饱含深情、语重心长的殷殷期望，让我倍感温暖、感情满怀。总书记在中国作协十代会开幕式上发表的重要讲话，通篇闪烁着马克思主义真理的光辉，洋溢着中华民族伟大复兴的时代豪情，特别是对青年作家和文学工作者提出了要求，寄予了厚望，具有深邃的思想情怀、博大的历史情怀、真挚的人民情怀和浓郁的文艺情怀，青年一代要牢记嘱托，担负起时代赋予的光荣使命。

青年作家胸中要有大格局，勇做走在新时代前列的讴歌者

青年作家和文学工作者如何践行总书记提出的崇高使命，我觉得最重要的就是高擎民族精神火炬，吹响时代前进号角，把艺术理想融入党和人民事业之中。必须牢固树立党对文艺工作领导这一生命线，始终在政治上、思想上和行动上同以习近平同志为核心的党中央保持高度一致，听党话、跟党走，始终把祖国放在心窝、把百姓装在心坎、把责任举过头顶、把名利踩在脚下，书写生生不息的人民史诗。要有家国情怀。要把自己的创作与国家、民族的命运联系在一起，胸怀天下、心系

百姓、以国为重、以民为重。这样才能写出与世界同行、与人民同心，体现新时代精神的精品力作。要有担当精神。总书记说：“要增强文化自觉、坚定文化自信，以强烈的历史主动精神，积极投身社会主义文化强国建设。”青年作家要肩负起推动文艺繁荣、建设文化强国的重任，在重要历史时期站得出，重大历史关头扛得起，重要关键时刻顶得上，在民族复兴的大路上，用作品记录时代、讴歌英雄、慰藉情感、鼓舞士气。要有一根“定海神针”。“眼纳千江水，胸起百万兵。”青年作家的内心一定要有一根“定海神针”，心中要有一颗“定盘星”，抵得住诱惑、耐得住寂寞、稳得住心神，不为一时之利而动摇，不为一时之誉而急躁，这样才能创作出更多更好讴歌党、讴歌人民、讴歌英雄、讴歌时代精神的文学作品。

青年作家眼里要有大视野，勇做走在新时代前列的弄潮儿

“文变染乎世情，兴废系乎时序。”当前，我们正处在实现中华民族伟大复兴中国梦的“新境界”，伟大的时代需要伟大的作品，青年作家一定要举精神之旗、立精神支柱、建精神家园，眼观大世界，融入新时代，拥有大视野，不断推出无愧于伟大时代的优秀作品。

天津有着深厚的文化底蕴和丰富的文化资源，在建设“五个现代化”的过程中有着得天独厚的资源优势。当前，天津正在打造“津城”“滨城”双城发展新格局，天津的高质量发展正处在大有可为的历史机遇期，就是要坚持以习近平新时代中国特色社会主义思想为指导，全力服务京津冀协同发展大局，深学笃用，努力实现总书记对天津工作“三个着力”的重要要求。作为一名在国企成长的基层作家，就是要围绕这个目标，扩大创作视野、深化作品深度，回归初心，为人民创作，为天津歌唱，当好时代的弄潮儿，真正服务于经济社会的发展，弘扬天津精

神、凝聚天津力量、彰显天津气派，承载起与国运、国脉相牵、相连的责任，用文学的力量为天津的发展鼓与呼。

青年作家笔下要有大情怀，勇做走在新时代前列的追梦人

中华五千年的文明，我们始终是一个满怀梦想的民族。总书记提出的“中国梦”，如同一把金钥匙，不仅打开了中华民族伟大复兴的新境界，更开启了人人筑梦、追梦、圆梦的新时代。总书记语重心长地指出：“青年最富有朝气，最富有梦想。”殷切希望带给文学青年力量，更让每个青年把自己的梦想和中国梦紧密相连。我们是中国梦的见证者，更是践行者和传承者。

青年作家的命运时刻都同国家、民族和人民的命运紧紧相连。文学要比生命更久地存在，离不开一代又一代文学青年的继承与传承。如今，在新的历史关头，与百年未有之大变局这个特殊历史时刻相重叠，伴随着站起来、富起来、强起来的时代最强音，中国进入了新时代。青年作家这一代站在了历史的塔尖，眺望更加遥远的未来，义不容辞、重任在肩、大有可为。

中华民族伟大复兴的中国梦向每一个追梦人发出深情的呼唤。新一代文学青年奋斗的使命责任，已经不是在一穷二白之上平地建高楼，而是让这座高楼焕发出更加绚丽的光彩。这是何等壮观的景象，需要每一个追梦人唤醒身体的每个细胞，让这些细胞与恢宏的时代连接，坚持守正创新，从中汲取创作灵感，运用自己的想象力和艺术情思，在文学前辈的指引下，筑牢理想信念之基，燃旺理想信念之火，补足理想信念之钙，不断攀登文学高峰，描绘崭新的民族精神气象，谱写出那些普通的劳动者、建设者和生活亲历者的奋斗旋律，镌刻下他们作为崭新历史奇迹创造者的精神丰碑，书写出他们阔步朝向社会主义文化强国目标迈进

的高洁风范。这样作为一名青年作家的个人梦才能与中国梦同向而行，才能把个人奋斗融入实现社会主义现代化强国的历史洪流中，书写出更有温度、更有力量、更有情怀的文字，为伟大祖国描绘崭新的画卷。

2021 年 12 月

学海扬帆无止境　拼搏进取再登攀

——“80后”年轻组工干部的感受和体会

光阴荏苒，春华秋实。随着时光推移，一批批“80后”的年轻人走进干部队伍，成为一股新鲜的血液和新生力量。而我就是其中一员。2009年受组织信任，我走进了天津泰达投资控股有限公司党委组织部，成为一名新时期国有企业组工干部。四年多来，在领导的教诲扶掖和同事的关心帮助下，我不断加深对组织工作的认识，深入思考“进组织部门为了什么，在组织部门干了什么，在组织部门与人家比什么”等基本问题，进一步增强了做好组织工作的责任感和紧迫感。

进组织部为了更好地学习和干事

2008年11月—2009年3月，我有幸被借调到滨海新区工委组织部工作，这是我与组织部的第一次“亲密接触”。四个月时间里，我最大的感受就是组织部工作量大，往往一项工作还没彻底完成，下一项工作又接踵而至，加班加点是“家常便饭”，办公大楼里，办公室灯亮到最晚的是组织部，周末休息最少的仍然是组织部，从领导和同志们身上，我体会到了什么是勤勉敬业、什么是严谨细致、什么是甘为人梯。组织部办公室的墙壁上悬挂着“政治上靠得住，工作上有本事，作风上过得硬”十八个大字，我至今记忆犹新。组工干部把工作当成事业，把奉献当作乐趣，以积极向上、不辞辛苦、夜以继日、加班加点、不讲条件、不讲代价、无私奉献、顾全大局的精神，诠释了做人做事做学问的真谛，也正是这种精神不断激励着、鞭策着、感染着我虚心学习，踏实肯干，以高度的责任感和饱满的工作热情面对每一次挑战，解决每一个困难，完成好每一项工作。我深深感到，组织部门无愧于“党员之家，干部之家，人才之家”的光荣称号，来组织部为的是学习、修身、锻炼、陶冶，为的是干事、创业、明理、立志，为的是服务发展、服务大局、服务党员干部群众！

到组织部门必须实干律己

总结梳理四年多来的组工干部经历，并没有干什么轰轰烈烈的大事，相反，做的都是一些小事、琐事。但是，无论是撰写文稿、调研文章，还是接转组织关系，或是参与干部考察，我都认认真真、踏踏实实地去做，因为我做的任何一件事，都代表的是组织部门的形象，任何一个细小的失误，都可能给工作带来重大的影响。

“80后”的我们是在全球化、网络化的背景下成长起来的，具有“独立性、独特性、独创性”以及思想活跃、精力充沛、敢闯敢干的特点和优势，同时也不同程度地存在着理论根基不深、不能吃苦工作、心态浮躁等共性问题。因此，作为一名“80后”的组工干部，必须学会反思，认识和改正缺点。要做到这点，就要调整心态，戒骄戒躁。身边的同事大多是“70后”“60后”前辈，他们的工作经验和人生阅历都很丰富，因此我们在工作中更要谦虚一点，低调一点，勤快一点，有融洽的关系，也有利于打开工作局面。要善于学习，取长补短。要向书本学习，及时进行知识新陈代谢。向领导学习如何决策、指挥、应变。向老同事学习工作的经验方法、待人接物处事的技巧。向实践学习，坚持理论与实践相结合，岗位工作与实际相结合，才能创新工作思路，提高工作水平，创建工作业绩。必须学会务实，在务实中增长才干。就我来说，工作中很少真正下基层找信息源，经常把自己关在办公室里“闭门造车”。我想，要改变这种状况，唯有脚踏实地，凡事从大处着眼，从小事、具体事入手，深入基层、深入实际，广泛接触群众，开展调查研究，分析存在的突出问题，探索解决问题的办法，把实践的过程作为积累经验、增长才干的过程。必须学会吃苦，在吃苦中经受磨炼。在从事组织工作的四年多时间里，有过浮躁、有过退缩、有过畏惧，但对比领导和同志们的干劲时，我就进一步坚定了对认定的事就要“咬定青山不放松”，对定下的事要持之以恒、坚持不懈，对已经在做的事要一鼓作气、一抓到底。冰冻三尺，非一日之寒，优秀品质的培养，需要在长期的工作实践和生活中不断磨炼。必须学会律己，在律己中树立形象。必须时刻谨记自己的身份。因为自己的一言一行代表了组织部门的形象，折射了组织部的工作作风，展现了年轻组工干部这一群体的精神风貌。所以，我们应该从修身做起，从细微做起，从点滴做起，把“80 后”积极健康、蓬勃向上的精神风貌展现出来。

在组织部门要和人家比素质比贡献

作为一名“80 后”组工干部，工作经验还不丰富，在组织部和人家比什么？我个人感觉要多想贡献，少想索取。多看别人的优点，多想自己的不足。简言之，就是比素质、比工作、比党性、比奉献。比素质。组织工作覆盖面宽、任务重、要求高，政治性和政策性强，一些工作的难度也比较大，因此组工干部必须要有过硬的能力素质。能力素质的提升离不开学习，所以组工干部必须强化学习，养成勤于学习的良好习惯，善于从事务中挤出时间进行学习，通过学习丰富知识，提高理论素养，熟悉业务知识，成为组织工作的行家里手，争当熟悉组织工作的“政策通”“多面手”“活字典”。比工作。同样一件工作，组工干部做下来就是要与他人不一样，要比他人完成得好，这样才能彰显出组工干部自身的价值和水平。所以，在日常工作中，应该时时刻刻注意维护组织部门和组工干部的良好形象，做到热情诚恳、严谨细致、一丝不苟、公道正派。同时，时刻都要有强烈的创先争优意识，善于多方位、多角度、多途径地思考问题，善于找准工作的切入点和创新点，善于发现、总结事物的发展规律，有针对性地提出解决问题的新路子、新办法、新措施，将工作做出水平，做出新意，做出特色。比党性。组工干部必须带头讲党性、重品行、做表率，保持政治上的清醒和坚定，严守组工纪律，严格要求自己，慎言慎行，自律自省，公正廉洁，做党性最强的干部。比奉献。奉献是一种精神，奉献是一种修养，奉献更是一种责任。组织工作相对来说比较辛苦，加班加点是常事，任劳任怨是情怀。作为一名“80后”组工干部，一定要树立高度的政治责任感，以饱满的工作热情、良好的精神状态、求真务实的工作作风，为组织工作添砖加瓦，为党的事业奉献自己的光和热！

在组织部工作学习成长的日子，有紧张、有充实、有付出、有收获，有字里行间的苦涩，也有锻炼成长的欣慰，让我少了些稚嫩，多了份成熟与稳健。逝去的是时间，拥有的却是一句句铭记于心的嘱咐，一笔笔一生受用的财富，一份份收获的喜悦。“学海扬帆无止境，拼搏进取再登攀。”在今后的工作和生活中，我将以更加饱满的工作热情、踏实严谨的工作态度，把好人生的航标，走好人生的每一步。

2013 年 3 月

认识规律　把握规律
努力提高党建工作科学化水平

“科学化水平”体现在把握和运用规律的自觉性及其能力上，而规律则是事物之间内在的本质的联系。这种联系不断重复出现，在一定条件下经常起作用，并且决定着事物必然向着某种趋向发展，规律是不以人的意志为转移的，但人们能够通过实践认识它，利用它。对于国有企业而言，“提高党建工作科学化水平”，就是要全面认识、深刻把握、自觉运用好党建工作规律和企业发展规律这两大规律。

提高企业党建工作科学化水平，必须把握党建工作规律

坚持把思想理论建设放在首位；坚持把推进党的建设伟大工程同推进党领导的伟大事业结合起来；坚持以执政能力建设和先进性建设为主线；坚持立党为公、执政为民；坚持改革创新；坚持党要管党、从严治党。这“六个坚持”是对党的建设规律的总体把握，把对党建规律的认识提高到了一个新高度。基层企业开展党建工作，也要认真总结经验，对企业党建工作规律要有新认识，在实践中我们要把握五个要点。

一是必须遵循党章赋予的职责任务。《中国共产党章程》规定：“国有企业和集体作业中党的基层组织，围绕企业生产经营开展工作；保证监督党和国家的方针、政策在本企业的贯彻执行；支持股东会、董

事会、监事会和经理（厂长）依法行使职权；全心全意依靠职工群众，支持职工代表大会开展工作；参与企业重大问题的决策；加强党组织的自身建设，领导思想政治工作、精神文明建设和工会、共青团等群众组织”并明确了基层党组织的八项基本任务。我们必须遵循、贯彻、落实好党章赋予的职责和任务。

二是必须贯彻民主集中制。民主集中制是党的根本组织原则；党内民主是党的生命，集中统一是党的力量保证。我们要严格贯彻民主集中制，认真落实“三重一大”集体决策制度，提高科学决策、民主决策、依法决策的水平。要坚持集体领导与个人分工负责相结合，注意听取广大党员群众的意见，提高运用民主方法形成共识、开展工作的本领。

三是必须尊重党员的主体地位。党员是党组织工作和党内生活的主体，要以落实党员知情权、参与权、选举权、监督权为重点，提高党员对党内事务的参与度，发挥广大党员的积极性和创造性。要建立和完善党组织决策规则和程序，重大事项要及时向党员公开，征求党员意见；要开展党员权利和义务教育，引导党员树立主体意识，正确行使权利，认真履行义务。

四是必须实行有效的党内民主与监督。党内民主与监督制度是企业党建工作的一项重要制度。要加强对党员领导干部的监督，不断完善党内监督制度。要认真贯彻执行党内监督条例，健全和落实谈话制度、考核制度、责任追究制度。要深化企务公开民主管理工作，发挥民主监督作用。要探索建立群众评议党员、党员评议党组织班子成员制度，拓宽民主与监督渠道。

五是必须坚持从严治党，严明纪律。企业党风和反腐倡廉建设是企业科学发展的保障。要加强对领导干部的廉洁从业教育，强化廉政制度的执行力。要以建立健全惩治和预防腐败体系各项制度为重点，以制约和监督权力为核心，以提高制度执行力为抓手，严格执行《关于实行党风廉政建设责任制的规定》和《国有企业领导人员廉洁从业若干规定》。要落实党建工作责任制，把从严教育、从严要求、从严管理、从严监督落到实处，督促党员干部以最廉洁的行为从事最开放的事业。

提高企业党建工作科学化水平，必须把握企业发展规律

任何事物都有其自身发展变化的规律。企业改革发展只有遵循企业发展规律，才能真正建立起适应市场经济的体制机制。企业党建工作只有遵循企业发展规律，才能真正发挥保证促进作用，为企业发展提供源源不断的动力。在认识企业规律的实践中我们也要把握五个要点。

一是必须坚持企业在市场经济中的主体地位。企业是市场经济的产物，以市场为舞台，在适应市场需求的过程中发展，适应市场的变化而不断进行创新。同时市场作为企业重要的生存发展环境，也因企业而发达、出彩。企业活动在受市场左右的同时，也不断地以产品和服务的创新而创造市场、丰富市场。正是有了企业的发展，市场才发展成为市场经济。因此，我们党建工作要保证促进企业的科学发展，必须坚持企业在市场经济中的主体地位，主动适应市场经济规律的取向。

二是必须完善现代企业制度下的公司治理结构。完善公司治理结构，是深化国企改革、建立现代企业制度的必然要求，是企业可持续发展的根本要求，是完善国有资产监管体制的客观要求。要按照“权力、责任、义务相统一，管资产与管人、管事相结合”的原则，加强监督，促进企业不断完善现代企业制度下的公司治理结构。进一步完善企业领导班子考核和经营业绩考核相结合的体系，加强国有资产监管，实现国有资产的保值增值。

三是必须提升现代管理水平。这是由资本的社会化和组织形式的股份化所决定的。现代企业在组织结构、筹资方式、生产经营、管理理

念、方式方法等方面，对企业的战略决策、生产技术、经营方略、管理技巧、资本运营等方面的要求越来越高，需要懂生产、懂技术、懂经营、懂金融、懂法律、会管理且视野开阔的专家型人才来打理企业。党建工作要注重全面提高企业经营管理人员素质，培养更多的适应企业科学发展的职业经理人，从而提升企业的管理水平。

四是必须形成具有凝聚力与影响力的企业文化。企业文化是企业的软实力，是企业竞争力的重要方面。企业文化对内体现为凝聚力，具体为企业的核心价值观、企业发展理念、企业精神等。对外体现为影响力，具体为企业的社会责任、企业的公众美誉度等。企业文化对内要塑造员工团队，对外要打造品牌形象。我们要靠良好的企业运营，提高产品和服务的质量，保持和提升企业的竞争力。

五是必须具有以人才、科技为支撑的核心竞争力。现代企业的竞争归根到底是人才的竞争、科技的竞争，而优秀人才是技术创新、知识创新和管理创新的重要载体，是企业科学发展的第一资源。我们要尊重市场经济规律和人才成长规律，努力使组织配置与市场配置结合起来，营造有利于人才脱颖而出的良好氛围。要坚持科学规划，抓好人才储备，保证人才队伍质量，为企业的科学发展提供人才保障。要围绕增强企业自主创新能力，引导广大党员职工投身科技创新、技术革新的实践，以人才和科技为支撑，提升企业的核心竞争力。

提高企业党建工作科学化水平，必须把握两大规律的契合点

科学把握党建工作规律和企业发展规律，是提高企业党建工作科学化水平的根本要求。我们认识规律、把握规律、遵循规律、适应规律，要找准两大规律的契合点，努力提高企业党建工作的科学化水平。

一是坚持以生产经营为中心。企业是经济组织，是生产经营的实

体，企业党建工作必须围绕企业的中心任务来开展，坚持围绕经营抓党建，融入管理促发展。这就要求各级党组织要围绕中心、融入管理，推动党建工作创新，找准党建工作保障促进生产经营工作的切入点，完善党建工作机制，创新党组织发挥作用的途径和方式，把党建工作与中心工作有效融合，保证促进企业的科学发展。

二是坚持建设强有力的组织架构。现代企业制度要求企业的组织架构设置合理，权责清晰，流程有序，管理有效，企业党组织也要适应这种要求。要进一步健全党的基层组织体系，全面推进各领域党的基层组织建设，形成科学严密的组织架构。着力加强领导班子建设，进一步提高领导班子的科学思维、科学领导和科学组织实施的能力水平。着力加强党组织建设和党员队伍建设，做到哪里有企业组织哪里就有党的工作、哪里有党员哪里就有党组织，使党组织和党员在企业与职工中的先进作用得到充分发挥。

三是坚持建设优秀的骨干队伍。任何组织推动工作落实都要有一批骨干，企业组织与党组织也毫无例外。企业党组织要紧密结合企业的长远发展和当前任务，建设一支高素质的干部队伍和一支模范作用突出的党员队伍。要坚持党管干部的原则，按照“拓宽视野选拔干部，广辟途径培养干部，满腔热情爱护干部，严格要求管理干部”的要求，加强干部队伍建设。党员是党的细胞，是做好党建工作的前提和基础，要以提高素质为重点，以发挥先锋模范作用为要求，抓好党员队伍建设这一基础工程；要建立健全教育、管理、服务党员长效机制，激发党员保持先进性的内在动力，增强党员的光荣感和责任感。认真做好党员培养发展工作，让骨干成为党员，让党员成为骨干。

四是坚持形成责任共担的合力。企业党政组织要共同促进现代企业制度下公司治理结构的完善，严格执行民主集中制，促进党政合力的形成，营造党组织和经营班子齐心合力、共担责任的良好局面。要共担企业改革发展的责任，在企业重大决策上形成合力。要共担企业人才队伍建设的责任，在人尽其才、才尽其用上形成合力。要共担企业文化建设责任，形成凝心聚力的合力。要共担党风廉政建设责任，形成廉洁从业的合力。

五是坚持建设先进的企业文化。“十年企业靠产品，百年企业靠文化。”企业的科学发展需要内在的活力，企业文化的提升是激发企业活力的重要源泉。企业党组织要大力加强企业文化建设，进一步激发热情、振奋精神，打造品牌、扩大影响，为企业科学发展提供强大的精神动力。

2009 年 5 月

国有企业党组织参与企业重大问题决策的思考

随着企业改革工作的不断深化，企业党组织在企业中发挥政治核心作用，参与企业重大问题决策的工作出现了许多新情况，也遇到了新问题，主要表现为：企业党组织参与企业重大问题决策方式、途径不够规范，对参与决策责任、途径、内容和范围不明确，对参与决策过程、质量和效果的考核重视不够，参与决策的机制还不够完善，参与决策的效果很大程度上还是依靠企业党组织主要领导的自身素质、个人能力和群众威信，这样导致参与效果不佳。

党组织参与企业重大问题的决策，是发挥党组织的保证、支持和监督作用的直接途径，不仅是企业决策科学化、民主化的重要保证，也是党组织发挥政治核心作用的基本条件和关键所在。对企业重大问题的决策，党组织只有参与并有所作为，政治核心作用才能有效发挥。企业党组织如何参与企业科学发展重大决策，必须做到如下六个方面。

参与企业科学发展的出发点和立足点要高

要站在贯彻执行党的基本路线和政策的高度，保证重大问题决策的严肃性和正确性，保证科学决策有效实施，保证决策目标与国家、企业和职工根本利益相一致、相协调。把党组织对企业工作的认识和主张有机地融入和体现到企业决策中，成为企业的指令，充分体现了规范化、科学化、民主化的要求，进一步增强决策的科学性，避免决策的片面性，提高决策的有效性。

参与企业科学发展的主体要明确，途径要“多样化”

参与企业重大问题决策的是党组织，不是书记个人的行为，要发挥领导班子集体的智慧，发挥广大党员的作用，保证决策的科学化、民主化。在参与途径多样化上，要注意两点：一是要集体参与。参与重大问题决策是一种组织行为，是党组织集体参与决策，而不仅仅是党组织书记或委员个人参与决策，绝不能以个人参与代替组织参与。党组织参与决策，可以通过集体把关，集体参与，防止因个人说了算造成决策失误。二是要会议参与。党委会要每半年听取行政领导的工作报告，对行政工作报告提出意见和建议。通过党政联席会议，党政相互通报情况，对工作做出统筹安排。党组织负责人要经常参加有关生产会议，及时了解企业的生产、经营情况和职工的思想状况，为有效地参与企业重大问题决策提供条件。还可以列席参与，就是通过参加企业行政领导办公会议和各种专业会议，提出意见和建议，为正确决策提供思想引导作用。

参与企业科学发展要有制度和机制保证

从实践看，民主决策制度、党委会制度、党委理论学习中心组学习制度、董事会会议制度、经理办公会或经理书记办公会制度、党委成员参加经理主持的专题性工作研究会议制度以及职工民主管理制度等，都是国有企业党组织参与企业重大问题决策的有效形式。一是建立完善党组织参与企业重大问题决策机制。党组织政治核心作用的发挥，要体现在参与企业重大事项、重大人事、重大问题等决策上。面对国企改革改制过程中引入的多个投资主体，为保证党组织依法参与企业重大问题决策，进一步提高决策效率和决策水平，对党委议事的形式、原则、范围、规则、程序、纪律监督保障等需要做出明确规定。二是坚持和完善“双向进入、交叉任职”的企业领导体制。“双向进入、交叉任职”是企业党组织参与重大问题决策的组织保证。三是坚持党管干部原则，完善干部选拔任用工作机制。抓紧建立健全“公开、公平、公正相统一，组织意图、群众意见、个人意愿相结合，干部品行、才能、资历与任职岗位相匹配”的干部选拔任用工作机制。

参与企业科学发展的内容和范围要明确

企业党组织主要是议大事、谋全局、把方向，要参与企业带有根本性、方向性、长远性、全局性的重大问题的决策。重大问题主要包括：企业发展战略、中长期发展规划、投融资规划，企业生产经营方针、企业财务预算和决算，重大技术改造、技术引进和基本建设方案，大额资金使用、大额对外担保投资、重要对外经济技术协作，企业资产重组和资本运作中的重大问题，企业的重要改革方案和重要管理制度的制定、修改，企业重要人事任免及内部机构的设置调整，企业政治文明、精神文明和企业文化建设的重要事项，涉及广大职工切身利益的重大问题等，党组织必须参与，确保员工的合法权益，坚持国家、集体、个人利益的统一。

参与者的素质要高

按照“政治上靠得住，工作上有本事，作风上过得硬”的要求，选拔、配备好企业党组织负责人。党组织的主要负责人要具备“五种能力”即有驾驭全局、参与竞争的能力，推进改革、引领发展的能力，统筹各方、协调利益的能力，联系群众、凝聚人心的能力，创新技术和制度、自我完善的能力。要具备理论思维和战略思维，把握全局，把握趋势，把握规律。具有敏锐的政治鉴别力，经得起各种风浪的考验。能够与时俱进，具有世界眼光，对企业的改革和发展善于提出自己的真知灼见。

参与企业科学发展决策要全过程参与

一是在重大问题决策前。行政主要负责人应将拟讨论决策的内容提前通报党组织负责人。党组织应就行政领导提出的初步方案，通过适当方式听取意见，调查研究，并认真讨论，提出意见或建议。对事关全局的重大问题应将党组织的意见正式通知经理。对《企业法》规定需要提交职代会审议决定的重大问题，党组织要做好职代会中党员代表的工作。二是在重大问题决策中。党组织负责人要按照党组织的意图积极做好工作，把党组织的意见充分体现到决策中。党组织的意见或建议与经理发生分歧时，经理应在充分考虑党组织的意见或建议后，再做出决定。三是在重大问题决策后。党组织要加强组织协调，监督决策的贯彻落实，要围绕决策内容和要求开展党的活动，动员和组织党员带头贯彻企业的决策，发挥模范带头作用。四是重大问题决策实施中。党组织发现决策失误时，要与经理一起总结经验教训，共同承担责任，及时采取补救措施。发现决策偏离党的路线、方针、政策，违反国家法律、法规时，要及时提出，予以制止。

2010 年 3 月

坚持“三个学” 集聚正能量

——学习《习近平总书记系列重要讲话读本》体会

作为组织战线上的一名“80后”年轻新兵，通读《习近平总书记系列重要讲话读本》（以下简称《读本》）之后，我深刻感到该书全面准确反映了新一届党中央治国理政的基本思路和理论创新的重要成果，既忠实于原著又进行了科学梳理和概括，是系统、精准、权威的学习辅导材料。《读本》通俗易懂，文风清新朴实，可读性强，体现了总书记讲话的鲜明风格和特点，读后感到很解渴、很管用、很受启发，给人鼓舞，给人信心，给人力量。

坚持学以明志，坚定政治方向

只有理论上清醒，才能确保政治上的坚定。学以明志就是要通过学习，打牢思想理论基础，坚定理想信念，切实增强使命感、责任感和自豪感。一要加强理论武装。习近平总书记指出：“认真学习马克思主义理论，这是我们做好一切工作的看家本领。”我挤出业余时间集中精力学习了《读本》，原原本本研读原文，逐字逐句地学，做到学深悟透、融会贯通。同时，结合自身实际，在新形势下，明确了要树立“是非明于学，正气源于学，能力始于学”的思想，牢固树立正确的世界观、人生观、价值观，不断加强党性修养，不断拓展理论视野，丰富理论知识，提升理论水平，提高自身的政治觉悟，做到在大是大非面前坚定立场，稳得住心神、经得住考验。二要指导工作实践。系统全面学习政治理论固然重要，但更重要的是掌握理论精髓，学会运用马克思主义的立场、观点和方法，正确把握规律，科学分析问题，不断克服困难。结合新时期国企组织工作实际，不仅要准确把握中国特色社会主义理论体系精神实质和根本要求，还要坚持理论学习和实践学习“双管齐下”。把学习的着眼点放在解决实际问题上，用学到的新思维、新知识、新经验，破解发展中遇到的瓶颈制约，在不断解决实际问题的过程中增强素质、提升能力。三要坚定理想信念。“80 后”年轻干部有独特的优势，知识水平较高，眼界比较开阔，工作热情高，精力充沛，思维敏捷，接受新生事物快，有开拓进取精神。要始终高扬理想信念的风帆，将理想信念真正融入坚持中国特色社会主义道路，高举“中国梦”这面精神旗帜中。牢固树立群众观点，自觉践行宗旨观念，立足本职岗位干实事、下苦功、求实效，做一名坚定、清醒、品德好、有作为的后备力量。

坚持学以立德，丰富精神追求

习近平总书记指出：“学史可以看成败、鉴得失、知兴替；学诗可以情飞扬、志高昂、人灵秀；学伦理可以知廉耻、懂荣辱、辨是非。”“80 后”的组工新兵要具备更高的党性修养、更强的政治素质、更严的职业操守。要通过学习道德规范，提高道德素质，加强社会公德、职业道德、家庭美德和个人品德建设。一要加强党性锻炼。党性锻炼是一个自我教育、自我约束、自我监督、自我完善的能动过程。“四风”现象的出现，究其原因，就是放松了学习，放松了党性锻炼。我们一定要从中吸取教训，引以为戒，坚决防止和排除各种错误思想、错误倾向的干扰，自觉维护党的形象，时刻注意自己的一言一行，把公道正派作为必须具备的思想品质和职业道德，牢牢印在心上，落实在行动上，取得职工群众的信赖和支持。二要提升道德修养。道德修养是党性修养的基石。我国传统文化讲究诗书礼仪，讲究以德为政，把读书、修身、立德联系在一起，作为为人处事、从政的重要准则，年轻干部更应该继承和发扬，汲取精神食粮，锤炼道德操守，提升思想境界，把握人生道理，领悟人生真谛，形成崇高的道德情操和特有的人格魅力，牢固树立大局意识、奉献意识、奋斗意识，磨炼自己的吃苦精神，做一名德才兼备的青年组工干部。三要敢于责任担当。要牢记责任。作为“80后”年轻干部，要时刻牢记组工干部的职责和义务，带着一种使命感和责任感，围绕既定目标，严谨细致、认真高效地开展工作，努力争创一流业绩，做到“恪尽职守、不负重托”就是一种责任。同时，作为年轻人，当遇到问题和困难的时候应该主动寻求解决办法，而不是找借口回避责任，要坚信办法总比问题多。结合国企党建的实际找准组织工作服务企业经营工作大局的着力点和结合点，努力在推动企业科学发展的实践中充分体现组织工作价值。要勇于担当，古人云：大事难事看担当，顺境逆境看胸怀。既然已经从事了这一职业，无论是成绩和荣誉，无论是委屈与批评，必须接受它的全部。作为年轻干部更应该勇于担当。因为勇于担当是我们年轻干部的职责所在。岗位和职务赋予我们的责任义务，就是“担当”二字，要敢想敢干、敢作敢为、敢闯敢试，对于应该做的事，顶着压力也要干；对于应负的责任，迎着风险也要干好；实践担当的精神，提升担当的能力，要做到肯担当、敢担当、会担当、能担当、愿担当。以过硬的本领开创工作新局面，在责任和担当中发挥自己的聪明才智，勇于“跳起来摘桃子”。

坚持学以致用，提高服务本领

习近平总书记指出：“学以致用，用以促学，学用相长，千万不能夸夸其谈，陷于‘客里空’。”通过学习《读本》，我认为一定要自觉地把读书学习作为一种工作责任，以谦逊的态度、顽强的毅力读书学习，不断汲取新的知识营养，推动学习成果转化。一要坚持学有所思。要正确处理“学与思”的关系，既反对死读书，不求甚解，也反对空中楼阁，不切实际。作为在国企工作的组工干部，要树立“围绕发展抓党建、抓好党建促发展”的理念，要充分利用时间通过读书学习，结合自己的岗位，深入思考如何把企业党建融入企业经营中心工作中，保证和促进企业的科学发展，使组织工作更具时代感和先进性，更贴近企业经营工作；如何成为党务工作的“政策通”，组织工作的“活字典”，敢于担当的“多面手”。要带着这些问题端正态度地学，要带着困惑学，带着干好工作的动力学，不断地在学习的过程中解放思想、创新思维、更新理念。二要坚持学有所用。一定要结合学习《读本》，在领导的扶掖和栽培下，做到三个注重。要注重“吃透”组织人事工作政策，增强工作的针对性，成为熟悉党务工作的“政策通”。要注重熟知干部队伍状况，做到量才适用，增强干部工作的公正性，成为清楚人头的“活字典”。要注重拓宽自身的知识面，既要有“一招鲜”，又要触类旁通，一专多能，不断拓宽知识层面，增强能力结构，努力成为敢于担当的“多面手”。三要坚持学有所成。作为进入组织部门七年的干部，要通过学习，不断提高自身业务素质，关键在三个方面下功夫。要“专”。加强对党的建设基本理论、干部政策、人才政策等组工业务知识的掌握与运用，这些是做好“本行”所必需、必备的，要通过努力使自己成为“专家型”组工干部。要“硬”。政治上要过硬。面对周围形形色色的东西以及社会不良思想、行为和现象，要有一定的鉴别力，管住行为，守住底线，做到“在党爱党、在党言党、在党忧党、在党为党”。业务上要过硬。作为“80后”年轻干部，参加工作时间短，实践经验不足，要存有危机意识、增强责任意识，珍惜每一次学习实践机会，认真对待每一项工作任务，努力做好每一件事，不断提高自身业务水平。作风上要过硬。作为“80后”年轻干部，要对自己高标准严要求，做到有功劳不伸手，有苦劳不计较，有疲劳不抱怨。要“博”。从自己的工作实际出发加强学习，紧跟自己专业领域知识更新的步伐，掌握本领域的必备知识以及各种新理论、新知识，增加知识储备，进一步提高自身的综合素质，提高创新思维、辩证思维能力。

学之愈久，知之愈深，信之愈笃，行之愈坚。《读本》全面准确阐述了总书记系列重要讲话的重大意义、科学内涵、精神实质和实践要求，学习《读本》是一个长期的、不断深化的过程。在今后的工作中要真正把学习作为一种追求、一种态度、一种责任、一种境界、一种常态。树立乐于学习、勤于学习、善于学习、终身学习的理念，在今后的学习中把总书记的讲话精神融会贯通、入脑入心，做到真学真信真懂真用。

2014 年 11 月

算好人生“六笔账”　勇做时代好干部

——以反面典型为镜鉴，推动全面从严治党向纵深发展

自党成立至今一直高度重视典型教育，这是我们党开展思想政治教育的重要手段和凝聚人心的重要法宝。毛泽东同志讲过，“典型本身就是一种政治力量。”“动人以言者，其感不深”，诚然如此，身教重于言传，具体强于抽象。尤其在党中央推动全面从严治党向纵深发展的过程中，抓好反面典型案例警示教育，对于进一步严明政治纪律和政治规矩、净化党内政治生态具有重要意义和作用。每名党员干部都要有“我就是他人的环境”大格局，深刻吸取反面典型警示教训，认真算好人生“六笔账”，知敬畏、明底线、受警醒，做到心有所畏、言有所戒、行有所止，真正筑牢思想道德防线，守住党纪国法底线，发挥新时代好干部的示范、标杆、导向作用，为营造风清气正的政治生态做出贡献。

当好坚守信念的“明白人”，算好政治账

人的生命只有一次，同样政治生命也只有一次。党员干部是在党的精心培养下，经过个人长期努力奋斗才走上领导岗位的，政治生命经历了时间和实践的双重检验，弥足珍贵。正所谓打江山容易守江山难，多少干部手握权力后在政治账上厘不清，被形形色色的诱惑“撂”倒，

一步步滑向腐败犯罪的深渊，政治生命被画上了休止符。最根本的原因在于政治蜕变，丧失了讲政治这个党员干部的最基本要求。政治性是党员干部安身立业的根本属性，政治要求是为官从政的基本要求，要坚守初心使命，夯实信仰根基，加强党性锻炼，对党绝对忠诚，严守纪律规矩。

当好清正廉洁的“干净人”，算好经济账

从经济学角度看，贪腐也是一种“生意”，成本是政治前途和正常收入，利润是各类贿赂，最大的风险则是“东窗事发”。党员干部的工资福利等待遇已经能保证衣食无忧，如果面对各种诱惑不能把持自己，终究会走向反面，这笔经济账清清楚楚、明明白白。作为 1949 年以来查获贪污赃款现金数量最大的案件，国家能源局煤炭司原副司长魏鹏远受贿 2 亿多元现金，可谓触目惊心。“家有黄金万两，不过一日三餐。家有广厦千万间，睡觉只需三尺宽。”党员干部从政当官就要断掉发财的念想，时刻保持慎微之心、慎初之态和慎交之则，把私底下、无人时、细微处作为检验自律之心的试金石，及时校准“知足”和“不足”的度量衡，自觉抵制不良风气侵蚀，净化朋友圈、纯洁社交圈、管住活动圈，用理性抑制欲望，用党性点燃希望。

当好头清眼亮的“明白人”，算好名誉账

古语云：“一丝一粒，我之名节，人生在世，名节最重。”“片中人”也曾是父母引以为荣的儿女、子女尊重敬佩的父母亲，曾拥有一定的社会地位，然一旦违法违纪则为人所不齿。江苏省盐城市亭湖区政府办原副主任宋孝江因收受贿赂被判处有期徒刑 5 年，他追悔莫及：“腐

败使我名誉扫地，身败名裂。在家庭、家族中没有颜面，在老同事面前抬不起头，心中阴影一辈子都无法抹去。”这就是不珍惜名节和操守的真实写照。党员干部要像对待生命一样珍惜名誉，保持清醒头脑，珍惜自己的言行、人格和名誉，不断正己、克己、责己，不忘初心、不失底线、不丢宗旨，坚决做到自重、自省、自警、自励，以遵纪守法为荣，以违法乱纪为耻，真正做到一尘不染、一身正气。

当好家庭幸福的“呵护人”，算好亲情账

家是一个人温馨的港湾，家风好则家道兴盛，家风差难免殃及子孙、贻害社会。有的领导干部默许、纵容、授意亲友谋取私利，把家庭搞成腐败的大后方，父子兵、夫妻档、兄弟帮屡见不鲜，甚至“全家总动员”，把公权力变成“私人订制”，最终走上不归路：国家发改委原副主任刘铁男等都是家风败坏的典型，警钟长鸣。新修订的《中国共产党纪律处分条例》首次将不注重家风建设列为纪律处分的重要内容，党员干部要本着对自己、家庭、社会负责的态度，正确处理好事业与家庭的关系，勤勤恳恳做事，严格督促亲友子女共同把住清正廉洁关口、勤俭持家关口，齐心协力营造、守护好安全宁静的幸福港湾。

当好接受约束的“规矩人”，算好自由账

自由是人类正常生活的基本条件，也是人的社会尊严的体现，遵守纪律是共产党员紧守自由的底线。多少贪官落马失去人身自由，监狱的高墙电网阻断了与社会的交流，失去了生命原有的精彩：四川省彭州市委原书记陈家荣、广东省韶关市公安局110指挥中心原主任陈铁强被判

刑后，都对失去自由无限悔恨，对走出牢房参加劳动、享受难得的短暂“自由”都倍加珍惜。自律与自由是一体的两面，享受人生的自由，就要接受法律的约束。只有构建在自律基础上的自由才是真正的自由。党员干部职位越高、权力越大，越应心存敬畏，党纪和法治之下，没有免罪的“丹书铁券”，没有法外的“铁帽子王”，必须时刻用党纪国法约束自己，用反面典型警示自己，珍惜工作、学习和生活的大好时光，充分发挥自身才能，多做有意义的事情。

当好涵养品德的“正气人”，算好健康账

健康是立身之本，党员干部心胸坦荡、无私奉献，才能心旷神怡、身体健康。反之，如果违规违纪、贪赃枉法，一有风吹草动就提心吊胆，害怕“东窗事发”；一有酒肉朋友“出事”就如热锅上的蚂蚁团团转，何来精神愉快、活得舒坦？济南市委原书记王敏讲述自己落马前度日如年、如坐针毡，始终处于惴惴不安的状态；江苏省启东经济开发区管委会原主任沈和新在被查处后心情反而有所轻松。腐败分子私心太多、贪欲太大，获得名利就欣喜若狂、得意忘形，失去则忧心忡忡、颓废失落，多么可怜、可悲、可叹。所以，党员干部要常论舍得之辩、常悟人生之理，看淡物欲追逐和自身得失，在苦与乐、进与退上拿得起、放得下，让自己的一生始终干干净净、健健康康，以“功成不必在我，建功必须有我”的境界推动事业发展。

“欲影正者端其表，欲下廉者先之身。”人生“六笔账”，笔笔刻骨铭心。新时代的党员干部，要把克制过多的欲望作为人生重要的修行，在“伸手”贪腐前，多想想共产党人“我是谁”“为了谁”的科学内涵和归真本质，多想想父母殷切的目光、妻儿的欢笑、亲朋的关爱，对违

纪违法果断说“不”，勇于做一个组织和群众信赖的人、亲属子女引以为荣的人、干事创业问心无愧的人，让清清爽爽的同志关系、规规矩矩的上下级关系蔚为风尚。

2019 年 4 月

坚守初心使命　书写新时代的新荣光

——持之以恒巩固主题教育阶段性成果

“不忘初心、牢记使命”主题教育是思想教育与具体实践有效结合的典范，自启动以来，各级党组织和广大党员干部坚持把主题教育各项工作熔于一炉、一体推进，高标准推动主题教育落地落实。这是一次深刻的思想洗礼，是从本源对世界观、人生观、价值观的修正和升华。这也是一次深刻的党性锤炼、思想历练、作风整饬。广大党员干部在学习领会习近平新时代中国特色社会主义思想上有了新进步，在增强“四个意识”、坚定“四个自信”、做到“两个维护”上有了新高度，在干事创业、创新作为上有了新担当，在清白做人、干净做事、遵规守纪上有了新境界，主题教育硕果累累、成效显著。

当前中国特色社会主义进入了新时代，新时代有新要求，但为中国人民谋幸福、为中华民族谋复兴的初心使命没有变。“不忘初心、牢记使命”没有停顿点，没有休止符，永远在路上。每个党员干部都要“擦亮”初心使命，把主题教育的收尾作为新的起点，只争朝夕，时刻拧紧思想的“阀门”，上紧行动的“发条”，向着“两个一百年”的奋斗目标行稳致远。

强化理论武装，在知行合一上下功夫，筑牢守初心担使命的思想根基

坚持学原文读原著悟原理，入脑入心。要始终坚守学习马克思主义的“初心”，把习近平新时代中国特色社会主义思想作为学习的首要任务，作为必修课、常修课。要在学习的系统性、持续性、深入性上下功夫，通过学习坚定理想信念，提升能力素质，增强政治定力、思想定力和道德定力。要做到“知行合一”，积极推进学习成果转换，把智慧和力量凝聚到落实中央、市委、市国资委党委的重大决策部署上来，把学习成果真正转化为推进各项工作的强大动力。

加强党的建设，在夯实基础上下功夫，激发守初心担使命的内生动力

夯实党建工作基础，提升党建科学化水平。牢固树立“抓好党建是最大政绩”的理念，切实增强主业主责意识，落实全面从严治党主体责任，坚持做到党建和经营工作两手抓、两手硬。夯实工作基础，持续推进基层党支部标准化规范化建设，加强和规范党内政治生活，完善党建工作制度，提升基层党组织组织力。抓好基层党组织书记培训和党员培训，建立健全党务、纪检干部选拔培养机制。树立“党建+”理念，打造一批党建先进典型、精品载体，带动广大党员争优创先。推动落实廉洁风险防控体系建设，建立健全长效机制。加强廉洁警示教育，有效运用监督执纪“四种形态”，加大执纪问责力度，对“四风”问题发现一起查处一起。

优化作风效能，在服务群众上下功夫，营造守初心担使命的干事氛围

大兴调研之风，带着问题和感情深入群众。借鉴主题教育中深入基层调研好的做法经验，始终坚持问题导向，推动党员领导干部深入基层开展调查研究，促进调研成果转化。要始终坚持调研有感情有温度，深入基层一线面对面了解实情，多听取一线员工的意见建议。严格落实与干部职工谈心谈话制度、领导干部双重组织生活制度，不断在基层职工群众中凝聚力量。积极探索为基层减负的有效举措，力戒形式主义，大力精简会议、文件和简报，严格会议审批程序，改进会议方式，控制会议范围，提高会议质量和效果。弘扬“短实新”文风，坚持实事求是、有的放矢，对各种形式的督查检查、考核评价进行“整合”“优化”“提质”，不断提高为民服务的能力。

深化自身建设，在推动高质量发展上下功夫，彰显守初心担使命的能为善为

坚持高度的政治敏锐感，不断提升原则性和灵活性相结合的思维能力以应对紧急事件的妥善处理，强化党内法规的了然于心以避免触碰红线和纪律，增强全局观念以有效应对化解重大风险。要贯彻新发展理念，积极应对新形势新挑战，坚定高质量发展信心，敢于跳出舒适圈，勇于自我革命，不断优化提升综合本领意识和能力，努力在落实重大国家战略中当先锋、做示范。要提升大局意识和忧患意识，以“我将无我，不负人民”的情怀，以勇于自我革命的精神和敢为人先、敢于担当的干劲，发挥以上率下的“头雁效应”，营造积极拼搏的工作氛围，为

推动经营经济发展注入不竭的力量源泉。

巩固主题教育成果，在建章立制上下功夫，构建守初心担使命的长效机制

坚持开门搞整治，接受群众监督。以始终如一的精气神，紧盯整改任务，把整治整改工作置于群众监督之下，以人民群众是否满意作为检验整改成效的标准，切实帮助解决群众反映强烈的突出问题，让群众感受到主题教育带来的新气象、新变化，以基层干部群众的所感所获检验专项整治效果。把开展整改整治与全面从严治党、推动高质量发展紧密结合起来，以专项整治修身祛病健体，以专项整治建设锤炼队伍，以专项整治凝聚强大力量，带动工作全局，切实把主题教育中的好做法、好经验总结运用，推动各项工作取得新进步、呈现新局面。

习近平总书记在十九届中央政治局常委同中外记者见面时讲到，“我们不需要更多的溢美之词，我们一贯欢迎客观的介绍和有益的建议，正所谓‘不要人夸颜色好，只留清气满乾坤’”。中国正在用自身的发展成果向世界不断证明着大国实力，这也是广大党员领导干部应有的“气派”，在新时代的浪潮中乘风破浪，开辟更好的发展道路，实现真正的高质量发展。

2019 年 9 月

党建引领聚合力　国企发展开新局

党的政治建设是党的根本性建设，决定党的建设方向和效果。习近平总书记在党的十九大报告中提出了新时代党的建设总要求，明确“把党的政治建设摆在首位”，强调“以党的政治建设为统领”，全面加强党的各方面建设。国有企业是中国特色社会主义的重要物质基础和政治基础，是党执政兴国的重要支柱和依靠力量，要坚持以党的政治建设为统领，推动党的建设质量全面提升，促进党建优势转化为发展优势。

提升政治力，将党的理论优势转化为科学引领发展优势

旗帜鲜明讲政治是我们党作为马克思主义政党的根本要求，加强党的政治建设，关键是要提高各级党组织和党员干部的政治力。政治力是把握方向大势全局的能力，是保持政治定力、驾驭政治局面、防范政治风险的能力。

坚定理想信念，在深化理论武装上下苦功夫。坚持学原文读原著悟原理，把学习马克思主义的“初心”坚守住，用习近平新时代中国特色社会主义思想武装头脑、指导实践，深入贯彻党的十九大精神，增强“四个意识”，坚定“四个自信”，坚决做到“两个维护”。持续抓好党委理论中心组制度落实，充分发挥“三会一课”、主题党日等在广大党

员学习教育中的作用，通过学习坚定理想信念，加强党性修养，真学真用、活学活用，做到“知行合一”。

深学细照笃行，在强化政治建设上下苦功夫。党的政治建设是党的根本性建设，决定党的建设方向和效果。要提高政治站位，保持清醒头脑，深学细照笃行，坚决抵制商品交换原则对党内生活侵蚀，坚决整治码头文化、圈子文化、好人主义，净化维护政治生态，继续在加强和规范管理上下功夫，持续纠正和克服党内政治生活随意化、形式化、平淡化、庸俗化等现象。

践行初心使命，在巩固主题教育成效上下苦功夫。不忘初心、牢记使命不是“一阵子”的事而是“一辈子”的事，是党的建设的永恒课题，也是党员干部的终身课题。要毫不松懈地做好“后半篇文章”，在梳理工作中提炼经验、总结规律，在持续整改落实中不断巩固、不断提升。把主题教育的好经验好做法延续下去、推广开来，要坚持及时跟进学、全面系统学、联系实际学，推动理论武装再强化；要加强思想淬炼、政治历练、实践锻炼，推动思想政治再洗礼。

提升引领力，将党的领导优势转化为企业治理优势

坚持党的领导，是国有企业的光荣传统，也是国有企业的独特优势。必须深入学习贯彻习总书记在全国国有企业党的建设工作会议上的重要讲话精神，坚持把提高企业效益、增强企业竞争实力、实现国有资产保值增值作为工作的出发点和落脚点，以高质量党建推动高质量发展。

引领高质量发展，在强化党的领导中把牢方向。党组织充分发挥把方向、管大局、保落实的领导作用，是国有企业最为突出的政治优势。要进一步深入领会习近平总书记关于国企地位作用、两个“一以贯之”

等系列重要论述，切实发挥党组织的领导核心和政治核心的作用。要正确处理公司治理主体的关系，既要明确国企党建工作定位，保障党组织领导职能充分履行，也要坚持“三重一大”议事规则、法人治理主体“1+3”权责划分，结合实际厘清党委和董事会、监事会、经理层等其他治理主体的权责，形成党组织把好方向但不包办代替，既不缺位失位也不越位错位的良性格局。

引领高质量发展，在服务中心工作中展现作为。国企的中心工作就是经济工作，说到底就是要创造效益，这是履行一切政治责任、社会责任的前提和基础。同时，国企党建只有与中心工作有机结合，才能拥有生命力。要切实转变理念，增强党建工作融入中心工作的主动性，从党员领导干部开始，从日常工作的方方面面入手。谋划部署党建工作，要紧贴实际，不断改进工作内容和方法，深入思考如何在聚焦主业、混改、重点项目建设、资金链安全等大事要事中体现党组织的战斗堡垒作用和党员的先锋模范作用，实行“党建经营双考核”，真正实现党建工作与经济工作的和谐共振、无缝对接、有机融合。

提升推动力，将党的组织优势转化为推动高质量发展优势

以提升组织力为重点，突出政治功能，健全基层组织，优化组织设置，理顺隶属关系，创新活动方式，是习近平总书记在全国组织工作会议上提出的明确要求。各级党组织、群团组织，都要在提升领导力、凝聚力、行动力上见真招，团结带领广大干部职工以更加饱满的热情、更加坚定的信心、更加积极的作为投入建设一流企业的事业中。

筑牢堡垒、释放活力，打造规范化的基层党组织。要充分认识实施基层党组织组织力提升的重要意义，严密组织体系，严格贯彻党中央印发的《中国共产党国有企业基层组织工作条例（试行）》，这是对国有

企业党组织工作作出的全面规范，是新时代加强国企党建的基本遵循。要突出政治功能，严肃党内政治生活，认真召开民主生活会和组织生活会，提高“三会一课”质量，落实谈心谈话、民主评议党员和主题党日等制度。要创新方式方法，尊重基层首创精神，在实践中推进理念创新和方式创新，塑造更多引领高质量发展的党建创新样板。

干在实处、走在前列，打造肯担当善作为的带头人队伍。基层党组织带头人是基层党建的“形象代言人”，其素质能力直接影响着党组织战斗力和基层组织工作成效。要抓好基层党组织带头人队伍建设，着力打造一支政治强、业务精、敢担当、作风正的高素质带头人队伍。要总结推广先进典型的精神风采和模范事迹，努力形成学有榜样、做有规范、赶有目标的工作局面。

从严管理、创先争优，打造讲忠诚爱奉献的党员队伍。通过党员和群众推荐、群团组织推优等多种途径，着重引导青年职工、基层一线职工向党组织靠拢，扩大入党积极分子队伍。提高发展党员质量，把政治标准放在首位，注重发展思想忠诚、业务素质高、使命感与责任感兼具的党员队伍。从严教育管理党员，稳妥处置不合格党员。对优秀基层党组织、先进党务工作者、优秀共产党员进行表彰，充分挖掘身边党员的先进事迹，树立先进典型，强化党员的身份意识，激发广大党员自觉主动发挥先锋模范作用。

立足岗位、选贤举能，打造高素质专业化的人才队伍。实现企业的高质量发展，队伍是基础，人才是关键。要加大干部轮岗交流力度，注重专业能力培养、注重基层培养、突出岗位能力，打造复合型人才队伍。健全科学精准的选贤任能制度，加强干部队伍梯队建设，加大年轻干部选拔培养使用力度，深化“三项制度改革”，多种方式并举，拓宽选人用人渠道。

凝心聚力、热心服务，打造有活力有温度的统战群团组织。支持各民主党派和无党派人士建言献策，加强联谊，营造良好的统战氛围。推动群团组织发挥党联系群众的桥梁纽带作用。工会是职工的“娘家人”，要顺应职工群众对于美好生活的需要，组织开展职工喜闻乐见的文体活动，增强归属感、弘扬劳动精神。各级团组织要切实起到引领青年、服务青年、凝聚青年的作用，发挥示范引领作用。

提升保障力，
将全面从严治党优势转化为创新发展的保障优势

习近平总书记深刻总结新时代全面从严治党的历史性成就，释放出把“严”的主基调长期坚持下去、不断巩固发展反腐败斗争压倒性胜利的重要信号。要始终推进全面从严治党向纵深发展，确保力度不减、劲头不松，真管真严、敢管敢严、长管长严。

一以贯之落实主体责任。全面从严治党的主体是由党组织、党组织书记、班子成员等要素构成的有机整体，各主体之间要各司其职、各负其责，推动全面从严治党工作不断向纵深发展。各级党组织书记是抓党建的“第一责任人”，要认真研究党建工作的长远规划、年度计划和工作措施，既要交任务、压担子，又要抓督查、促落实，对于党建重点工作和上级具体要求，要做到心中有数。班子其他成员要按照“一岗双责”的要求，承担起该承担的责任，切实增强主业主责意识，做到守土有责，层层压实责任。

一以贯之深化作风建设。持续开展形式主义官僚主义、不作为不担当问题专项治理，特别要把专项治理与推进混改、防范化解风险、提质增效等结合起来，努力营造勇于担当、奋发有为的良好氛围。要保持对“四风”问题的零容忍，把监督检查落实中央八项规定作为重点任务，对党的十九大后仍不收敛不收手的严查严办。

一以贯之强化党内监督。严格落实把监督挺在前面的要求，聚焦党内政治生活，严明政治纪律和政治规矩，加强对党的十九大精神贯彻落实和党章党规执行情况的监督检查，坚决纠正和查处违反政治纪律和政治规矩的“七个有之”。加强约谈提醒、检查督促，做到监督常在、形成常态。坚守政治巡察职能定位，推进巡察工作制度化、标准化、规范化。

一以贯之做好警示教育。做好以案促教、以案促建、以案促改工作，让党员干部知敬畏、存戒惧、守底线，营造依法经营、廉洁从业、遵守制度的良好氛围。坚持警钟长鸣，用好“反面教材”，让警示教育成为党员干部的“必修课”。

一以贯之严肃执纪问责。坚持无禁区、全覆盖、零容忍，不断加强对问题线索的督办和处置，在减存量、遏增量上积极作为。坚持惩前毖后、治病救人，贯通运用“四种形态”，着力用好第一种形态。做实主责谈话，强化批评教育，使“咬耳扯袖”“红脸出汗”成为常态，把管和治更多地体现在日常，做到防微杜渐。

提升凝聚力，
将党的宣传思想优势转化为团结奋进的动力优势

宣传思想工作要突出理论、舆论两大重点，加强内宣、外宣两项工作，唱响主旋律，为建设一流企业、打造国家品牌提升精气神。

坚守意识形态主阵地。严格落实意识形态工作责任制，提高舆情风险的发现力、研判力、处置力，特别是对各类错误言论和思潮要旗帜鲜明、敢于发声，当战士不当绅士，坚决维护意识形态安全。要深入了解自媒体时代网络传播的基本规律，熟练掌握与媒体打交道的本领，加强新闻应急处置能力，妥善处理突发事件，做到及时准确、公开透明。

主动唱响主旋律。移动互联网时代，自媒体高速发展，要求我们不断思考，创新信息宣传方式，加强手机端新媒体传播。宣传工作要按照“大融合、新矩阵、强传播”的工作思路，融合各级企业网站、微博、微信公众号的资源优势，积极构建“全媒体宣传矩阵”，以更加灵活、更显特色、更有实效的方式传播“国企声音”，讲好“国企故事”。

加强与主流媒体合作。要与各大媒体加强沟通与互动，实现各类信息的同步推送，增强信息发布的权威性、时效性。要把宣传重点聚焦到推动企业高质量发展上，把立意聚焦到树立企业品牌上，把导向聚焦到激励干事创业热情上，不断提高企业品牌的影响力。

提升执行力，将强化责任落地转化为创新协同的发展优势

梦想是干出来的，不是想出来的，抓而不实等于白抓，再好的蓝图都是一张白纸，再近的目标都是空中楼阁。作为领导干部，执行力是最关键的考量，要高质量完成好每一项任务、落实好每一项部署。尤其面对改革发展的艰巨任务，各级领导干部必须切实提升执行力，讲团结、讲责任、讲奉献，在新时代展现新担当，实现新作为，取得新成效。

讲团结顾大局，凝聚发展合力。“不谋全局者，不足以谋一域。”有无大局意识，是衡量一名领导干部政治是否成熟、胸襟是否宽阔的重要标志。对工作来讲，团结是环境、是氛围；对个人来讲，团结是素质、是能力；对集体来讲，团结是力量、是战斗力，要像爱护眼睛一样爱护团结。事实一再证明，只要同舟共济、荣辱与共，拧成一股绳、形成一盘棋，心往一处想、劲往一处使、团结如一家，就一定能够形成干事创业的强大合力。

讲责任勇担当，凝聚改革活力。担当精神是共产党人从历史中继承的优秀品质，这种品质在深入推进改革的进程中格外珍贵。在纪念邓小

平同志诞辰110周年座谈会上的讲话中，习近平总书记就指出：“开拓创新，是邓小平同志一生最鲜明的领导风范，也永远是中国共产党人应该具有的历史担当。”当前国企正处于迈向高质量发展的转型期，同时也经受着市场经济大环境的考验和阵痛，攻坚任务艰巨，爬坡过坎难度突出。党员领导干部要扛起肩头的责任，敢于直面困难，坚定改革发展的信心，强化责任担当，看准认定的事情要坚定不移落实，不断开创发展新局面。

讲奉献有作为，凝聚攻坚动力。讲奉献有作为是共产党人的政治本色，是党先进性、纯洁性的具体表现，是以实际行动践行党的宗旨，守初心、担使命。讲奉献有作为要有求真务实的作风。“志行万里者，不中道而辍足”，标杆绝不能降低，工作绝不能松劲。每一名党员干部，都要始终把讲奉献有作为作为信条，吃得下苦、耐得住寂寞、抵得住诱惑，在工作中多学习、勤付出，不断推动事业蓬勃发展。

2020年2月

热情豪迈 迈越时光

国有企业领导人员选拔任用机制研究

选拔任用国有企业领导人员关系到企业改革发展稳定，关系到国有资产的保值增值，关系到企业兴衰和广大职工群众的根本利益，历来十分受重视。随着国有企业改革的不断深化，领导人员的选拔任用越来越以其软实力的形态处处影响企业整体的发展后劲。因此，从机制上完善国有企业领导人员选拔任用方式，建立起组织选拔与市场配置相结合的创新的国有企业领导人员任用制度，已成为当前国有企业改革发展的当务之急。

一、国有企业领导人员选拔任用机制概况

（一）国有企业领导人员选拔任用机制的历史沿革

国有企业领导人员的选拔任用方式是国家对国有企业管理方式的直接体现，在不同的时期有不同的表现形式。自1949年以来，特别是改革开放以来，我国国有企业领导选拔任用机制也经历了多次调整，大致经历了四个阶段。

1. 计划经济体制时期（1949—1978年）

在这三十年中，国有企业的领导人员在身份上还属于“国家干部”，他们的选拔任用办法与党政领导人员的选拔任用完全相同，上级主管单位委派是产生国有企业领导人员的唯一方式。

2. 计划经济体制向社会主义市场经济体制转轨时期（1978—1992年）

这一时期，由于经济体制改革的不断深化，国有企业从党委领导下

的厂长（经理）负责制逐步转变为厂长负责制。由于受传统观念影响，国企的领导人员的选拔任用没有太多的突破。

3. 社会主义市场经济体制完善时期（1993—2000年）

这十年是国有企业改革发布政策最多的一个时期，特别是《深化干部人事制度改革纲要》印发后，建立与社会主义市场经济体制和现代企业制度相适应的国有企业领导人员管理制度越来越受到重视，并且各级各类人才市场建设在配置企业经营管理人才资源方面正在发挥越来越重要的作用。

4. 全面建设小康社会时期（2003年至今）

随着国有企业建立现代企业制度的步伐逐步加快，建立规范的国企高管任用制度成为深化国有企业改革的关键。同时，干部选拔工作也进行了积极的探索，选拔方式也由传统选拔方式逐步发展为民主推荐、竞争上岗、公开选拔等多种方式并存的选拔模式，并取得了一定成效。

（二）国有企业领导人员选拔任用的现状

改革开放以来，由于中小国有企业经营效益不好被破产兼并或出售，国有企业数量有较大幅度降低，企业干部也在不断减少。据统计，1998年我国国有企业领导人员有262万人，2002年下降为212万人，平均每年递减5%。随着改革开放的不断深入，国有企业干部队伍也在不断发展壮大，到2007年，国有企业领导人员总量达到2332万人，但相对于非国有企业来说还是相对较少。

1. 国有企业领导人员学历情况

从学历情况看，国有企业领导人员接受教育程度自1993年以来有较大幅度提高。与非公企业领导人员相比，国有企业领导人员高学历人员占比要高一些，尤其是开发开放程度较高的区域，国有企业领导人员学历就更高。

2. 国有企业领导人员年龄结构情况

根据统计，现有企业领导人员的主力阵容基本以45岁以下人员为主体，大多是在恢复高考后经过高等院校的正规学历教育。

3. 国有企业领导人员专业结构情况

根据《2005年中国人才报告》统计来看，我国国有企业领导人员专业结构不太合理，专业以理工科和管理专业居多，财经、金融等专业占比不到10%。从专业结构来看，国有企业领导人员中熟悉资本运作、市场营销、贸易、金融证券等方面人才比较紧缺。

二、国有企业领导人员选拔任用的方式方法分析

为了进一步适应市场经济和中国特色现代企业制度要求，真正建立起适合企业发展要求和岗位实际需要的选拔方式，就需要对现有的干部选拔方式进行总结，明晰各种选拔方式的优点、不足、适用范围及选拔标准，真正为企业的干部选拔工作提供参考，进一步提升干部选拔工作的科学化水平。

（一）民主推荐

民主推荐是指根据配备领导班子和选拔任用干部需要，按照规定的条件、范围、程序和要求，组织有关方面人员参与推荐领导人员人选的活动。民主推荐包括会议投票推荐和个别谈话推荐。

民主推荐产生领导人员，是党的群众路线在干部工作中的具体体现。它的突出优点在于：对选拔的干部比较熟悉，方法简便易行，成本低等。对于选拔的领导人员本身来讲，有利于其增强群众观念，做到对上负责和对下负责的一致性。

民主推荐干部虽然有一定的优点，但也存在一些不利因素，如民主推荐干部大多通过召开民主推荐会议来进行推荐，参会人员往往是推荐本单位或个人熟悉的干部，对所推荐干部的德才表现和工作实绩的认定是综合的、缺少量化标准的，对将拟任岗位的特点、工作需要、班子的结构没有做更深入的思考。同时，由于民主推荐干部时，人情关系起一定作用，容易使干部当老好人、怕得罪人，所以它的不足之处在于选人视野不宽，容易出现“平衡照顾”、论资排辈等现象。

民主推荐的适用范围：民主推荐是干部选拔任用工作中必须履行的重要程序，也是评价、识别干部的重要依据。从实践情况看，干部民主推荐的结果与干部考察、组织平时掌握的情况基本是一致的。这种产生领导人员方式，主要适合于要求比较熟悉情况，工作的衔接性、连续性、稳定性强的岗位；从年龄角度讲，适合于中青年干部；从适用岗位讲，主要适合于企业中层以上领导岗位。

（二）公开选拔

公开选拔是指采取公开报名与考试、考察相结合的办法，按照规定的条件和程序，选拔任用领导人员或其人选的一种方式。

公开选拔是适应新形势、应对新挑战，建设高素质的领导人员队伍的重要举措，是推进干部人事制度改革的重要一步。公开选拔干部的优点比较突出：首先，它能够扩大用人视野，拓宽用人渠道，并且能够发现一批有培养前途和发展潜质的优秀干部。第二，公开选拔为优秀干部脱颖而出创造了平台，为组织发现优秀人才创造了条件，调动了广大干部工作的积极性。第三，公开选拔有利于突破单位、行业、区域的限制，促进不同行业、部门、地区之间的干部交流和人才资源的交流，实现人才资源的优化配置。第四，公开选拔领导人员通过笔试检验参选人员的理论知识水平，通过面试测评参选人员的能力素质，通过组织考察掌握参选人员的工作业绩和群众的公认程度，能够全面了解领导人员实际情况，提高干部选拔工作的科学性。

我们在肯定公开选拔干部优势的同时，应该看到这种方式也存在着一定不足：一是时间长、成本较高。按照有关规定，公选干部必须按照笔试、面试、组织考察等程序进行。这些程序走下来，大多需要两到三个月。同时，笔试、面试及素质测试等环节都需要一定的成本。二是公选干部存在着隐性的不公平。平时工作越重、工作时间越长且经验较丰富的干部，考试成绩可能会低一些；越是长期工作在第一线、越是接近基层、越是陷于工作事务的，学习文化理论的时间越少，考试越没优势；越是出身基层、有实践经验而少书本知识的干部越没优势。三是高分并不一定就高能。公选干部侧重的是理论功底和口头表达能力，对干部的实际经验、工作能力等一些情况不能准确掌握，因此，能否真正选拔适合所选岗位的干部就存在一定风险。四是面试的人为因素难以控制。公选干部笔试过程相对来说，产生不公平问题的概率比较小，因为能接触考试试题的毕竟是少数。面试则完全不同，其人为因素较多，而且难以控制，始终是公选干部工作的难题。

公开选拔的适用范围：公开选拔领导人员主要是以考试和面试结合为主，主要适合于专业性强，本单位或系统又没有合适人选，需要通过引进人才来改善领导班子结构，为企业发展带来新思路、新气象的职位。从年龄角度讲，适合于选拔年轻干部；从适用岗位讲，适合于企业内部中层管理岗位或企业领导班子副职岗位。

（三）内部竞争上岗

内部竞争上岗是指在本单位或本系统内部，采取公开报名与考试考察相结合的办法，按照规定的程序，选拔任用内设机构领导人员的一种方式。内部竞争上岗选拔干部的特点：一是有利于调动干部积极性。竞争上岗时符合竞聘条件干部，都可以报名参与，有效地激发干部尤其是中青年干部爱岗敬业、勤奋努力、争创佳绩的热情。二是增强了干部选拔工作的科学性。竞争上岗使岗位和选人可以紧密结合，对竞争干部进行综合评价和全面了解，较好地体现了人岗相适、用人所长的原则。三是有利于形成人适其职、团结和谐的良好氛围。内部竞争上岗是干部和岗位之间的双向选拔，是在充分尊重个人意愿的基础上，把个人理想、工作需要、组织安排有机地统一起来，达到人的素质、理想、爱好与岗位要求相适应，从而形成协调、和谐的工作环境，充分发挥人的主观能动性和创造性。

竞争上岗也存在一些不足：一是在竞争上岗过程中，由于引入了考试答辩、竞争演讲等环节，更多地注重了表达能力和工作表现的考察，对一些实际工作能力较强，但不善于言谈表达的竞争者存在一定的不利因素。二是实际操作过程中，由于领导评价和群众认同的评价标准不同，使二者对竞争出来的干部认同可能出现偏差。三是由于是本单位或系统内部的竞争，参加竞争的干部和被选拔者都比较熟悉，评判时容易带有感情色彩。

内部竞争上岗适用范围：内部竞争上岗方式适合于本单位有一个以上的人选，但根据平时掌握的情况没有特别突出的，或者符合条件的人比较多，需要通过竞争来进一步筛选、选拔的内部职位；从职务层次看，竞争上岗适用于系统内部中层管理岗位；从适用岗位讲，主要适合在规定的领导职数限额内有职位空缺或增设职位的，或领导班子调整、领导人员任期届满后重新进行竞争上岗的职位。

（四）后备干部直接产生

后备干部是指各级党委从领导班子建设需要出发，按照干部管理权限，根据有关选拔标准、条件资格和选拔程序，选拔出德才素质好、有培养前途和发展潜力的优秀分子，为上一级领导班子补充干部而准备的后备人选。后备干部一般都是同级、同类别干部中的较优秀分子，其共同特点是思想政治素质较好、文化水平较高、组织领导能力较强、业绩较为突出、群众认可程度较高，具备了担任领导人员的基本条件。由于后备干部一般都是在民主推荐和考察了解的基础上，经党委集体研究后认定的，在一些国有企业中从后备干部中直接选拔也是领导人员选拔的一种方式。

后备干部虽然是本单位或系统的优秀分子，但在推荐和使用的过程中也存在一定不足。一是后备干部的产生多为民主推荐，推荐主体为所在单位的员工，推荐结果中领导的评价没有得到一定权重的体现；二是存在论资排辈现象，且选择面比较窄；三是受编制影响，一些优秀后备干部不能及时提拔使用，影响了工作积极性，不利于后备干部的成长。

从后备干部中直接产生的选拔方式适用范围：后备干部是专为上一级领导班子补充干部而准备的后备人选，适用于后备干部队伍建设有成效、经过实际培养锻炼且做法比较成熟的企业；从职务层次看，适合企业中层以上的领导岗位。

综上所述，结合各种选拔方式优缺点分析和具体实践看，民主推荐干部大多是参会人员对所推荐干部综合认定，主要侧重于干部的德、勤、廉等方面，对能力和成绩方面考虑较少。公开选拔是按照规定条件和程序，在较大范围内选拔干部的方式。笔试和面试是这种选拔方式中的主要环节，主要侧重于干部的能力和成绩方面的考察，对干部德、勤、廉等方面考察较少。内部竞争上岗是在单位或系统内竞争性选拔干部方式，这种竞争性选拔方式可以较好地考察参选干部的能力和成绩。由于参选人选是本单位或系统内干部，对干部个人的德、勤、廉也有较多了解，能全面反映被选干部素质和能力。后备干部大多是通过民主推荐产生，所以从后备干部中直接产生干部的选拔方式与民主推荐选拔方式有较多相似之处。

通过分析比较，本文认为内部竞争上岗选拔干部是一种较为公正、公平且能全面反映被选干部才能，保证选拔出德、能、勤、绩、廉全面优秀的领导人员的一种方式，值得推广使用。

三、进一步完善国有企业领导人员选拔任用机制的路径选择思考

（一）按照现代企业制度要求，确定国有企业领导人员选拔任用原则

建立与中国特色现代企业制度相适应的选人用人机制，培养造就高素质的干部队伍，保证企业科学、健康、持续发展，就需要按照企业发

展需要，遵循干部成长规律，不断拓宽选人渠道，引入竞争机制，真正选拔出德才兼备的优秀干部。因此，在选拔企业领导人员时，应遵循以下几项原则：

1. 坚持党管干部的原则

在市场经济条件下，国有企业具有企业的一般属性，比如自主经营、自负盈亏，以追求企业利润的最大化为目标等。但国有企业的特殊属性又不同于一般企业。

“国有”属性决定了必须坚持党管干部原则。普通企业的控股主体一般为自然人，而国有企业的控股主体则是国家，根据“谁出资，谁管人”原则，国家有资格行使对企业的人事管理权。国家对企业干部的人事管理具体又落实到相应的国有资产管理部门和企业党委身上，最终通过党管干部来实现。这种“国有”属性决定了必须坚持党管干部原则。

坚持党管干部原则是实现国有企业发展壮大强有力的组织保证。党的路线、方针、政策确定后，最终得靠领导人员去执行。领导班子问题，是关系到党的路线能不能贯彻执行的问题。如果这个问题解决不好，不要说带领群众前进，就是开步走都较困难。党管干部原则的重要体现就在于为企业选好经营管理者，配好班子，为企业的发展提供组织保证。

坚持党管干部原则是国有企业党组织发挥政治核心作用的重要途径。党对国有企业经营者的领导，是党组织发挥政治核心作用的重要依托。党通过对企业经营管理层的领导，使企业经营者能围绕企业的发展目标，以经济建设为中心，在企业的规范运作中履行职责、发挥作用。因此，只有坚持党管干部的原则，才能从组织上保证党的路线、方针、政策的贯彻落实，才能在企业生产经营的全过程中发挥党组织的政治核心作用，更好地促进企业的科学发展。

2. 坚持组织选拔与市场配置相结合的原则

坚持市场配置、组织选拔和依法管理相结合，是改进企业领导人员选拔任用方式，深化国有企业干部制度改革，激发内在活力、提高核心竞争力的要求，是完善法人治理结构，建立中国特色现代企业制度的客观需要。

坚持市场配置是建立现代企业制度、完善法人治理结构的要求。完善法人治理结构是国有企业改革的基本要求，而完善法人治理结构就必须建立与公司法人治理结构相适应的市场化的选拔用人机制，逐步实现出资人代表与经营班子分层管理的体制。董事会、监事会成员代表出资人利益，由出资人委派或推荐；而经营班子成员则由董事会聘任，由职业化经营管理人才组成，通过市场化来进行配置。

坚持市场配置是充分激发企业活力的内在要求。人才资源是第一资源，干部是人才资源的主力。随着企业的发展，人才资源需要随着企业和市场的变化不断进行调整。建立市场化的干部选拔机制，就是适应市场价值规律的要求，不断创新干部选拔任用和管理模式，激发人才的内在动力，引导人才的合理流动，实现人才资源效益的最大化和配置的最优化。

坚持市场配置是深化国有企业干部制度改革的需要。新形势下，传统意义上的国有企业干部管理和选拔方式很难适应国有企业对各类人才的需要。市场化选拔就是将竞争机制引入干部选拔工作中，通过公开、透明、规范的程序，激活选用机制，提供公平竞争的机会，把那些有能力、有实绩，思想观念新，而且有奉献精神和责任感的人才选拔出来，真正调动企业领导人员的主观能动性，使其摆脱行政级别的束缚，打破传统体制下的“官念”，形成用实绩说话、能进能出、能上能下的市场化理念，进一步造就能听得懂市场声音、会分析市场形势、按照市场规律经营企业的企业家。

3. 坚持人岗相适的原则

人岗相适是科学配置干部资源，使干部能力水平与承担责任义务相统一，实现人尽其才、才尽其用的重要手段，是科学使用人才的必然要求。

人岗相适是从岗位需求出发，按照领导人员选拔标准来考察和选配干部的科学要求。作为企业领导人员，由于企业类别、性质及内部分工不同，其工作内容、职责范围和活动方式也就不同，其对干部的能力要求也不同。同时，由于干部经历不同，能力水平有高低，素质和个性也有差别。这就需要进一步加强对各类领导人员岗位的分析，按照岗位类别和要求，把干部共性要求与个性区分相结合，做到择优而选，人岗相适。

人岗相适是从干部个体出发，充分发挥其能力和水平的科学要求。领导人员各有自己的特点和长处，有的善于做党务工作，有的擅长行政管理；有的具有多方面才能，有的精通某种专业；有的多谋善断，有的敢闯敢搏。因此，在选拔干部时就要仔细了解每个干部的优缺点，用其所长，避其所短，合理安排领导岗位，使他们各得其位，各施其才，各尽其能。

人岗相适是从岗位和干部成长规律出发，适应岗位职责变化的科学要求。人与岗是一个矛盾统一体，两者紧密联系、相辅相成，统一于领导班子和干部队伍建设的实践。一方面要关注领导人员成长规律，根据干部在不同成长阶段的个性特点和能力水平，合理使用干部，做到用其当时；另一方面，要关注岗位在企业发展中的职责变化，了解干部的适应程度，对人岗配置进行优化，及时调整不适应岗位的干部，促进人岗动态相适。可以在认真分析研究基础上，对系统企业岗位类别进行分析归类，并根据岗位工作内容、职责范围和活动方式等特点制定相应的选拔标准；对系统干部进行科学测评，根据成长规律制定每个干部的职业生涯规划，把每位干部和现有的岗位进行模拟匹配，并注重引导提升其与职位匹配的能力水平，一方面可以为该岗位提供后备人才资源，另一方面可以进一步提升人岗相适的水平。

4. 坚持公开、平等、竞争、择优的原则

公开、平等、竞争和择优的核心是竞争。实践证明，竞争出人才，竞争出活力，竞争出正气，竞争出新风。选拔干部时引入竞争机制，有利于进一步疏通干部“上、下”渠道，真正形成公开、平等、竞争、择优的用人环境，促使优秀人才脱颖而出。

（二）按照企业发展需要，完善国有企业领导人员选拔任用标准

市场经济条件下，企业是自主经营、自负盈亏的独立法人实体和市场竞争主体，这就需要企业有高效的领导班子和高素质的领导人员，才能在市场竞争中不断改革发展，开拓进取，才能适应市场经济要求。这种新时期、新形势、新任务下的企业使命就决定了干部的特殊位置和面临的特殊任务，尤其体现在厚德、超能、实绩、协作和责任几个方面。

1. 选拔有德之人

我们党始终强调选拔使用领导人员要坚持德才兼备、以德为先原则，并把德放在了第一位。但德是个比较宽泛的概念，它在不同时代具有不同的内涵。对于国有企业领导人员而言，对德的要求基本是一致的。即要有较高的思想理论修养、较好的人格道德修养和职业道德修养，它是领导人员成长进步的重要内在动力，也是履职尽责必备的基本品格，更是其事业成败的关键。

2. 选拔有能力之人

领导人员的能力水平，对于加强领导班子和干部队伍建设，推动企业又好又快发展，从一定意义上讲，具有决定性作用。我们选拔领导人员时，最关键的是要选有领导企业科学发展的本领和能力。具体来说就是要选具有科学判断形势的能力、有驾驭全局的能力、有开拓创新的能力、有抓班子带队伍的能力和履行岗位职责的知识水平、业务能力和实践经验。

3. 选拔有实绩之人

实绩是一个干部政治品格和工作才能的直接体现。一个领导人员有没有工作能力，能否胜任领导岗位的工作，最终要看工作实绩。思路对、想法好，但不抓落实，或不会抓落实，不能算真正有能力。同时，注重实绩能促进广大干部把心思和精力用到干事创业上，用在谋求企业发展上，形成凭实绩评优劣、定升迁、论奖惩的用人导向。

4. 选拔懂协作之人

协作是优秀领导人员必须具备的素质和能力。懂协作之人能够宽容、谦让。宽容就会有容人、容言、容事的气度和雅量。对别人不恭不敬之言不计较，容得下话；对不利于己甚至伤害自己的行为不怨恨，容得下事；对别人的优点虚心学习，容人之长；对别人的缺点正确看待，容人之短；对别人的错误不记旧账，容人之过，这些都是领导人员应该具备的美德。同时，懂协作之人能够以企业发展大局为重，自觉维护班子团结，能够自觉做到和班子成员相互依存、互相尊重，彼此信任、和谐共事，做到在思想上合心，在工作上合力，在行动上合拍。

5. 选拔有责任之人

责任是一种职责，一种义务，一种使命。由责任而产生的完成使命、履行职责的精神力量，是推动个人发展和事业成功的动力。实践证明，企业领导人员的责任意识强不强，往往直接关系到一个企业的兴衰成败，关系到企业全体职工的冷暖安危。领导人员责任意识强，就会未雨绸缪，把群众的安危冷暖放在心上，真心诚意为群众办实事、解难事；就会真正把心思用在干事创业上，把精力用在谋划企业发展上，不断开创企业科学发展的新局面。

（三）按照企业类型和岗位特点，确定国有企业领导人员选拔任用方式

科学的选拔方式是整个干部队伍建设的关键环节，是合理使用干

部、有效地激发干部潜能、促进企业科学发展的保证。选什么样的干部、采用什么样的方式选拔干部，才能符合企业发展和满足岗位的实际需要，就需要对干部和企业进行分类，并根据企业和干部特点来选择适合的干部选拔方式，真正做到按需求来配干部，按标准来选干部，按个人特点来用干部。

1. 科学的干部分类是确定干部选拔方式的前提

干部分类就是根据企业性质、岗位特点及干部成长规律，对现有的干部进行合理的分解，科学地划分类别。科学的干部选拔方式就按照不同类别的干部实行不同的选拔方式，才能适应不同企业和不同岗位的要求，才能实现干部管理工作的科学化，促进各类干部健康成长。就现实情况而言，泰达控股公司的投资、经营和服务领域涉及五大产业，按投资的形式划分，包括全资子公司、控股公司和参股公司等；按管理干部的级别划分，包括科级、中层副职和中层正职干部；按企业类别划分，包括集团类、上市类、能源类、投资类和其他类等。因此，适应这种经营范围广、企业类别多、干部级别多特点，就要根据企业的性质、岗位特点和干部成长规律，建立健全主体清晰、程序科学、责任明确的分层分类选人用人机制，让想干事、能干事的优秀干部有施展才华的舞台，进一步提高选任干部工作的能力和水平，有力地促进干部选任工作规范化、制度化、科学化。

2. 根据企业和干部类别确定干部的选拔方式

按照现代企业制度和企业改革发展要求，结合泰达控股公司具体情况，应对所属企业进行分类、分项，确立和完善企业领导人员选拔方式。

根据所投资企业的类别确定干部的选拔方式。对于所属全资子公司来讲，可在民主推荐、后备干部选拔方式基础上结合岗位特点，引入有一定竞争机制的内部竞争上岗方式，进一步激发领导人员上进心，提升企业领导人员队伍素质和水平；对于控股类企业来讲，可按照党组织提名、考察与企业依法用人相结合的模式，采取民主推荐和内部竞争上岗方式，来选拔和配备干部；对于参股或其他股份制企业来讲，要坚持市场配置的原则，采用内部竞争上岗和公开选拔方式来选拔干部，并接受董事会或出资人的聘任，把任免资格与企业的发展状况挂钩，把激励措施与企业经营效益结合，进一步推动企业快速科学发展。

根据岗位级别来确定干部的选拔方式。中层正职领导职位主要以民主推荐和内部竞争为主；中层副职领导职位可逐渐从以民主推荐、后备干部中选拔为主过渡到以内部竞争上岗为主；科级干部则要突出竞争特点，以内部竞争和公开选拔为主。因为科级干部是干部培养选拔的基础，其素质和能力在很大程度上影响整个干部队伍的能力和水平，对于促进企业干部队伍的健康成长，提升企业的核心竞争力，推动企业又好又快发展，具有十分重要的意义。因此，对于科级干部的培养应引起高度重视，特别是民主推荐和内部竞争上岗两种选拔方式，可以对科级干部的素质和能力的提升起到积极作用。因此，进一步扩大选人视野，拓宽选人渠道，真正建立一支数量充足、结构合理、专业门类齐全的科级干部队伍，为实现企业领导班子更替有序、结构优化奠定良好基础。

根据各种选拔方式的适用范围确定干部的选拔方式。任何一种干部选拔方式都有其特点，其适用范围也不同。根据民主推荐干部的优缺点，它适合于全资、控股类企业的党政“一把手”的选拔，这些都是对工作的衔接性、连续性和稳定性有较高要求的岗位；公开选拔适合专业性较强的领导岗位，对于集团类、上市类企业来说，结合泰达控股公司干部队伍现状，一些要求具有财经、金融等专业性较强知识的领导班子副职适合于此类选拔方式；竞争上岗适合于能源类、投资类等企业的领导班子成员选拔。由于控股公司成立初期承担着区域开发和建设的责任和任务，公共设施和能源建设等方面的人才较多，可以通过竞争选拔方式选拔出更加优秀的企业领导人员。

3. 根据选拔方式特点，完善干部选拔程序

参照《党政领导干部选拔任用工作条例》和中组部下发的《党政领导干部选拔任用工作责任追究办法（试行）》等四项监督制度要求，结合四种选拔方式的特点及公司实际，明确各种选拔方式的程序，并严格按程序选拔干部。后备干部选拔，要借鉴公开选拔和竞争上岗中的成功做法，进一步引入竞争机制，实行差额选拔。民主推荐要严格规定参会范围、人数和推荐的方式，规定考察对象的人数、范围。公开选拔和竞争上岗要制定专门的办法加以规范，从职位的选择、确定，到公告、报名、笔试、面试、考察、任用等相关环节都要详细规定，注意各个环节之间的衔接，特别是对每一个环节参与竞争的人数、笔试面试的题型、群众参与的程度等，能够有相对统一的标准，保证选拔工作公平、公正。

（四）按照干部管理职业化的要求，完善企业领导人员管理机制

实现企业领导人员职业化就需要不断完善考核评价机制，实行任期目标责任制，健全激励机制和责任追究制度，建立一种以产权关系为纽带、管人与管资产有机结合、充满生机与活力的新型管理体制。

一是完善考核评价机制。要进一步突出目标量化考核，建立以经营业绩和工作实绩考核为重点，分层分类全方位多层次考核的考核评价机制。实际工作中，可根据公司干部分类情况制定不同干部评价标准，采取科学的评价手段。具体讲，对党政领导人员评价主要是其思想政治素质、知识水平和领导能力综合体现；对于企业经营管理干部来说，主要看其为企业创造利润和资产保值增值情况等。从评价方式来讲，对党政人才的评价要坚持群众公认的原则，把群众的意见作为考核和评价党政领导人员的重要尺度；对企业经营管理干部的评价重在市场和出资人认可，突出对其综合素质和经营业绩的考核，保证最大限度地实现国有资

产的保值增值。

二是实行任期目标责任制。建立任期目标责任制，就是通过把任期制、岗位责任制和目标管理三者有机结合，对干部在任期内目标、任务、责任有一个定量的要求，也是干部在一定时间内完成目标情况的主要考核依据。实行任期目标责任制，一方面能够有效地克服“管人”与“管事”相脱节现象，实现“管人”与“管事”的有机结合。另一方面可以充分调动领导人员积极性，促进领导人员不断改变工作作风，提高领导企业科学发展的水平和能力，保证企业科学持续发展。可以在干部任用时首先明确其任期，一般五年，最多不超过七年，然后根据所任岗位的工作职责，明确任期工作计划及目标，在任期满时对其进行全面考核，为其去留提供合理依据，同时可以调动干部积极性，避免个别干部对难干的事情绕着走，易干的事情敷衍了事等不勤政、不作为、乱作为的现象发生。

三是健全激励机制。要进一步完善企业领导人员职级工资及福利待遇制度，实行统一规范的福利制度体系；要逐步建立企业领导人员工资、奖金与企业经营发展和责任、绩效相联系的动态增长机制；探索建立年薪制、股权制等多种分配制度，构建以经营业绩为核心，以企业科学发展为保证的多元化分配体系。实际操作中，可根据企业的行业类别，明确不同级别领导人员的工资及福利待遇标准，并根据企业经营业绩及上缴利润情况给予一定的奖励，同时要进一步完善以经营业绩和利润上缴为核心的激励机制，进一步提高工作积极性。

四是完善责任追究制度。完善责任追究制度是为了进一步加强企业领导人员队伍建设，培养和提升企业领导人员的责任意识，促使各级领导人员全面、认真、合法地履行岗位职责。责任追究目的是对领导人员在履行各自职责过程中发生失职、渎职、失误或因其他个人原因，对公司发展或工作造成不良影响时对领导的追究与处理。要按照实事求是、客观、公正原则，责任与权利对等原则，谁主管谁负责原则，过错与责任相适应原则，建立健全责任追究制度。通过责任追究制度的良性运行，使得企业在正常运作过程中，有章可循，有奖有罚，用良性运作的激励机制和约束机制保障企业的科学发展。

2013 年 6 月

三“严”三“实”　强基固本
开启国有企业全面从严治党“新打法”

习近平总书记强调，要重整行装再出发，以永远在路上的执着把全面从严治党引向深入，开创全面从严治党新局面。国有企业党组织和党员领导干部，应从关系企业性质和发展方向的政治高度，认清全面从严治党的极端重要性，严格政治理论学习、严肃党的组织纪律、严明政治纪律和政治规矩，夯实筑牢组织基础、抓实抓好作风建设、深化改革务实创新，为企业改革发展提供坚强的政治保证、思想保证、组织保证、纪律保证。

严格政治理论学习，始终做到政治合格

把强化理论武装作为固本之源。政治上的坚定，源于理论上的清醒。强化理论自信，坚持学原文悟原理，重点学好习近平新时代中国特色社会主义思想，自觉把自己摆进去，学思践悟、融会贯通，真正做到学懂弄通做实。学好习近平新时代中国特色社会主义经济思想，把企业摆进去，在学习中寻求解决国企改革矛盾问题的实践路径。结合实际学好党的十九大提出的重大理论观点和重大战略部署，把党的十九大精神作为破解难题的“金钥匙”，把工作摆进去，抓好贯彻落实，做出实实

在在的工作业绩。

把强化政治建设作为固本之责。把政治建设摆在首位，把政治纪律和政治规矩挺在前面，牢固树立“四个意识”，自觉做到“四个服从”，更加坚定地在政治立场、政治方向、政治原则、政治道路上同以习近平同志为核心的党中央保持高度一致，坚决维护党中央权威和党的集中统一领导。推动基层党组织和广大党员更加自觉地学习党章、遵守党章、贯彻党章，不断增强党内政治生活的政治性、时代性、原则性、战斗性，弘扬忠诚担当、公道正派、实事求是、清正廉洁等价值观，坚决反对好人主义、圈子文化、码头文化，不断提高政治觉悟和政治能力。

严肃党的组织纪律，坚决落实上级决策部署

把恪守组织纪律作为固本之道。坚持党的领导，既是政治标准，也是实践要求，必须落实到维护以习近平同志为核心的党中央权威上，坚决反对在贯彻落实党中央决策部署时议而不决、决而不行、行而不实。加强纪律建设，坚决纠正执行纪律“宽松软”的问题，以纪律为利器坚决杜绝执行党中央决策部署时等待观望、敷衍塞责、阳奉阴违、推诿扯皮等恶习。鼓励党员干部敢于担当，用踏石留印、抓铁有痕的劲头提高执行的能力和效率。做到贯彻执行上级党组织决策部署不打折扣、不做选择、不搞变通，坚决保证政令畅通、令行禁止、强化规矩意识，坚持重大事项请示报告，绝不越级越权，自行其是、弄虚作假。

把加强对基层企业党建工作的督导检查作为固本之计。国企党组织要制订详细的督导检查方案，把监督领域向关键岗位人员和基层普通党员延伸，建立责任传导机制，按照“谁主管谁负责”的原则，完善相关制度，通过约谈、听取汇报、个别指导、工作检查等方式，及时检查发现基层企业党建工作中存在的问题，立整立改，从严从快，将压力层

层传导下去，把责任压紧压实，使上级党组织的各项决策部署自上而下顺利传达、严格执行。

严明政治纪律和政治规矩，诠释对党绝对忠诚

把加强和规范党内政治生活作为固本之要。没有规范性就没有组织力，国企领导班子要树立正确政绩观，自觉把抓好党建作为必尽之责。持续学习、深刻体会，站在讲政治的高度，做到知责、尽责、负责。认真开展党内政治生活，坚持“三会一课”制度，坚持民主生活会和组织生活会制度，坚持谈心谈话制度，坚持对党员进行民主评议。要用好批评和自我批评这个武器，敢批评、真批评，敢监督、真监督，有毛病就指出，有错误就批评。

把强化干部队伍建设作为固本之务。没有导向性就没有组织力。企业改革发展势头好，往往选人用人导向也好；企业出现重大风险，往往在选人用人上也有问题。坚持正确选人用人导向，要突出维护核心、对党忠诚这个政治标准。坚持严管和厚爱结合、激励和约束并重，对那些事业至上、实干为先、表现突出的干部，大胆提拔重用。加大年轻干部培养力度。研究制定班子职数管理制度，不断优化班子结构。严格干部监督管理，加强党内监督，持续规范干部兼职管理、董监事派任等工作，落实专项治理检查工作要求，形成长效机制。在新时代，党务干部素质的培养和提高尤为重要，要严格把关，优中选优，舍得让优秀人才从事党务工作；要完善党务干部激励机制，增强党务干部的荣誉感、竞争感和责任心，让党务干部有动力、有信心、有盼头、有前途。组织开展多种形式的教育培训，加强后备力量培养锻炼。

夯实筑牢组织基础，将全面从严治党落到实处

把强化“两个责任”作为固本之举。全面从严治党说到底是责任问题，不明确责任、不落实责任、不追究责任，管党治党只能是一句空话。落实管党治党责任，必须牢固树立“抓好党建是最大政绩”的理念，切实增强主业主责意识，坚持做到党建和经营工作同部署、同考核，两手抓、两手硬。选优配强党务干部，按照不低于职工总数的1%核定。建立党建工作量化考核指标体系，将党建工作和全面从严治党主体责任作为重要指标与经济指标一起纳入考核体系。强化党建工作经费保障，按照不低于工资总额1%的标准落实。切实落实监督责任。密切联系纪检监察工作实际，不松劲、不停步、再出发。运用正面示范教育、反面警示教育、岗位廉洁教育等形式，促使党员干部更加敬畏组织、敬畏法纪，更加注重家庭、家教、家风，筑牢拒腐防变的思想防线。综合运用监督执纪“四种形态”，抓早抓小抓苗头，让党员、干部知敬畏、存戒惧、守底线。加大对基层纪检监察干部的培训力度，切实提升监督执纪的履职能力。认真开展巡察工作，做到力度不减、节奏不变、尺度不松。

把抓实基层支部作为固本之基。党的十九大报告明确提出，“加强基层组织建设”“要以提升组织力为重点”。党的工作最坚实的力量支撑在基层，创先争优、强基固本，提升基层党组织组织力，夯实国企党建和国企主业的基础，是长远之计，也是固本之举。要把思想政治工作落到支部，把从严教育管理党员落到支部，把群众工作落到支部，让党的“神经末梢”真正发挥应有作用。探索开展党建工作标准化建设，推进基层党建工作规范化、上水平。规范设置党支部，选好配好党支部书记。加强对系统内党政领导干部的党建业务和执业能力培训，衔接党

政主要负责人“一肩挑”工作。建强党员队伍。严把党员质量关，严守发展党员入口关，加强教育培训，充分运用“三会一课”等基本制度，加强党员理想信念教育、党风党纪教育和党性锻炼，确保学习教育融入工作，形成常态。健全落实制度机制。健全完善党支部工作制度，严格落实组织生活制度，严格执行《关于新形势下党内政治生活的若干准则》等党内法规，落实领导干部双重组织生活和联系点制度，固化主题党日，使党内政治生活真正严起来、实起来。

抓实抓好作风建设，保持清正廉洁

把加强作风建设作为固本之方。“四风”问题具有顽固性、变异性、反复性，抓一抓就好转，松一松就反弹，必须严格落实中央八项规定精神，在常和长、严和实、深和细上下功夫，坚决防止“四风”回潮。把监督检查执行“八项规定”作为改进作风的一项常态化工作来抓，抓早抓小抓细节，节点治理、逐层推进，保持高压传导。

把强化监督问责作为固本之力。党员干部的成长，离不开信任，更离不开监督，信任不能代替监督。要加强和改进对党员领导干部行使权力的制约和监督，加强对落实“三重一大”决策制度的监督检查，严肃查处违反制度行为，严格执行领导干部任前廉政谈话、述职述廉、诫勉谈话、函询等制度。狠抓责任追究，加强主防意识。以“零容忍”的态度加强执纪问责力度。要突出问责，让落实责任不力追责问责成为新常态。坚持“一案双查”，严格对照主体责任链条的每个节点，严肃执纪问责。企业中人事、审计、巡察等部门要加强协作，增强发现问题线索的能力，严格按照《中国共产党纪律处分条例》规定执纪问责，加大违纪违法案件查处力度。

深化改革务实创新，提高基层党建影响力

新时代党的建设面临许多新形势和新任务，不创新就难以适应时代需要，不创新就没有组织力、生命力和活力。

围绕关键问题抓创新。对国有企业来讲，无论是独资还是控股，无论是在国内还是境外，都要把党的领导作为最重大的政治原则，旗帜鲜明、理直气壮地把党的领导落到实处，这是原则性问题。同时，要善作善成地推动全面从严治党向纵深发展，还必须讲实践性，就是围绕国企改革中职业经理人、特殊岗位人才管理监督，如何定位党组织与董事会、监事会和经理层的关系，不同股权结构单位党组织分类管理等问题，探索行之有效的思路和办法，在解决问题中推进创新。

围绕时代特色抓创新。中国特色现代国有企业制度，“特”就“特”在把党的领导融入公司治理，就是要跟上时代发展趋势。当前，要将党建工作的载体、方法和内容与社会发展相结合，使其更适应新时代的新要求，从而增强基层党建工作的吸引力。同时，要尤其注重运用互联网时代的大数据和云网技术推进“互联网+党建”，提高基层党建的感染力和影响力。

围绕基础管理抓创新。夯实根基，修炼内功，深入推进基础管理。抓实绩效考核。健全人才培养和纪律约束机制，锻炼一支德才兼备、务实创新、干事创业的人才队伍。加强企业文化建设，搭建提高员工创新效率的工作平台，建立员工技术竞赛、员工创新竞赛等各种竞争载体，培养员工的实验创新精神和积极进取精神，为增强员工创新能力注入新的活力。

2018 年 2 月

提高国有企业党组织和党员干部科学发展的六种能力

当前，我国正处于经济转轨和社会转型的新时期，随着国有企业改革发展的不断深入，企业党组织和党员干部科学发展的能力还存在许多与新形势、新任务不相适应的问题。主要表现在：党管班子、党管干部和党管人才的能力不是很强，战略思维和统筹兼顾的能力普遍还比较薄弱，改革创新和推动发展的能力水平不高，提高应对风险和维护稳定的能力不够，提高抓班子和带队伍的能力作用不强，发挥政治优势和文化引领的能力还有待提高。

提高党组织和党员干部科学发展能力既是重大而紧迫的政治要求，又是一项长期的工作任务。要着力改善和提高党组织和党员干部领导科学发展的六种能力。

提高党管班子、党管干部和党管人才的能力。要努力打造团结型、学习型、智慧型的班子，提高班子整体认识事物、分析问题、判断是非的能力，增强超前意识和战略思维能力。党组织要提高管理能力，规范管理，坚持原则，从严治企。尊重职工群众的主人翁地位，努力代表和实现广大职工的根本利益。坚持党管干部的原则，按照“德才兼备”的干部标准和任人唯贤的干部路线与群众推荐、组织考察、集体研究的程序来管理，要善于发现人才，正确识别人才，科学评价人才，合理使用人才，同时要重视做好对干部的选拔、培养、考核、教育、培训和监督等工作。

提高战略思维和统筹兼顾的能力。能够运用唯物辩证法认识和处理问题，既统揽全局、统筹规划，又在事关企业发展方向、发展战略、长远目标的制定，在经济结构和产品结构调整的全局中推动工作协调发展。重视发展中的战略和策略的协调，搞好当前发展与持续发展的协调，不断完善发展思路，完善发展举措，定期进行动态评估，确定不同发展时期的发展定位、发展方向、发展策略，提高战略规划执行力，统筹好企业发展与职工发展、当前发展与长远发展以及企业与各利益相关者的关系，不断提高战略管理、统筹兼顾的能力。能从企业的实际出发，科学判断形势，运用科学发展观指导实践，促进企业健康持续发展。

提高改革创新和推动发展的能力。要积极适应完善市场经济体制、调整资产布局、深化国有企业改革的实践，不断推进体制机制创新，加强基础管理，培育竞争优势。坚持价值思维，准确把握国有企业的发展方向，准确把握国有企业发展战略的调整思路和举措，不断提高推动科学发展的能力。

提高应对风险和维护稳定的能力。善于对企业中可能出现的各种风险进行科学预判和超前准备，增强临机处置能力，未雨绸缪，做好预案，掌握突发事件和风险发生时的主动权。化风险为机遇，化被动为主动，只有提高了应对风险的能力，才能经得住企业发展中面临的各种考验，妥善有效地解决企业发展进程中碰到的各种困难。准确把握发展态势，加强危机预测和管理，善于防患于未然、善于化解风险，不断提高工作预见性、主动性和前瞻性，从而顺利地推进企业实践进程。提高维护稳定的能力，善于见微知著，增强维护稳定的果断性，及时化解矛盾纠纷，妥善处理企业中出现的各种事件。

提高抓班子和带队伍的能力。要始终把领导班子和干部队伍建设放在突出位置，继续深化“四好”班子创建活动，以“四好”领导班子创建活动促进“人才强企”战略的实施，使“四好”班子创建活动成为实施企业发展战略的有效支撑与保障。努力把领导班子建设成为坚强领导核心，把干部队伍建设成为骨干力量。抓班子、带队伍尤其重要的是要加强作风建设。要把加强领导干部党性修养作为重要内容纳入深入学习实践科学发展观活动的要求，在学习实践活动中自觉用党的科学理论改造主观世界，不断加强党性修养，切实改进作风。

提高发挥政治优势和文化引领的能力。党的工作是我国国有企业独有的政治优势，加强和改进企业党建工作和思想政治工作，是企业科学发展的重要保证。推进党建工作创新，为国有企业科学发展提供思想保证、组织保证和政治保证。企业文化是企业的重要软实力，是企业科学发展的重要支持。企业党组织要善于运用企业文化建设的成果，积极促其向生产力和企业核心竞争力方面转化。要转变观念，提高决策水平，打造优秀的企业团队。将企业精神、价值理念转化为全体管理人员的自觉行为，汇聚成巨大的创造力，成为企业不断发展的动力。要准确定位，提升企业凝聚力。要在实现企业整体价值中实现个人的价值，注重对员工政治思想、道德情操的引导。各级企业领导干部都要重视加强和改进企业党的建设，注重培育优秀的企业文化，更好发挥政治优势和文化引领作用。

2010 年 3 月

如何发挥国有企业党组织的政治核心作用

国有企业是国民经济的重要支柱，是全面建设小康社会的重要力量，是党执政的重要经济基础。提高党的执政能力，就必须坚持党对企业的政治领导。而坚持党对企业的政治领导，就必须充分发挥党组织的政治核心作用。因此，充分发挥国有企业党组织的政治核心作用就显得尤为重要。我认为要发挥好国有企业党组织的政治核心作用，应把握好以下几个方面。

通过完善参与国有企业重大决策的有效机制
体现政治核心作用

建立和完善参与国有企业重大决策的有效机制，是国有企业党组织发挥政治核心作用的重要前提，可以使党组织在参与决策中及时就决策事项提出意见和建议，提高决策的科学化、民主化，同时在决策的实施中起到有效的监督作用。要进一步完善以党委会议、党政联席会议为主的两项议事决策机制，明确规定这两个议事机制的内容、重点、决策程序以及实施决策的过程。要建立非经营班子的党委委员列席参与总经理办公会议的决策机制。建立完善决策实施的监督反馈机制。

在落实国有企业领导班子“双向进入”原则中体现政治核心作用

落实国有企业党委班子和经营班子成员“双向进入、交叉任职”的原则，是发挥国有企业党组织政治核心作用十分有效的一项机制，有利于使党委的决策和生产经营的决策能够相互融入，统筹兼顾，综合各方意见，提高决策的针对性和有效性。在新形势下，作为国有企业，要切实完善“双向进入”的决策机制，保证交叉任职人员有职有权，能够充分发表意见，不搞形式和虚架子，进一步体现领导班子决策过程中的民主集中制原则。

在拓展国有企业党组织参与和实施重大决策的深度广度上体现政治核心作用

国有企业的党组织除发挥一些基本职能外，还应在企业的长远战略规划、重大项目的投资决策、财务预算管理、重要内控制度的制定出台、关系职工切身利益的重大事项的决策、招投标项目的监督、内部风险的防范以及企业的安全生产等诸方面全面参与决策。为此，国有企业应及时明确党委参与决策的范围、内容和重点。在此基础上，党组织要积极主动介入，按照议事决策程序，事先就有关问题抓好深入的调研，提出具体方案和措施，供集体决策时作为比选的方案。要提高党组织参与决策的力度和深度，务求体现参与决策的实效。要始终把握国有企业的政治使命，确保所做出的重大决策，既能促进企业的健康持续发展，又能确保企业正确的政治方向。

在切实发挥国有企业党组织自身职能优势中体现政治核心作用

国有企业党组织的自身优势主要应体现在以下三个方面：人才支撑作用。当前和今后的一段时期，尤其要按照“四好”要求来推进领导班子特别是经营班子的建设，确保企业和谐发展。同时要不断创新干部选拔和人才使用的有效机制，搭建良好的激励约束平台，运用组织选拔、竞争选拔和市场化选拔的思路，选拔使用德才兼备、素质好、会经营、善管理的人才进入重要岗位，为企业发展提供人才支撑，为人才提供上升通道。思想组织保障作用。国有企业党组织要采取各种方式切实履行对职工的思想教育和引导作用，注重听取职工的意见建议和利益诉求，着力维护职工的合法权益，提高职工对企业的凝聚力、执行力和忠诚度。要创新基层党的组织建设和制度建设，充分发挥党员的主体作用和模范带头作用，提升党组织的活力和影响力。企业核心竞争力的塑造作用。国企党组织可以立足企业长远发展，从文化战略、核心价值、发展愿景、文化载体等方面入手，精心策划，有序打造，体现特色，凝聚人心，从而推进企业从制度管理向文化管理的转变。

在促进企业科学发展中体现政治核心作用

发挥思想政治工作在促进企业科学发展中的优势。思想政治工作是我们党的一大政治优势，是党的一切工作的生命线，是增强和保持国有企业核心竞争力的有效途径。思想政治工作在促进企业科学发展中体现理论政策、组织协调两方面的优势。发挥文化建设在促进企业科学发展中的优势。企业文化建设在企业的科学发展中有着十分重要的作用。要发挥企业核心竞争力的优势。要发挥共同思想基础的优势。要促进企业党建思想政治工作创新的优势。要促进企业管理水平提升的优势。发挥群众工作在促进企业科学发展中的优势。职工是企业的主人，群众工作优势是党的宣传、教育和动员与为职工着想和服务的有机统一。充分认识企业发展是职工发展之本，职工发展是企业发展之源。充分把握和处理好企业发展与职工发展的关系。充分完善企业群众工作的多种有效形式。发挥保证监督在促进企业科学发展中的优势。在市场经济条件下，国有企业作为经济组织，在成为市场竞争主体的同时也不可避免地会受到市场经济所带来的消极影响。党组织作为政治组织介入企业的运作，其目的之一就是要通过发挥党组织的保证监督优势，减少市场经济消极作用对企业的负面冲击。这种保证监督优势既体现在保证国有企业发展的社会主义方向方面，也体现保证和监督国有企业发展运作的“合法性”方面。

在着力推进国企党风廉政建设工作中体现政治核心作用

近年来，国有企业党风廉政建设工作总体形势良好，但任务依然艰巨，如何更好地推进国企的党风廉政建设工作，这是国企党组织的一项重要使命，也是发挥党组织政治核心作用，推进国有企业和谐稳定发展的职责所系。要以创新的思路抓党风廉政建设。要进一步健全惩防体系。要紧紧抓住党风廉政建设工作的重点对象和关键部位。要把企业领导人员以及重点岗位、重点部位和重要环节的人员作为重点来抓，尤其是涉及国有企业重要事项的决策、重要干部的任免、重大投资项目和大额资金使用等“三重一大”方面以及招投标领域，要实施阳光操作，确保制度到位，程序到位，监督到位。

2010 年 5 月

努力提高国有企业党风建设和反腐倡廉工作的科学化水平

国有企业党组织应该高度重视党风建设和反腐倡廉工作，紧紧围绕企业生产经营的中心工作，坚持标本兼治、综合治理、惩防并举、注重预防的方针，突出惩防体系建设重点，严格执行《国有企业领导人员廉洁从业若干规定》，不断推进党风建设和反腐倡廉工作深入开展，为促进企业建立健全规范的权力运行机制，保证国有资产安全、国有资产的保值增值发挥重要作用。

进一步提高推进惩治和预防腐败体系建设的水平

建立健全与社会主义市场经济体制相适应的教育、制度、监督并重的惩治和预防腐败体系，是党中央为做好新形势下反腐倡廉工作作出的重大战略决策。国有企业党组织要贯彻落实好《建立健全教育、制度、监督并重的惩治和预防腐败体系实施纲要》。推进企业健全惩治和预防腐败体系是一项系统工程，需要国有企业上下共同努力。横向看，它不是纪委一家能够承担起来的工作，因为纪委只是组织协调部门。它也不单纯是党委的工作，因为体系的构建涉及企业生产经营管理的方方面面。它是党委统一领导、党政齐抓共管、纪委组织协调、部门各负其责、依靠群众参与的一项大工程，由企业党政主要领导人员负总责。国有企业党政领导和各部门要切实负起在构建惩防体系中的主体责任。纵向看，构建惩防体系是国有企业内部各部门一个上下双向互动、各居其位的有机整体。只有把横向纵向都完成好，形成纵横联动的工作格局，才能扎实推进惩治和预防腐败体系建设。

进一步提高反腐倡廉教育工作的水平

加强反腐倡廉教育，筑牢拒腐防变的思想道德防线，是促进党员干部廉洁从业的基础性工作。国有企业党组织要认真学习贯彻中纪委、市纪委关于反腐倡廉教育的一系列重要精神。要把反腐倡廉教育作为一项重要工作，纳入企业党组织理论学习中心组学习、党员干部教育培训和组织生活的重要内容，纳入对领导干部的培养、选拔、管理、奖惩等各环节之中，逐步形成反腐倡廉的教育机制。要以开展廉洁从业主题教育活动为重点，继续深化“廉洁从业若干规定”的宣传教育工作。通过开展理想信念教育，树立正确的世界观、人生观、价值观和权力观、利益观、地位观。通过学习党的基本理论知识，使党员领导干部成为勤奋学习的模范、善于思考的模范和努力实践的模范。通过开展警示教育活动，从中得到警示，引以为戒，提高党员领导干部拒腐防变的意识和能力。

进一步提高反腐倡廉制度建设的水平

加强反腐倡廉的制度体系建设，筑牢拒腐防变的制度防线，既是爱护保护党员干部的保障措施，也是促进企业经营管理水平提升的重要保证。国有企业要一手抓制度的完善，一手抓制度的执行，努力做到权力运行到哪里，制度就约束到哪里。一方面，要把制度建设与加强教育结合起来，与强化监督结合起来，严格执行和不断完善领导干部述职述廉、诫勉谈话、函询、任前廉政谈话、个人收入申报和重大事项等制度。不断从重点领域、重点部门、重点环节入手，排查廉政风险点，健全内控机制，构筑制度防线。要注重总结经验，探索研究，及时把成熟的措施和办法转化为具有指导性和约束力的制度。另一方面，要切实提高反腐倡廉制度的执行力。要强化党员干部的制度意识、依法办事意识，提高自我约束能力，使广大干部职工广泛了解制度、自觉运用制度、有效执行制度。要加强反腐倡廉制度执行情况的监督检查，把制度执行情况纳入党风廉政建设责任制检查考核和领导干部述职述廉内容。要督促领导干部在制度执行上率先垂范，特别是国有企业主要领导干部不仅要带头遵守制度，还必须坚持原则、敢抓敢管，切实维护制度的严肃性和权威性。

进一步提高监督制约机制建设的水平

加强对权力运行的监督约束机制建设，是促进党员干部廉洁从业的关键所在。要加强对领导干部的监督约束，引导领导干部自觉接受出资人的监督、企业内部监督、法律监督和社会监督。认真落实“三重一大”决策制度。国有企业各级领导班子主要负责人要带头执行“三重一大”决策制度，凡是涉及企业重大决策、重要干部任免、重要项目安排和大额度资金使用，必须集体讨论、民主决策，绝不允许少数人或个人说了算。加强对权力运行的多方面监督。各企业党组织必须坚决执行民主集中制，认真落实党内监督条例，加强党内民主，保证党员行使各项民主权利。要继续强化对企业领导干部的经济责任审计，严格执行内部审计制度，发挥专业审计监督作用。要深化企务公开民主管理工作，进一步规范公开的内容和范围，使组织监督、专业监督和群众监督相互结合，形成合力，在权力运行中发挥有效作用。继续推进企业效能监察工作。围绕企业生产经营中的重大任务，加强对重大工程建设项目、重大资金使用、不良资产处置、节能减排降耗、物资设备采购、项目招投标等效能监察。进一步规范效能监察管理工作程序，明确效能监察责任主体，形成在企业党政领导下的效能监察工作机制，推动效能监察工作向制度化、规范化方向发展。加大监督检查的力度。要通过检查责任书签订、领导干部廉政履职、责任分工、贯彻落实等情况，来督促党风廉政建设责任制的落实；通过组织考察、民主测评以及信访举报调查情况，检查分析《国有企业领导人员廉洁从业若干规定》的执行情况；通过检查企业“三重一大”各项决策的程序、决议等情况，促进企业领导人员特别是主要负责人坚持科学决策和民主决策。

进一步提高将反腐倡廉工作融入企业经营管理的水平

进一步规范董事会、监事会和经理层的运作，按照中国特色现代国有企业制度的要求，逐步建立健全权责统一、运转协调、有效制衡的法人治理结构。运用企业内部财务、法务、审计、监事会、纪检监察、职工民主等多种监督形式，加强对关键部位和薄弱环节的监管。建立健全决策权、执行权、监督权相互制约和相互协调的权力结构，形成授权明确适度合理、用权公开透明规范、管权严格科学高效、内控约束制衡有力的权力运行机制，确保管理者权力的正确行使。

进一步加强对企业产权交易、资本运营、财务管理、工程项目等企业经营管理关键环节的规范管理。强化资金管理，严格控制资金流向，防止国有资产流失。规范工程招投标程序，防止围标、串标等行为发生。规范企业产权交易行为，严格决策程序和审批程序。实行业绩考核同激励机制相结合的薪酬和奖惩制度。要坚持责权利相统一的原则，将绩效评价作为奖励依据，实行薪酬、风险、责任与业绩挂钩制度，形成讲廉洁、重业绩、强激励、硬约束的科学合理的考核激励机制。使反腐倡廉工作贯穿于企业决策、管理和生产经营活动的全过程，真正起到反腐倡廉工作与国有企业改革发展、生产经营活动相互融合、相互促进的作用。

进一步提高领导干部作风建设的水平

加强反腐倡廉工作，领导干部作风建设是关键。各级领导干部一定要不断加强党性修养，改进自身作风，努力加强作风建设。切实加强思想作风建设。以加强党性锻炼，牢固树立党的宗旨意识、忧患意识、公仆意识和节俭意识，坚持解放思想、实事求是、与时俱进，自觉抵制腐朽思想的侵蚀。切实加强学风建设。以大力弘扬理论联系实际的学风为主要内容，牢固树立终身学习的思想，自觉把学习作为一种政治责任、一种精神追求、一种思想境界，紧密联系企业的新情况、新问题，把学习成果转化为分析问题、解决问题的能力，转化为推动工作的思路和措施，转化为促进企业改革发展的新本领。切实加强工作作风建设。以改进领导方式和工作方法为主要内容，真抓实干、务求实效，不做表面文章，多把心思用在干事业上，把精力用到抓工作落实上。切实加强领导作风建设。以严格执行民主集中制为主要内容，用组织原则约束自己，以民主作风凝聚人心，以自身形象影响大家。班子成员要互相支持，互相配合，按照分工切实履行好自己的职责。切实加强生活作风建设。以培养良好的生活作风和健康的生活情趣为主要内容，讲操守，重品行，慎独慎微，克己慎行，慎重对待朋友交往，坚持择善而交，注意净化自己的社交圈，远离低级趣味，做到自重、自省、自警、自励。

2010 年 10 月

创新机制推进干部选拔任用工作的民主化

干部选拔工作作为一种重要的社会政治现象，它本身涵盖着政治建设的诸多环节、诸多因素，这些环节和因素彼此联系、相互制约、相互促进，共同构成干部选拔机制。推进干部选拔民主化必须创新干部选拔的民主化机制，着眼于考评主体多元化、考核标准硬性化、民主监督制度化与责任追究实效化四个关键环节。

以考评主体多元化推进干部选拔民主化

推进干部选拔的民主化机制关注的第一环节是考评。针对目前我国考评主体单一化的现象，推进考评工作最大的难点就是考评主体多元化。只有实现考评主体多元化才能改变考评主体过于单一所造成的决策有失公允或缺乏科学，才能在扩大民主进程中规避变相意义的少数人说了算甚至个人专断的产生，积极推进考评主体的多元化要关注四点。

考评主体多元化的基本原则。根据干部考评的具体情况，建议由各级组织人事部门牵头成立干部考评委员会。为了使考评委员会体现“权为民用”和“人民当家作主”的精神，组建这个委员会应遵循几条原则。一是知情的原则。考评委员会的成员不能盲目扩大总量，而应尽量使那些与参与被考评者有过密切接触的人参与考评，体现真正的人民参与。二是代表性原则。参与者中既有上级领导人员，也有下属人员，还有平级人员和一般民众的代表，使得考评委员会真正具有代表性。三是数量性原则。在确保代表性和知情原则的基础上，尽量增加参与人员的总量，从而使得考评工作更加客观、公正。四是互相监督的原则。在考评委员会中，各成员之间的关系不是领导与被领导的关系，而是平等的考评主体，他们之间可以相互监督、相互促进，切实保证考评的公正性。在遵循以上原则的基础上，考评委员会成为独立性强、中立性强的机构，使之与考评客体间的利害关系弱化，利于公正地开展工作。

考评主体多元化的权重要求。党政机关、中介组织和一般民众的权重应根据被考评者的岗位、类别和层次加以设定，随着民主化进程不断加快，适当提升中介组织和一般民众的权重。当前，三者之间的权重可设为3∶1∶1，而其中各自内部的权重划分再根据实际情况加以细化。比如，党政机关应包括组织人事部门、纪委监察、财政、审计、环保、信访等，在组织和人事部门占居重要权重的基础上，根据考评客体对其他部门所占权重进行科学规划。中介组织应包括经济性质的行业协会、会计师事务所，法律性质的律师事务所、公证和仲裁机构，研究性质的信息中心、研究及咨询机构，新闻性质的报业传媒等。根据考评客体的具体职能确定到底哪一种社会中介组织在考评中占居更为重要的位置，并及时动用新闻媒体来公布和报道这种确认的情况，使舆论与公众能直接予以监督。一般民众应包括考评单位的党员群众、考评单位的一般普通群众、考评辖区的党员群众、考评辖区的普通群众等，因为前两种群众对于考评客体更贴近、更了解，他们在四者中所占的权数要大，一般可将本项中前后两项的权重设为3∶2。

考评主体多元化的职责分解。考评主体的多元化，某种意义上也是为了避免权力的集中化。但这只是问题的一个方面。为了避免因集中化而产生的腐败行为，还应对多元考评主体的职责进行合理的分解。我国古代的九品中正制就研究郡评、州议、司徒审、尚书决，从而合理分解了权力和职责，使各环节都不能单独且完全地把握官员的命运。同样的道理，对干部的考核评价是由诸多环节组成的，合理分解这些环节的权责，避免考评权力由某一个考评主体控制也很重要。应按照充分发挥各自优势的原则合理分解多元参与主体的权力。组织人事部门最熟悉国家的政策和岗位要求，他们主要承担制定考评的标准与程序的权责。专门考核评估机构和社会中介组织，立场中立且在信息获取方面有自己的优势，他们主要承担考评信息的取证工作。考评客体的直接相关部门或垂直管理部门最了解被考评者的权责，能够结合信息与职能对相关部门的信息进行实事求是的核定。而所有的参与人员可以从不同的视角对结果进行综合分析、定位。实行考、核、评、定职责的分解，实际上就是在考评方面实行了分权制衡，避免因权力过于集中产生弊端，使体制内考评转化为体制内外结合的考评，增强考评的客观性和科学性。

考评主体多元化的配套制度。推进考评主体的多元化进程，需要建立和健全的配套制度有五种。一是考评人员的资格认证制度。推进考评多元化，是以考评主体素养合格为前提的，为了保证参与的考评主体有较高的素质，应实施考评人员的资格认证制度。二是考评人员的培训制度。考评人员的资格证只是个基础条件，要真正参与到考评中还应取得上岗证，而制定具体实际的培训制度，是确保他们取得上岗证的重要条件。三是考评人员的日常工作制度。为了给考评人员的考评工作提供条件，应允许他们旁听一些会议，提供参与考评工作经验交流活动的机会等。四是考评人员的责任追究制度。考评工作质量的高低与考评人员技能有关，也与其考评的态度有关，加强考评人员的责任追究制度可以改进考评者的技能和态度。五是考评工作的跟踪复核制度。考评不是一次性、短暂性的动作，应当定期不定期地由不同的考评主体进行抽查复核，从而确保考评主体的责任意识、保密意识、监督意识，确保考评的真实性和科学性。

以考核标准硬性化推进干部选拔民主化

当前，我国干部考核的标准主要体现在《党政领导干部选拔任用工作条例》（以下简称《条例》）和《中华人民共和国公务员法》等规定，以及地方各部分层级对这些法规条例的细化中。根据干部考核方面的政策规定与实践情况，存在的普遍问题是考核标准缺乏硬性规定。当然，这与干部本身的职业特征有关，但过多的弹性使得单纯依赖标准选拔干部似乎很有难度，只有扩大干部考核中的民主才可能避免因考核标准缺少硬度而带来的弊端。考核标准缺乏硬度一方面是由于考核标准不明确、不统一，另一方面则是由于考核方法不科学、不民主。推进考核标准硬度化，必须着眼于考核标准与考核方法的完善。

完善考核标准的原则。干部考核是准确识别干部、选准干部的重要途径和手段，完善干部考核标准必须推进科学原则与民主原则。完善干部考核标准要充分关注四条科学性原则。考核标准的普适性。职位分类的特殊性要求只能是在坚持这一标准的基础上来加强才识、能力的岗位适应性，而绝不能以任何职位特殊性、专业性的理由弱化这一标准。考核标准的可检测性。建立并完善科学的干部考核、评价体系，在强化实绩导向的基础上，从各个方面对干部德才进行客观的评价。考核标准的平等性。考核标准对任何人都应一视同仁，但一视同仁不是强求一致，而应结合各自岗位和层级有所区别。考核标准的相对稳定性。以相对稳定的考核标准来促成正确的用人导向，促进干部队伍建设内生动力的形成。完善考核标准不在于完善后的标准是否科学合理，而在于完善考核标准的进程是否民主，如果在完善进程中做到民主，考核的标准就能得到民众认可，即便考核不出优秀干部，考核者自身的信任危机也会减弱。可见，推进完善考核标准的民主化是关键。为此，要引导群众广泛参与考核标准的制定，进一步扩大群众参与的范围，将知情权、参与权、选择权交给群众，让群众对干部评价考核充分发表意见，让群众来评判干部的德才状况。

正确认识考核中德能勤绩廉的关系。干部考核主要针对干部的德能勤绩廉五个方面进行质与量的综合考核，干部考核标准的硬性化就是将这五方面合理量化，使之具有更突出的可操作性。根据经验，政绩是一个干部德能勤绩廉的综合体现，考核主要是考核政绩，如果将五个方面合为100分的话，绩要占一半，德能勤廉可分别为15分、15分、10分、10分。当然，分值的分配不是绝对的，也应保持一定的弹性，所以以上划分只能是一个参考。另外，这五个方面的考核分值还应结合具体指标进一步细化和量化，如政绩可细化为日常事务与非常规事务，日常事务处理情况可占35分—40分，非常规事务可占10分—15分。德主要考核干部的思想表现、领导作风、个人品德和职业道德，可细化为政治学习情况、遵纪守法情况、社会公德情况，各占5分左右。能主要考核干部在本职岗位的基本水平、政策水平以及分析处理问题的能力、组织协调能力，工作中改革、工作效率和实干敬业精神，可细化为按时上班情况、加班加点情况，各占5分左右。廉主要考核干部执行党风廉政责任制情况，遵守党风廉政建设规定和廉洁自律的情况，可细化为自身廉洁从政情况，约束家庭、下属情况，各5分左右。当然，还要结合岗位和职责，针对如上的每一项进一步细化。

完善考核方法。考核干部要量化考核指标，但基于考核指标本身的弹性，有些指标是很难量化的。传统的干部考核方法是通过个别谈话、民主测评等考核手段得出考核结果，这样很难形成鲜活的全方位的个性化的考核评价。为了推进考核标准硬性化，应当不断扩大干部考核工作中的民主，一方面通过众多人的参与来确保指标考核的公正性，确保量化指标不至于流产；另一方面也可以通过众多人的参与提高决定的科学性，减少考核的失误。民主评价干部的方式，改变了监督渠道不畅特别是群众监督无力的情况，给出了广泛的评价内容和等次的评价档次，创造了一个比较宽松的评价环境，让所有评价人的每一个评价都能充分表达自己的意愿，使每一个评价都发挥作用。这种评价作用的充分发挥，实际上也充分发挥了各评价人的监督作用。当然，为了避免干部考核中的弊端，既要推进民主化，还要推进制度化，很有必要在适当的时候使用和推行考核队伍的职业化和等级资格制度，合理地配备考核主题，使考核主体多元化，进而使考核程序民主化、考核过程公开化、考核内容多样化。

以民主监督制度化推进干部选拔民主化

实现权力体制民主化关键是要在改革中建立和健全民主选举、民主决策和民主监督三大民主机制。民主选举是权力体制民主化的起点，民主决策是权力体制民主化的核心，而民主监督是权力体制民主化的关键。萨托利从委员会的分析中提到过“控制决策机构”的重要性，也即说明监督的重要性。他还将直接民主与间接民主进行对比，认为“直接民主就是人民不间断地直接参与行使权利，而间接民主在很大程度上则是一种对权力的限制和监督体系”。马克思、恩格斯在总结巴黎公社经验时指出，一切公职人员必须“在公众监督之下进行工作”，这样才能“防止国家和国家机关由社会公仆变成社会主人”。我们要充分认识到民主监督的关键是解决好干部选拔工作中民主监督的制度化问题，着眼于推荐、考察、决定三方面的关节点，抓好监督制度民主化建设。

推进干部民主推荐的制度化建设。确保推荐民主化原则应加强制度建设。首先，应确立最低得票率门槛制度，根据工作实践对得票率予以适当的制度规定。例如，将得票率达到30%作为判定群众公认的最低门槛，规定定期民主推荐中得票率在30%以上的人选才有可能被确定为考察对象。而最高得票率在30%以下时，必须进行第二轮民主推荐。民主推荐最低门槛的设定，使不同地区、不同单位干部的群众公认标准统一化，从而使群众参与的民主以制度化的形式确立下来。其次，应建立民主推荐总体评价制度。民主推荐应体现民主性与科学性的统一，既要尊重民众的意志，又不能简单以民众意志是从。为克服简单以票取人问题，应当根据地方实践经验，推广民主推荐综合评价制度，把推荐票数与单位意见结合起来，做到既强调票数，又不唯票数，既解决干部的群众口碑问题，又符合在组织内对干部能力和岗位胜任度的要求，实现选人用人公认度和准确度的统一。最后，确立储用结合的定期推荐制度。即推即用式的民主推荐在职位已空缺或调整中可能出现职位空缺的情况下进行，组织上对谁是这个岗位的合适人选，缺少全方位、多角度的比较，往往只在个别单位或少数单位搞推荐，在一定程度上使选人视野受到限制。而储用结合的定期推荐制度，既弱化了参与推荐人员的职位预期，抑制干部推荐过程中的拉票行为，又易于定期培育民众民主参与的热情与意识。

推进干部民主考察的制度化建设。实践证明，实行干部选拔票决制，以利于扩大党内民主，使每个决策成员的意志、主张得到充分表达，是实现少数服从多数的有效选择；有利于保证每个决策成员的决策平等性，使整个集体的决策具有公正性和科学性；有利于集中决策成员的意见，达到全面了解选拔干部情况、选准用好干部的目的。根据以往票决经验，继续推行干部选拔票决制并以之推行干部选拔民主化，至少应加强两项制度建设。做好集体审议与票决的衔接转换制度。票决前由组织部门对拟选拔干部的推荐和考察情况、相关岗位要求及任免理由做详细介绍，让委员会成员充分了解并进行审议，然后再根据自己的判断进行表决，避免盲目投票的假民主。健全票决结果的管理制度。票决制一般就具体人员充分发表看法，把意见讲在会上，明确提出赞成或不赞成的理由，分为“同意”“不同意”“缓议”三项，由每名委员会成员根据自己的意愿进行填写，投票统计结果后，所有投票应归档管理以备后查，为下一步惩罚追责等方面准备条件。与归档相应，票决制可采用隐秘署名方式，统计票时不出现投票人姓名，查档时出现。可考虑编号票，票决纸上只出现投票人的编号，编号与人名对应票则投入另一票箱，二者结合共同存档。当某一编号所选人员出现问题，则调出其编号对应的姓名，以做好相应追责。以民主监督制度化来推进干部选拔民主化，还需要关注制度规定与制度执行的关系。近年来干部选拔工作中出现的问题表明，我们在干部选拔制度方面存在的问题除了制度不配套、不协调，还在于制度的执行不到位。所以，推进民主监督制度民主化建设重在落实。

以责任追究实效化推进干部选拔民主化

推进干部选拔民主化，必须实行干部选拔的责任制。现代民主政治是一种责任政治，权力的授予必然伴随着政治责任的明确。在领导干部选拔任用工作中，强化责任意识十分重要。对那些不遵守干部选拔任用制度和法规、违反组织人事纪律、在用人上搞不正之风的人，必须追究其应负的责任，按规定给予坚决查处，实现追责罢免的实效化。根据当前干部选拔工作中责任追究存在的问题，推进责任追究实效化应全方位着手：一方面要解决思想问题，实现真追究；另一方面要加强制度建设，实现严追究；同时还要抓好落实，从行动上做到善追究。

在思想上做到真追究。干部选拔工作中责任追究不是做样子的骗子工程，而是为了实现权责对等、有效制约权力和实现民众权利主体地位的民心工程。在思想上做到真追究需做到以下几点。一是加强责任意识。要按照实事求是、求真务实的精神，从维护党的执政地位、国家长治久安、人民群众的根本利益的高度教育干部树立正确的权力观、用人观，树立高度的政治责任感，并善于利用近年来领导干部在用人失察失误方面的典型案例进行反面教育，增强干部选拔中的警醒意识。二是强化程序意识。《条例》是我们任用党政领导干部的基本规章制度，是党政党纪，干部选拔应按《条例》规定的程序进行，既不能添加程序，也不可删减程序，更不能漠视程序。树立《条例》意识，严格按照《条例》办事，这就要求选人用人既要坚持原则，又要严格执行标准；既要严格履行程序，又要严格遵守法律。三是摒除赶风意识。责任追究制度是为了完善干部选拔制度与运作机制建立和发展起来的，目标指向是有效推进干部选拔民主化。如果不从这个目标出发，仅仅因为这一制度符合所谓"创新"精神，为了在政治领域赶上"时髦"而人云亦云，则既不能达到责任制度的目的，还会造成人财物的浪费。

在制度上做到严追究。有些单位制定的责任追究制度，对责任追究的失察、失误责任行为或追究事项的规定过于笼统，或者对责任追究对象规定不具体。由于对干部选拔工作中的责任追究的操作性规定过于务虚，使得这项工作的实效化不强。干部选拔工作中责任追究的实效化，必须依据制度的完善与创新，靠制度的硬约束来推进，为此至少需要实施和完善三种责任制度。一是实行推荐责任制。要强化下级组织推荐的责任，下级组织向上级组织推荐干部时，必须把民主推荐结果作为重要依据之一；要强化领导干部个人推荐的责任，规定领导干部向党组织推荐干部必须认真填写《党政领导干部推荐表》；要强化参与民主推荐人员的责任，参与推荐的同志要按照干部条件、资格和任职要求公正推荐。二是实行考察责任制。要坚持谁考察谁负责的原则，考察工作组长是第一责任人，如实向组织部汇报，要对提出任用建议的客观性、公正性和考察对象的真实性负责；要明确谈话人的责任，追究谈话人提供虚假信息的责任等。三是实行决策责任制。保证决策的民主性和正确性，防止个人说了算。要求党委（党组）对干部任用程序和结果的正确性负责，必须明确，任用干部的主体就是各级党委（党组），主要领导是核心，对全部任用工作负主要责任。其职责与要求是：组织召开常委会、全委会，党委会听取对候选人的考察情况和任用建议，组织班子成员或委员会进行认真讨论。班子成员要结合分工和掌握的情况，认真负责地发表同意、不同意或缓议等明确意见，知情不报或有意隐瞒者要追究责任。

在行动上做到善追究。为了确保责任制度落实，防止出现干部“带病提拔”，必须根据《条例》制定一些具体的落实办法。比如中共中央办公厅的《党政领导干部选拔任用工作责任追究办法》，这一办法设立了“带病提拔”干部选拔任用过程“倒查”机制。规定领导干部因违纪违法受到撤销党内职务或者行政职务以上处分且在其提拔任用前就有违纪违法行为的，组织人事部门必须对其选拔任用过程进行调查。其中，对本级党委（党组）管理的下一级党政正职领导干部的选拔任用过程，由上一级组织人事部门直接进行调查。经调查核实，确实存在违反规定选拔任用干部问题的，追究有关责任人的责任。再如，地方制定出台的干部初始提名办法，如成都市锦江区出台《选拔任用领导干部初始提名暂行办法》，确定了初始提名必须坚持的六项原则，包括：党管干部原则，举贤荐能、德才兼备原则，群众公认、注重实效原则，民主集中、公平平等原则，依法办事原则，权利和责任相统一原则。同时确立了五种提名形式：组织提名、党组提名、个人提名、会议提名、群众推荐提名，在提名主体上更加清晰明确。

另外，根据目前干部选拔责任追究方面存在的普遍问题，如何处理好处置干部与保护干部的关系，如何彻底解决干部“能上不能下”的现象，似乎是不得不解决的重要问题。有些地方干部不能落实责任追究，美其名曰保护干部，一些罢免干部很快复出，一些问题干部异地为官等现象似乎并不少见。对于违规干部到底应予以严惩、罢免甚至追究其刑事责任，还是出于培养干部之不易来保护干部，这个看似两难的问题实际上不难解决，采取什么样的解决方略还是看民意。将干部的责任追究与干部选拔结合起来，与干部职责结合起来，与民众的权利结合起来，通过发扬民主，真正让人民群众说了算，也就不存在所谓两难困境了。

应当看到，创新选拔机制是以建立健全干部退出机制为前提的。中华人民共和国成立后，曾经考虑过“一线”“二线”的问题，但当时的干部退出机制并不成熟。改革开放以后，我国进行过多次机构改革，精减人员，但成效并不显著。“以全国公务员总数500万计算，年均辞退率只有0.05%。而公务员队伍却以年均20%的速度递增。”干部退出机制的建立，不仅有助于公务机构的科学“排毒”，健康分流，而且有利于体现干部考核制度的功效，激励干部选拔机制的创新与发展。因此，无论是完善干部选拔机制还是创新干部选拔机制，都必须建立科学合理的干部退出机制，从而使能者上、平者让、庸者下的吐故纳新的流动机制得以形成，使干部队伍的整体素养得以提升。

2012年10月

“六坚持六提升”
进一步打造国企党建工作新标杆

国有企业作为党执政兴国的重要物质基础和政治基础，不仅具有经济属性和社会属性，更具有政治属性，这就要求国有企业必须始终牢牢把握习近平总书记在全国国有企业党的建设工作会议提出的“六种力量”的定位，一以贯之地坚持党对国有企业的领导这一重大政治原则，全面加强党的建设。从实操层面来讲，就是要以“六坚持六提升”为抓手，不断推动国企党建工作水平提升，进一步打造国企党建工作新标杆。

坚持以党的政治建设为统领，提升国有企业党的政治建设水平

“旗帜鲜明讲政治”是我们党作为马克思主义政党的根本要求，这是由党的性质决定的。毛泽东同志曾作过“政治工作是一切经济工作的生命线”的著名论断。抓住政治建设这个根基，就是要严守党的政治纪律和政治规矩，牢固树立“四个意识”，在政治立场、政治方向、政治原则、政治道路上同以习近平同志为核心的党中央保持高度一致，自觉向党中央看齐，向党的理论和路线方针政策看齐。始终在贯彻落实习近

平总书记重要讲话和重要指示批示精神、党中央决策部署上走在前列，把爱党、忧党、兴党、护党落实到经营管理的各项工作中去。建立健全“第一议题”制度，把学习贯彻习近平总书记重要讲话和重要指示批示精神作为各级国有企业党组织的“第一议题”，开展习近平新时代中国特色社会主义思想溯源计划，全面推进习近平新时代中国特色社会主义思想的国企实践。强化国有企业政治导向，牢牢把握国有企业改革正确政治方向，建立国有企业贯彻落实党中央和地方政府重大决策部署制度机制。打造“五强”领导班子和“五硬”干部队伍，努力锻造对党忠诚、勇于创新、治企有方、兴企有为、清正廉洁的国有企业领导人员队伍。建好用好新时代国有企业青年理论宣讲队伍，加强和完善舆情管控和应对机制。坚持党建带群建，落实党组织研究群团工作机制，加强产业工人队伍建设，强化基层团组织和团员队伍建设。

坚持以思想建设为基础，提升党对国有企业领导水平

恩格斯指出：“一个民族要想站在科学的最高峰，就一刻也不能没有理论思维。”当今世界百年未有之大变局加速演进，我国发展面临的风险挑战前所未有，我们党要长期执政、永葆活力，团结带领人民沿着中国特色社会主义道路实现中华民族伟大复兴，最重要的是把党建设得更加坚强有力。思想建设作为党的基础性建设，对建设坚强有力的马克思主义政党至关重要。加强思想建设，就是要坚定理想信念，时刻牢记党的宗旨，必须用习近平新时代中国特色社会主义思想武装头脑。习近平新时代中国特色社会主义思想，是一个内涵丰富、博大精深的思想体系，必须全面系统学、及时跟进学、融会贯通学。坚持知行合一、学做结合，推进“两学一做”学习教育常态化制度化。要在“不忘初心、牢记使命”主题教育中，促使党员干部解决好世界观、人生观、价值观

这个“总开关”问题，自觉做共产主义远大理想和中国特色社会主义信念的坚定信仰者和忠实实践者。思想政治工作是国企的传家宝，要以习近平新时代中国特色社会主义思想为指引，引领职工群众听党话、跟党走，在事关政治方向和重大原则性问题上立场坚定、旗帜鲜明。要把思想政治工作同国企混改、重点项目建设、基础管理等工作结合起来，在思想上解惑，在精神上解忧，在文化上解渴，在心理上解压。要注重发现、培养、宣传各个层次各个方面的先进典型，使大家学有榜样、赶有目标。要把解决思想问题同解决实际问题结合起来，既讲道理，又办实事。

坚持以组织建设为保障，
提升国有企业基层党组织标准化规范化建设水平

组织建设是组织力的着力点。要坚持民主集中制，运用群众路线这个法宝。加强和规范党内政治生活，增强党内政治生活的政治性、时代性、原则性，努力形成又有集中又有民主，又有纪律又有自由，又有统一意志又有个人心情舒畅生动活泼的政治局面。要坚持党管干部、党管人才原则。按照好干部标准和国有企业领导人员“20字”要求，大胆培养和使用政治强、懂专业、敢担当、勇作为、作风好的干部。坚持党管人才原则，管方向、管原则，管培养、管使用，管体制、管机制，管环境、管条件，形成拴心留人、人尽其才、才尽其用的氛围。要全面落实管党治党责任。在组织架构上，继续推行党委书记、董事长由一人担任。在决策程序上，明确党组织研究讨论是董事会、经理层决策重大问题的前置程序。在加强考核上，全面开展党组织书记抓党建述职评议考核，推动“两个责任”和“一岗双责”的落实。加强党建责任考核，提高党建、党风廉政建设两个指标的权重，考核结果与绩效挂钩。在加

强支部建设上，牢记习近平总书记关于把国有企业基层党组织建设成坚强战斗堡垒的重要指示，始终在强基固本、激活赋能上走在前列。新修订的《中国共产党章程》重新定位了党支部，“党支部是党的基础组织，担负直接教育党员、管理党员、监督党员和组织群众、宣传群众、凝聚群众、服务群众的职责”。如何把党支部建设好已成为全面从严治党向基层延伸的关键。目前，很多地方都在探索支部建设，其中就有探索把质量管理体系和对标管理理念引入基层党支部建设的做法，这个思路和方向是正确的。如果能做到党的机构设置标准化、党员发展程序标准化、党支部制度建设标准化、“三会一课”等政治生活开展标准化，无疑会大大提高工作效率，做到事半功倍。这就要求我们高标准制定党支部工作标准和工作流程，强化制度建设，统一工作标准，规范工作流程，让支部工作有标准、有依据、有示范。同时，标准化也是推动党支部精细化管理的需要，它能促使基层党建工作从粗放式向标准化、精细化转变，解决目前一些企业存在的标准不高、管理粗放等难点问题。

坚持以作风建设为关键，提升国企党员干部队伍战斗水平

国有企业要把坚决贯彻党的作风建设的普遍性要求同针对国有企业特点的具体要求结合起来，在企业内部营造风清气正、干事创业、勇于创新、敢于担当、真抓实干、时不我待的紧张氛围，增强广大干部员工的使命感、责任感和紧迫感，推动企业转作风、抓落实、接地气。坚持抓住“关键少数”。强化对关键岗位、重点人员特别是“一把手”的监督，推动党员干部按照“20 字”要求，牢固树立正确的权力观、政绩观和事业观，以身作则、率先垂范，自觉做加强党的作风建设的“头雁”，形成一级做给一级看、一级带着一级干的良好示范。坚持“三不”一体推进。打通“不敢”“不能”“不想”的内在联系，有针对性

地健全完善制度，扎牢加强作风建设的制度之笼，强化制度执行，不断释放标本兼治综合效应。坚持纠“四风”、树新风并举。要按照习近平总书记最近就新华社一篇《形式主义、官僚主义新表现值得警惕》的文章作出的纠正“四风”不能止步，作风建设永远在路上的重要指示要求，认真查找“四风”突出问题，特别是形式主义、官僚主义的新表现，采取过硬措施，切实加以整改，坚决防止不良风气反弹回潮，不断巩固和拓展落实中央八项规定精神的成果。要树立艰苦奋斗、崇尚实干的工作作风，攻坚克难，奋力拼搏，让奋斗出来的幸福感流淌在我们每个人心中。

坚持以纪律建设为底线，提升清廉国企建设水平

党的纪律是党的各级组织和全体党员必须遵守的行为规则，是维护党的团结统一、完成党的任务的保证。党的纪律主要包括政治纪律、组织纪律、廉洁纪律、群众纪律、工作纪律、生活纪律。各单位党组织和党员领导干部既是党内监督的对象，也是管党治党的主力，不能当老好人，要牢记习近平总书记关于加强国有企业党风廉政建设和反腐败工作的重要指示，始终在正风肃纪、标本兼治上走在前列。落实全面从严治党责任，制定出台全面从严治党责任清单，构建全面从严治党“四责协同”机制。强化政治监督，按照“三个聚焦”要求，在新的形势下实践好惩前毖后、治病救人的一贯方针，运用监督执纪“四种形态”，治“病树”、正“歪树”、拔“烂树”，维护好“森林”。要在用好第一种形态上下更大功夫，平时多敲打、多提醒，该打针打针、该吃药吃药，抓早抓小、防微杜渐。发挥巡察工作“利剑”作用，进一步强化党内监督。要牢牢把握巡察工作的政治任务、政治标准、政治方向、政治立场，以巡察助推全面从严治党工作向纵深发展，助推国企党员领导干部

的思想、组织、作风、制度和反腐倡廉建设，把精力集中到干事创业、加快企业发展上来。

坚持以制度建设为依托，提升国企党建科学化水平

在党的建设总体布局中，有六大建设，即政治建设、思想建设、组织建设、作风建设、纪律建设、制度建设。政治建设是统领，把制度建设贯穿其中，这是因为制度建设不仅具有基础性、稳定性、长期性的特点，而且有着极大的综合性，需要体现在思想建设、组织建设、作风建设、纪律建设之中，各个方面的建设都需要靠制度来规范、来保证、来落实。这是因为从严治党本质地要求用科学的制度管权，用科学的制度治企，用制度来优化党内政治生态，也就是说要把权力关进制度的笼子里。习近平总书记指出："把权力关进制度的笼子里，首先要建好笼子。笼子太松了，或者笼子很好但门没关住，进出自由，那是起不了什么作用的。"建好和扎紧制度的笼子意味着党的制度要立体化、集成化，保证这个制度没有"暗门"，不开"天窗"，只有这样才能达成一种刚性的"事先约定"，从而减少主观上的"操作空间"。这样一来，从严治党的"严"就有了科学的标准和依据，依法治企的"治"、科学管理的"管"就有了严密的规章与制度，才能保证党和国家的路线、方针、政策得到有效的贯彻执行，才能保证国有企业的经济责任、政治责任和社会责任得到全面履行，才能确保国企巨轮的航线有依，航程可计，航向不偏，乘风破浪，行稳致远。

2018 年 3 月

深化巡视整改　推进自我革命

巡视是加强党的建设的重要举措，是从严治党、维护党纪的重要手段，是党内政治监督的战略性安排。党的十八大以来，习近平总书记高度重视巡视工作，多次发表重要讲话、作出重要指示，为推动新时代巡视工作向更高质量更高水平发展提供了根本遵循。“了解情况、发现问题”是巡视工作的生命力，解决问题则是巡视工作的落脚点。就像习近平总书记指出的，巡视发现问题的目的是解决问题，发现问题不解决，比不巡视的效果还坏，做好巡视“后半篇文章”关键要在整改上发力。各级党组织都要坚决扛起巡视整改政治责任，提高政治站位，查找政治偏差、促进标本兼治，坚持政治标准、确保整改成效，形成全力抓整改、全心促发展的良好局面。

持之以恒学好政治理论，以永远在路上的精神抓好巡视整改

巡视整改工作没有完成时，“永远在路上”。各级党组织和广大党员干部要深入学习习近平总书记关于巡视工作重要论述，认真学习中共中央办公厅印发的《关于加强巡视整改和成果运用的意见》，切实把思想和行动统一到总书记重要讲话精神上，统一到党中央对巡视整改工作

的部署要求上，进一步强化“四个意识”，保持政治定力，提高政治站位，以更加坚定的信念、更加纯粹的忠诚、更加强烈的担当、更加有力的举措，以永远在路上的恒心和韧劲，持之以恒、举一反三、驰而不息，落实好各项整改任务。一是要坚持“全面学、系统学、多方学”的思想，把读原著、学原文、悟原理贯穿于巡视整改学习过程。二是要领导带头学。各级党组织领导班子带头，以上率下，坚持先学一步、学深一点，形成“上级带下级，一级带一级”的学习机制，突出“领头雁”效应。三是深入研讨学。聚焦巡视整改问题，围绕党的政治建设、全面从严治党、理想信念、政治规矩、党性修养、廉洁自律等内容集体研讨、深入交流，促进巡视整改工作走深走实。

抓常抓长答好整改考卷，持续巩固扩大整改成效

巡视是一次政治体检，巡视整改则是严肃的“政治大考”，这张“考卷”只有“必答题”，每位党员干部都要认真作答，而且要答好。政治巡视发现的问题必须从政治上予以解决，要答好“整改”考卷，学好政治理论是第一步，更重要的是从政治上找原因、从政治上抓整改，切实把巡视整改作为坚定拥护“两个确立”、坚决做到“两个维护”的实际行动。要答好“整改”考卷，必须明责定标。要压实“第一责任人”责任，建立问题、任务、责任三张清单，确保责任落实横到边、纵到底。要突出政治标准，坚决摒弃巡视整改“过关”心态，敢于动真碰硬、强化执纪问责，推动巡视整改落到实处、取得实效。要答好“整改”考卷，必须标本兼治。巡视整改不是简单的“头痛医头、脚痛医脚”，既要抓好具体问题的整改，又要透过现象看本质，深挖病灶，在治“本”上下功夫。要答好“整改”考卷，必须举一反三。要持续扩大巡视整改效果，就必须立足政治，突出战略思维、系统思维、

整体思维，以点带面，纲举目张式推进巡视整改，特别是要把巡视整改融入一体推进“不敢腐、不能腐、不想腐”工作格局中，持续提升巡视整改的实际效果。

从严从实扎好制度铁笼，扎实推进全面从严治党

巡视是推进党的自我革命、全面从严治党的战略性制度安排，是破解“历史周期率”的有效路径。在近年来的工作实践中发现，在一个地方巡视发现的问题，往往在其他地方也会存在。上一轮巡视发现的问题，下一轮有的仍然存在。对此，要更加注重在建章立制上下功夫，以制度化规范化保障巡视整改常态化长效化，防止老问题重复发生或者以新的形式表现出来。一是要加强制度建设。把制度建设摆到更加突出的位置，坚持“当下改”和“长久立”相结合，将整改措施提炼为具有普适性的制度规范，保障党员干部队伍风清气正、政治生态海晏河清。二是要健全制度体系。在持续深化巡视整改的同时，要认真剖析深层次原因，聚焦重点问题，从规范权力运行、科学民主决策、夯实基础工作等方面统筹考虑，健全工作机制和制度体系。三是要强化制度执行落实，加强制度执行情况监督检查，敢于亮剑，使制度真正成为“带电的高压线”。

2018 年 6 月

加强党建统领　切实强化党的组织力领导力

党的十九大报告指出，要“不断增强党的政治领导力、思想引领力、群众组织力、社会号召力，确保我们党永葆旺盛生命力和强大战斗力”。这是新时代对提高党的执政能力和领导水平提出的新要求，是深入推进党的建设新的伟大工程的一项重要任务。党员领导干部要深入学习理解中国共产党组织力领导力，执政能力与党的核心、领袖，指导思想和人民之间的关系，树牢“四个意识”，做到“两个维护”，在强化党的组织力领导力上以上率下、担当作为。

中国的最高政治力量的组织力领导力强弱，决定国家和民族的命运

中国共产党始终以实现中华民族伟大复兴为己任，团结和带领全国各族人民，战胜了一个又一个艰难险阻。我们党紧紧依靠人民完成了新民主主义革命，实现了民族独立、人民解放。在北伐战争、土地革命战争、抗日战争、解放战争时期，我们党发挥中流砥柱作用，领导人民浴血奋战，在生死存亡的危急关头力挽狂澜，广大党员前仆后继、不怕牺牲，打败日本帝国主义侵略，推翻国民党反动统治，建立了新中国。我们党紧紧依靠人民完成了社会主义革命，确立了社会主义基本制度。面

对一穷二白的落后面貌，面对帝国主义经济封锁和军事威胁等各种考验，我们党带领广大党员干部群众自力更生、艰苦奋斗，在社会主义道路上艰辛探索，使占世界人口四分之一的东方大国进入社会主义社会，建立起独立的比较完整的工业体系和国民经济体系，实现了中国历史上最广泛最深刻的社会变革。我们党紧紧依靠人民进行了改革开放新的伟大革命，开创、坚持、发展了中国特色社会主义。党的十一届三中全会以来，我们党把马克思主义同当代中国实际和时代特征相结合，推动社会主义现代化建设取得举世瞩目的伟大成就。党的十八大以来，以习近平同志为核心的党中央，以非凡的理论勇气、高超的政治智慧、真挚的爱民情怀和坚忍不拔的历史担当精神，着眼“五位一体”总体布局和“四个全面”战略布局，提出一系列治国理政新理念新思想新战略，开创了党和国家事业发展新局面，开辟了中国特色社会主义新境界，开启了实现“两个一百年”奋斗目标和中华民族伟大复兴中国梦的新征程。

回顾党的历史，中国的最高政治力量的组织力领导力强弱，决定国家和民族的命运。中国共产党诞生以后与诞生之前相比，中国是截然不同的两个时期、两个时势、两种命运，分析其根源是因为有思想灯塔的指引，有核心、领袖掌舵，有组织力领导力坚强的政党的引领。中国共产党在党的核心、人民领袖的指引下，以党的指导思想把全党思想意志统一起来、把中华民族和中国人民的思想统一起来，通过中国共产党的坚强组织力领导力，把分散的力量集聚起来，彻底结束了旧中国一盘散沙的局面，形成一种势不可挡、无坚不摧的磅礴力量。

党的组织力领导力强，首先源自我们的指导思想，这是一个政党能够凝聚起来、组织起来的基石、基础和内核

党的十九大将习近平新时代中国特色社会主义思想确立为党的指导

思想，这是新时代中国共产党组织力领导力坚强的源和魂，是把亿万人民、中华民族凝聚起来的思想灯塔，必将在新征程上焕发出更加伟大的力量。决定一个政党组织力领导力强弱的根本在党的核心，有习近平总书记作为全党核心、人民领袖、全军统帅，是我们党有坚强组织力领导力的根本保证。

一要以马克思主义唯物史观深刻理解把握政党、核心、领袖、思想与人民之间的关系。要深刻认识到核心是马克思主义政党的生命和灵魂。一个国家、一个政党，领导核心至关重要。从马克思主义发展史、世界社会主义发展史看，凡是形成坚强领导核心的党，就能把自己的所有力量拧成一股绳。以习近平总书记为领导核心，对于全面推进党的建设伟大工程，确保党始终成为中国特色社会主义事业的坚强领导核心，具有重大意义。维护习近平总书记核心地位、维护党中央权威和集中统一领导，就是维护中国共产党的组织力领导力。要永葆绝对忠诚于党的政治品格。绝对忠诚于党是我们党对党员的根本政治要求，是党的事业顺利发展的坚强政治保证。绝对忠诚于党，是广大党员信仰信念从“心力”出发。要坚定理想信念从“心力”出发。常补精神之“钙”，做到热爱党、拥护党、坚定跟党走，增强“四个自信”，使对党绝对忠诚的政治品格在思想上行动上坚如磐石、不可动摇。增强大局观念从“心力”出发。只有顾全大局，才能摆正位置，确保同心同德、步调一致。做到始终胸怀大局，把工作放到大局中去定位，做到正确认识大局、自觉服务大局、善于站在大局高度观察和思考问题。强化责任意识从“心力”出发。就是要深刻认识到“无功就是过、庸碌就是错”，勇于突破不合时宜的条条框框的束缚，敢于破除各类“藩篱”，真抓实干、狠抓落实。弘扬奉献精神从“心力”出发。必须把对组织的感恩之情转化为坚定信念、听党指挥的崇高追求，转化为爱岗敬业、无私奉献的高尚精神，转化为勇创佳绩、拼搏进取的工作劲头。

二要以钢铁纪律维护权威。要维护核心的绝对权威、要维护党中央绝对权威，使党的组织力领导力更加坚强有力，引领国家和民族走向新的强盛、开创新的时代。要做到知行合一、言行一致。无论任何时候、任何情况，都要始终同以习近平同志为核心的党中央保持高度一致，不做随波逐流的“糊涂虫”，不做左右摇摆的“墙头草”，不做违反规矩的“矩外人”，不做言行不一的“两面人”，不当虚张声势的“稻草人”。要做到政令畅通、令行禁止。党中央的决策部署，必须无条件执行，这既是工作要求、工作方法，更是政治纪律、政治责任。要切实做到，党中央提倡的坚决响应，决定的坚决照办，禁止的坚决杜绝，不走样、不变通。要做到爱党护党、从严治党。落实管党治党的政治责任，抓好班子、带好队伍、管好党员，这既是政治责任也是政治担当。无论是在全局工作中，还是在各自分管方面工作中，我们都要把这个政治责任牢记心头、扛在肩上、抓在手上。

扎扎实实抓好党建，为党的组织力领导力更加坚强尽职尽责

一是要以加强党的政治建设为统领。要抓住政治建设这个根基，坚决维护核心、维护党的集中统一、维护党中央权威，严守政治纪律和政治规矩，涵养积极健康的党内政治文化，树牢“四个意识”，切实增强践行“两个维护”的思想自觉和行动自觉。自觉向党中央看齐、对标对表，不折不扣地贯彻落实党中央大政方针决策部署。

二是要加强基层党组织建设，提升基层堡垒凝聚力战斗力。如何提升基层党组织的组织力？就是要增强基层党组织在贯彻落实党的路线方针政策和重大决策部署方面的引领力、号召力和凝聚力。没有强大的组织力，就得不到有效落实。可以说，提升组织力是各基层党组织加强自身建设的核心内容。要坚持从实际出发，综合施策，切实在补短板、强

弱项上下功夫。要强化一切工作到党支部的导向，严格“三会一课”等制度，健全落实制度机制。健全完善党支部工作制度，严格落实组织生活制度，严格执行《党内政治生活若干准则》等党内法规，落实领导干部双重组织生活和联系点制度，固化主题党日，使党内政治生活真正严起来、实起来。

三是党员领导干部要提高担当能力，要敢作为、善作为。要敢于担当、甘于奉献。强化党的组织力领导力，是干好一些事业的前提和基础，所以要提高担当的能力、增强担当的勇气、锤炼担当的品格，把改革发展各项工作抓紧抓实抓到位，党的干部就应该有奉献精神。要扑下身子，真抓实干。切实找准工作着力点、切入点，善于利用市场机制凝聚发展资源，拓展发展空间，创新发展方法，一步一个脚印，瞄准重点，攻破难点，狠抓落实，以实干谋发展，以实干求实效，以实干铸恒心，推进体制机制创新。要对不作为、不担当行为真问责。“庸懒散浮拖，腾挪闪避绕”，这些绝不仅仅是作风问题、能力问题，更是政治问题、党性问题，是初心不再、信仰不真、党性不纯的表现。对工作中存在的这些问题，我们必须严肃问责，动真格，决不能姑息迁就。

2018 年 6 月

正确处理“四个关系”扎实推进国企党风廉政建设

党风廉政建设是一个老生常谈的问题，也是维护党的先进性和纯洁性，永葆领导班子凝聚力和战斗力的关键问题。当前，社会正处于转型时期，多种价值观、多种社会思潮、多种利益冲突并存，名利声色各种诱惑无处无时不在。国有企业作为我们党执政兴国的重要支柱和依靠力量，在坚定不移全面从严治党，持续深化党风廉政建设中，必须要“把抓好党建作为最大的政绩”，全面把严的基调、严的措施、严的氛围长期坚持下去。具体来讲，就是要处理好“四种关系”。

正确处理好抓发展与抓党建的关系

抓发展必须抓党建，习近平总书记在全国国有企业党的建设工作会议上，明确提出了“四个坚决”：坚决澄清国有企业只讲经济属性、忽视政治和社会属性的模糊认识；坚决摒弃国有企业只要赚钱就行、少讲党的领导的错误观点；坚决纠正忽视党的建设优势、丢掉国有企业重视党的领导和党的建设的光荣传统的错误做法；坚决反对借口同国际接轨、把党的领导和党建工作同生产经营对立起来，弱化甚至否定党的领导和党建工作的错误做法。所以，无论什么时候，都必须始终坚持党对国有企业的全面领导，加强国企党的建设，充分发挥党组织领导作用，为国企改革发展“把方向、管大局、保落实”。要坚持抓党建与抓发展相辅相成，真正做到聚精会神抓党建、一心一意谋发展。

正确处理好坚持党的领导和完善公司治理的关系

习近平总书记在全国国有企业党的建设工作会议上提出“两个一以贯之”，这也标志着国企党组织定位将从“围绕及融入企业生产经营和改革发展”到“政治引领、思想引领、组织引领和全面从严治党”转变。坚持党的领导，是一个根本性、方向性的问题，是国有企业党的建设首先要解决好的重大问题。党的领导是具体的，不是抽象的，一定要与公司治理统一起来，通过创新和完善党组织有效融入、有效参与、有效发挥作用的体制，推动党的领导作用组织化、制度化、具体化。在决策程序上，要明确党组织研究讨论是董事会、经理层决策重大问题的前置程序。但是，把党组织直接作为企业生产经营的决策和指挥中心也不符合企业党组织功能定位。关于边界和度，一定要把握好，既不能缺位，也不能越位。

正确处理好主体责任和第一责任人的关系

党组织书记要在其位、谋其政，履行好第一责任人职责，单位的“一把手”必须负全责、负总责。党组织主体责任履行得如何，关键看作为第一责任人的履职如何。党组织书记作为第一责任人，必须以上率下，把责任压下去，传导给所有班子成员，压给下面的书记，确保管党治党不留空白、见到实效。主体责任不仅仅是书记一个人的责任，也不是某些班子成员或者某些部门的责任，而是一个责任体系，所有领导、所有部门、方方面面都要承担相关责任。

正确处理好履职担当和廉洁自律的关系

党组织书记作为“一班之长”，一定要严以律己、以上率下，发挥好“头雁效应”。我们强调党性教育、宗旨教育、警示教育是必要的，但关键在于内化于心，坚持自警、自省、自律，提高律己能力，守好拒腐防变思想底线。要以反面典型为镜鉴，切实增强推进全面从严治党的时代感和紧迫感，始终把党的政治建设放在首位，牢固树立“四个意识”，牢记初心使命，激励担当作为，坚决贯彻落实中央决策部署，加强自律，注重慎独、慎微，经常检查自己的言行，把好每个细节、每件小事，防微杜渐。

2018 年 7 月

落实全面从严治党的“五个着力点”

“淡如秋菊何妨瘦，清到梅花不畏寒。”党的十八大以来，以习近平同志为核心的党中央，以非凡的政治魄力、坚韧不拔的意志品格、“得罪千百人，不负十三亿”的责任担当，锲而不舍地狠抓落实中央八项规定精神，严明政治纪律和政治规矩，推动全面从严治党取得重大成果。党的十九大再次鲜明提出，全面从严治党永远在路上。必须按照新时代党的建设总要求，继续在常和长、严和实、深和细上下功夫，推动全面从严治党向纵深发展，不断提高党的建设质量，把党建设得更加坚强有力。

坚持以上率下，加强思想政治建设

坚持学原文悟原理，深入学习习近平新时代中国特色社会主义思想，真正做到学懂弄通做实。以深入开展“不忘初心、牢记使命”主题教育和推进“两学一做”学习教育常态化制度化为抓手，持续兴起学习宣传贯彻的热潮。牢固树立“四个意识”，自觉做到“四个服从”，坚决做到“两个维护”。推动各级党组织和广大党员不断增强党内政治生活的政治性、时代性、原则性、战斗性，坚决反对好人主义、圈子文化、码头文化，不断提高政治觉悟和政治能力。

坚持以身作则，加强从严治党责任落实

要认真研究建立规范完善的党建工作制度机制，确保“块”上统得起，“条”上抓得实。不断强化各级党组织主体责任、履行党组织书记“第一责任人”和班子成员“一岗双责”。健全党组织书记抓党建述职评议考核制度，完善各领域党建工作标准，为提升基层党建工作提供基本遵循和管理标尺。

坚持以事择人，加强干部队伍建设

坚决贯彻落实习近平总书记选人用人重要思想，坚持好干部标准，牢牢把握选人用人正确方向，形成优者上、庸者下、劣者汰的好局面。坚持党管干部原则，完善干部考核评价机制，落实党组织的领导和把关作用。广开视野和渠道选贤任能，坚持老中青相结合配备，使各类干部各得其所、各展所长，各级班子功能完善、活力迸发。大力发现培养选拔优秀年轻干部，对有潜力的优秀年轻干部“压担子”，为有培养前途的优秀年轻干部“搭好台”。建立健全容错纠错机制，旗帜鲜明地为实干者鼓劲、为改革者撑腰、为担当者担当，更好激励干部勇挑重担、奋发有为。

坚持以点带面，加强提升基层组织力

扎实做好抓基层、打基础工作。不断深化“维护核心、铸就忠诚、担当作为、抓实支部”主题教育实践活动，推进“两学一做”学习教育常态化制度化。认真学习贯彻《中国共产党支部工作条例（试

行）》，大力推进基层党支部标准化建设，健全基层党组织标准化建设考评体系。配强党务干部，要舍得让优秀人才从事党务工作，完善党务干部激励机制，增强党务干部的荣誉感。贯彻落实“三年行动计划”和“六大红色工程”，持续深化“五好党支部”创建。全面落实党员教育培训规划，突出抓好基层党组织书记培训和党员培训。

坚持以严导行，加强党风廉政建设

坚持标本兼治、重在治本，筑牢拒腐防变的思想防线和制度防线，有效运用监督执纪“四种形态”。深入开展不作为不担当问题专项治理工作。严格落实中央八项规定精神，持续整治“四风”突出问题，特别是习近平总书记关于坚决整治形式主义、官僚主义的重要指示精神，使好的作风成为党员干部的一种信念、一种习惯。以上率下、层层带动，认真查找“四风”突出问题的新动向新表现，采取过硬措施，坚决加以整改，坚持从一件件小事抓起，坚决防止不良风气回潮复燃，不断巩固和拓展落实中央八项规定精神的成果。

2019 年 1 月

从党章党规中感悟初心使命　汲取奋进力量

党章党规作为我们党的政治宣言和行为规范，深刻地反映和体现了共产党人的初心和使命。在“不忘初心、牢记使命”主题教育中推动深入学习党章党规是一次回归主题、培元固本的政治洗礼。“但立直标，终无曲影”，严格对标对表党章党规，熟悉其内容，掌握其要义，明确其标准，牢记其规范，把坚守党的初心和增强党的意识、政治意识和纪律意识统一起来，把担当党的使命和坚持党的先进性、规范党内政治生活、严明纪律规矩统一起来，党的初心和使命就拥有了深厚的理论和实践基础、稳固的政治根基和持久的政治动力、坚强的纪律保障和制度准绳。

今年是中国共产党成立98周年，98年间党章党规历经了实践—修订—再实践—再修订循环往复的过程。无论怎样修改，党章党规中始终镌刻着共产党人不变的初心使命。遵循党章党规、守初心担使命是共产党人永远的必修课。

坚定信仰之心，不断提高政治觉悟和政治能力

坚持带头学原文悟原理，引领学习宣传贯彻习近平新时代中国特色社会主义思想的热潮，准确把握党的十九大提出的重大理论观点和战略

部署，认真学习习近平总书记对加强国企党建的重要论述，切实把理论学习的成果转化为攻坚克难的勇气担当、履职尽责的过硬本领、务实重行的工作作风和管党治党的政治责任。牢固树立“四个意识”，自觉做到“四个服从”，坚决做到“两个维护”，永葆共产党人的责任和担当，发扬斗争精神，清除“好人主义”影响，优化决策机制，坚持原则立场，科学决策、果断决策。

永葆赤诚之心，不断增强抢抓战略机遇的能力

深入学习习近平新时代中国特色社会主义思想，切实做到融会贯通、指导实践。及时全面了解中央大政方针和国家政策，增强抢抓机遇的意识和能力，准确把握高质量发展的历史窗口期，精准发力，努力在落实重大国家战略中当先锋、做示范。贯彻落实“一带一路”倡议、京津冀协同发展等重大机遇，形成产业协同发展的新格局，实现党建工作与经济工作的互促融合。

砥砺奋进之心，不断增强高质量发展的内生动力

对标党的十九大报告提出的“八个本领”、党章规定的党员干部六项基本条件要求，发扬艰苦奋斗敢担当的精神，高度重视事关全局的事、长远的事，谨慎对待看似简单容易的事，解放思想勇于创新，迎难而上、积极工作，敢于直面矛盾问题，不忘初心迎接挑战。

守住责任之心，不断推进全面从严治党向纵深发展

领导干部要始终将全面从严治党主体责任抓在手里、扛在肩上、落

在实处，面对复杂情况不怕事、不躲事、不推事、不误事，面对大是大非有斗争精神，敢于挺身而出、主动担当作为，在履职尽责中推动全面从严治党落地落实。推动主体责任、监督责任贯通协同、形成合力，提高全面从严治党各项工作的质量和水平。认真开展形式主义官僚主义、不作为不担当问题专项治理工作，深入基层开展调查研究，听取各方意见，做到“脚上有土、心中有谱”。

淬炼畏戒之心，不断强化正风肃纪

《论语》云：“见善如不及，见不善如探汤。”党员领导干部要心存敬畏，把党章党规作为律己镜，“吾日三省吾身”，不断强化对严格落实中央八项规定精神、坚决反对“四风”的认识，做到心有所畏、言有所戒、行有所止，确保“四风”问题不反弹不回潮。加强廉洁警示教育，有效运用监督执纪“四种形态”，加大执纪问责力度，坚决捍卫来之不易的作风建设成果。建立防治“四风”长效机制，发扬钉钉子精神，以永远在路上的恒心和韧劲，推动作风建设向纵深发展，使好的作风成为党员干部的一种信念、一种习惯、一种风气、一种氛围。

2019 年 8 月

激情洋溢 溢于言外

坚定不移在中国式现代化新征程上展现青春新作为

党的二十大报告举旗定向，对“以中国式现代化全面推进中华民族伟大复兴”进行擘画指引，习近平总书记专门寄语青年一代，为广大青年在新征程上投身全面建设社会主义现代化国家提供了根本遵循。中国式现代化的新征程，是青年大有可为，也必将大有作为的大时代。广大青年应当牢记习近平总书记的嘱托，争做有理想、敢担当、能吃苦、肯奋斗的新时代好青年，以接力奋斗的历史主动诠释中国式现代化的青春担当，以步履不停的青年作为擦亮中国式现代化的青春底色，在中国式现代化新征程上展现青春新作为。

做铭记初心、坚定信念的理想者

“理想是石，敲出星星之火；理想是火，点燃熄灭的灯；理想是灯，照亮夜行的路；理想是路，引你走到黎明。”实现现代化，是世界各国孜孜以求的目标，是近代以来无数中国人魂牵梦萦的心愿。中国这样一个大国建设的现代化，必须是具有中国特色、符合中国实际的。在中国共产党的领导下，我们成功走出了中国式现代化道路，用短短几十年时间走完西方发达国家几百年走过的工业化历程，从“现代化的迟到国”

跃升为“世界现代化的增长极”。“历尽天华成此景，人间万事出艰辛。”过去一百多年里，在党的领导下，一代代中国青年矢志奋斗、顽强拼搏，传承“五四”传统，高扬理想主义旗帜，坚定共产主义、中国特色社会主义的理想和信念，拼搏、奉献、牺牲，散发出青春热度、理想光芒，唱响了一曲曲崇高壮丽的青春之歌。

“今日中国如你所愿”，无数先辈一生追求的理想，已经慢慢变为现实。今天的青年，最应该从先辈身上传承的，就是理想的力量。最应该发自内心、火热融入新时代祖国大地的，就是理想的力量。可以告慰先辈的是，当鲜艳的党旗、国旗、团旗、少先队旗在青少年心中高高飘扬；当“此生无悔入华夏，来世还做中国人”刷爆网络；当广大青年在涉及国家主权、民族尊严和安全等原则问题上团结一致，绝不让步；当青春的身影在各自平凡的岗位上默默坚守，把忠诚书写在党和人民事业中……新时代的青年正昂扬勃发地宣誓青春理想。

在以中国式现代化全面推进中华民族伟大复兴的新征程上，党的科学理论就是青春理想的指航灯。对于中国式现代化，广大青年要知其然，知其必然，知其所以然，在实现现代化的滚滚洪流中坚定信念、逐梦前行，在奔赴理想的征程上，把自己的理想同祖国前途、民族命运紧密联系在一起，让理论之光、理想之火，照亮新征程上青春奋进的脚步。

做勇当先锋、勇挑重担的担当者

“士不可以不弘毅，任重而道远。”勇当先锋、勇挑重担，是中国青年运动的独有特质。“五四”以来，中国青年在党领导下始终站在社会变革的最前列，无论是在新民主主义革命时期面对烽火连天、枪林弹雨，在社会主义革命和建设时期面对荆棘载途、困难重重，在改革开放和社会主义现代化建设新时期面对吐故纳新、建设四化，在中国特色社会主义新时代面对伟大梦想、伟大使命，一代代中国青年总是责无旁贷、奋勇争先，觉醒在第一刻、冲锋在最前线、奋战在最前沿，书写了可歌可泣、光耀史册的青春篇章，是中华民族伟大复兴大厦中的青春支柱和栋梁。

当前，我们正处于世界百年未有之大变局、中华民族伟大复兴的关键时期。当代青年要担当的是在高处爬坡过坎、翻山越岭、激荡前行的民族复兴使命。这种担当是在内外复杂环境考验下的担当，是在各种风险挑战接踵而至、风高浪急甚至惊涛骇浪冲击下的担当，绝不是轻轻松松、敲锣打鼓就能实现的。

在奔赴伟大新征程上，青春之担当也是胸怀天下、脚踏实地的团结之力、勇毅之力。青春之担当，是扎根于祖国大地，始终同人民同呼吸、共命运、心连心，扛起新一代民族儿女如山的青春责任。新时代呼唤有大格局的新青年，新时代成就有新视野的新青年，中国式现代化新道路需要“中国式现代化新青年”去奋力开拓，需要青年闯将、模范和先锋来引领，需要青年弄潮儿、追梦人、生力军接续奋斗。

做坚毅不拔、锻炼意志的吃苦者

“吃得苦中苦，方为人上人。”在党的领导下，中国青年无论是经历井冈山时期的“红米饭、南瓜汤”，还是经历长征路上的“啃树皮、嚼草根”；无论是经历延安时期的“住窑洞、开荒山”，还是经历解放战争时期的“小米加步枪”；无论是经历抗美援朝战场上的“一把炒面一把雪”，还是经历“嫦娥”“神舟”团队“逐梦星河”……无不诠释着中国青年用血水、泪水、汗水写就的苦难辉煌，无不凝结和展示着各个时期中国青年不畏艰险、不怕苦难的吃苦精神。

当代的青年，沐浴着新时代阳光雨露，享受着幸福的生活。与前辈们相比，当代青年成长在物质丰裕的年代。当代青年吃苦的表现形式已经有了很大变化，但毫无疑问，吃苦精神的本质没有变，吃苦精神绝不能丢。吃苦，能够让人锻炼意志、强壮筋骨。青年面对复杂艰难的困境要不退缩，看清自己的缺点与不足，从短板入手、向弱项用力，多“蹲苗”、狠“扎根”，不断积累向下的力量，练就“十八般武艺”。吃苦，能够让人历练能力、提高本领。要自觉往党和人民需要的地方走，往基层和艰苦的地区走，主动在脱贫攻坚一线、疫情防控一线摔打磨砺、锤炼本领，在吃苦中成长。这也是总书记提倡年轻人要“自找苦吃”的道理。

习近平总书记强调，“实现中国梦是一场历史接力赛，当代青年要在实现民族复兴的赛道上奋勇争先”。中国式现代化的道路选择已经清晰，这项伟大而艰巨的事业，前途光明，任重道远。中国青年与中国式现代化的紧密相连，是青年与历史的双向选择。广大青年只有敢于穿梭“荆棘林”、跨越“大沙漠”，方能经得起各种风险挑战的考验，才能让中国这艘巨轮在大风大浪中唱响新征程上青春壮歌！

做奉献祖国、绘就青春的奋斗者

“天行健，君子以自强不息。”中国青年有着永久奋斗的优良传统。回首新时代十年，广大青年都是亲历者、见证者、受益者，许多场景历历在目，许多画面镌刻于心。当代中国青年生逢其时，是全面建成社会主义现代化强国的见证者，更是全过程参与者、奋斗者和创造者。习近平总书记对新时代青年“在脱贫攻坚战场摸爬滚打，在科技攻关岗位奋力攀登，在抢险救灾前线冲锋陷阵，在疫情防控一线披甲出征，在奥运竞技赛场奋勇争先，在保卫祖国哨位威武守护”等作了充分肯定，这也是新时代青年的主流风貌。

一个国家的进步，印刻着青年的足迹。一个国家的未来，寄望于青春的力量。中国式现代化是新时代中国青年矢志奋斗的广阔舞台，也是新时代中国青年建功立业的梦想导航。新时代中国青年的追梦之旅是以中国式现代化作为宏伟背景和鲜亮底色的，而中国式现代化的整体推进也为全面提升青年工作提供了厚重基础和强大依托，为青年发挥聪明才智创造了有利条件和一切可能。《新时代的中国青年》白皮书显示，截至2021年6月，35岁及以下党员共2367.9万名，占党员总数的24.9%。党的十八大以来，每年新发展党员中35岁及以下党员占比均超过80%。这些人在风华正茂的青年时代，怀抱远大理想，充满奋斗精神，是我们党历经百年风雨而始终充满生机活力的一个重要原因。

奋斗精神一以贯之，奋斗内涵与时俱进。我们奋斗为了收获一个理想，我们拼搏为了创造一个永久的辉煌。奋斗，永远是青春最亮丽的底色。青年的成长有奋斗、有创造、有追求、有贡献的人生，才是有意义、有价值的人生。广大青年要用脚步丈量祖国大地，用眼睛发现中国精神，用耳朵倾听人民呼声，用内心感应时代脉搏，勇做新时代的弄潮儿，自觉听从党和人民召唤，胸怀“国之大者”，担当使命任务，争当伟大理想的追梦人，争做伟大事业的生力军，以奋斗之力谱写青春华章，为以中国式现代化全面推进中华民族伟大复兴而团结奋斗！

2022年10月

构建团青新媒体　奋力建功新时代

——浅谈天津泰达投资控股有限公司“智慧团建——团青通”系统在共青团信息化建设工作中的应用

青年是共青团的生命力之本，只有始终心系青年、竭诚服务青年、紧紧依靠青年，充分发挥融于青年的优势，团的工作和建设才能始终葆有源头活水。在纪念五四运动100周年大会上，习近平总书记指出，关心和支持青年是全社会的共同责任，要“认真履行引领凝聚青年、组织动员青年、联系服务青年的职责，不断创新工作思路，增强对青年的凝聚力、组织力、号召力，团结带领新时代中国青年在实现中华民族伟大复兴中国梦的进程中不断开拓创新、奋发有为”。做好新时期的共青团工作，就必须准确把握青年的群体特征、青年的特殊需求。当代青年思想活跃、思维敏捷，观念新颖、兴趣广泛，探索未知劲头足，接受新生事物快，主体意识、参与意识强，对实现人生发展有着强烈渴望。这种天性赋予青年活力、激情、想象力和创造力，也决定新时代共青团工作必须创新工作思路，引领时代潮流，体现青春活力。

在当今时代背景下，网络化、信息化的环境对社会各领域活动的开展产生了深远影响，如政务信息化概念的产生和推广。同时，这种环境也为共青团工作提出了两个基本课题：一是应当足够重视网络对共青团工作的巨大挑战和对青年成长的影响；二是积极构建和利用网络，探索共青团工作新的有效途径。面对网络化、信息化时代的机遇与挑战，每一级团组织、每一位共青团工作者都应积极行动起来，顺应时代潮流，让新技术为我所用，努力探索和开拓团建工作的新局面。在这一理念的指引下，共青团天津泰达投资控股有限公司委员会积极实践，开发了“智慧团建——团青通”系统，并于纪念五四运动100周年之际正式启动上线，成为应用信息化手段创新开展共青团工作的有益探索。

共青团天津泰达投资控股有限公司委员会“智慧团建——团青通”（以下简称“团青通”）系统是一个适应新时代、应用新技术、彰显新理念的信息化团建工作系统，以“团在心周围，建功新泰达”为主题，以“团青通”App平台为载体，构建“学思践悟新平台、党团共建新载体、创新协同新学校、团青融通新媒体、人才集聚新阵地、志愿服务新窗口”“六新工程”，打造工作网、联系网、服务网、沟通网“四网合一”的工作体系，全面实现基础团务的网络管理，全面实现团的工作对基层团组织的直接抵达、对团员的有效覆盖，全面实现运用“团青通”引领青年、服务青年、凝聚青年、融通青年的目的。该系统的开发启用具有首创意义，为基层共青团工作的开展提供了全新的思路和理念，其实用性、广泛性、系统性，程序化、智能化、集约化，都值得借鉴和推广。该系统的开发和应用主要基于六个方向的思路和目标：

通过构建学思践悟新平台，强化理想信念，提升团员青年政治素养。习近平总书记要求新时代中国青年要树立对马克思主义的信仰、对中国特色社会主义的信念、对中华民族伟大复兴中国梦的信心，这就要求各级团组织要强化“全团抓思想政治引领”的意识和责任，准确把握新时代青年的思想特点和成长规律，不断增强思想引领工作的吸引力，教育引导广大青年切实增强“四个意识”、坚定“四个自信”、坚决做到“两个维护”。在“团青通”系统的学思践悟平台中，有“学习总书记讲话做合格团员”和“三会两制一课”两个平台，团员青年可以接收到各种学习资料，以及团中央、天津团市委的最新精神，是一个陶冶情操、提升觉悟的大课堂。同时，这个平台还可以为深入开展“青春心向党　建功新时代”主题教育、“青年大学习”行动等提供宣传和思想引领的阵地，为在纪念五四运动100周年、中华人民共和国成立70周年、建党100周年等重要节点讲好改革故事、展现改革成就提供便利。

通过构建党团共建新载体，紧扣岗位实践，激励团员青年为建设一流企业建功立业。围绕中心才能找准方向，服务大局才能体现价值。能否在党组织的坚强领导下，紧紧围绕经济中心工作，团结广大团员青年，投身企业改革发展的主战场，为企业高质量发展奉献青春力量，是衡量企业团组织发挥助手和后备军作用的主要标准。天津泰达投资控股有限公司坚持把团的建设纳入公司党建整体规划，按照“一二三四五”工作思路，在“团青通”系统中构建了党团共建新载体，即：研究制定《关于加强新形势下党建带团建工作意见》一个文件，围绕“团在心周围，建功新泰达”两个主题，坚持“党建带团建、团建促党建、党团齐共建”三个关键，狠抓“组织领导、思想引领、团青融通、苦练内功”四个环节，做到“组织机构同步设置、重点工作同步谋划、日常活动同步开展、党团阵地同步共建、工作成效同步考核”五个同步，实现党团共建同加强、建功泰达齐助力的良好工作局面。

通过构建创新协同新学校，着眼服务实效，为青年成长发展创造良好环境。作为企业团组织，贯彻执行企业党组织的部署，落实企业的发展思路，是最大的政治责任。“创新协同”是天津泰达投资控股有限公司在“十三五”时期秉持的发展思路，是认识新常态、适应新常态、引领新常态的重大判断。抓创新就是促发展，就是把创新作为引领发展的第一动力；抓协同就是谋未来，就是把协同作为持续发展的内在要求，瞄准主题，把握主线，找准方向，落实举措。为此，公司团委也致力于培养具有创新协同意识、具备适应公司发展能力素质的优秀青年人才，构建创新协同新学校，进一步在广大青年中深化“创新协同”的核心理念。在这一板块中，设立了“创新”“协同”两个学科，开展“创新协同大讲堂”，目标是培养职工创新意识和协同能力，开拓青年眼界，在理念创新、改革创新、管理创新、文化创新、党建创新等领域发挥青年聪明才智，为提质增效注入新动力。

构建团青融通新媒体，增强组织活力，提升团建科学化水平。“团青通”系统本身就是青年智慧的结晶，彰显了青年的想象力和创造力。同时，它又是一个重要抓手，是利用信息化手段扎实推进组织机构、管理模式、工作方式、运行机制等领域变革，把共青团建设得更加充满活力、更加坚强有力的工具。在团青融通新媒体这一板块，集成了公司介绍、团的组织、团员档案、团委 OA 系统等要素，实现了团的基础工作的网络化管理，是团的工作科学化水平一次质的飞跃。通过这一平台，公司团委可以直接了解基层团组织和团员青年队伍的状况，实现直接指导和沟通，为防止出现团建空白，整治软弱涣散的基层团组织，从严从实建好团组织、管好团干部、育好团员，推动团组织正本清源、回归本质具有重大促进意义。

通过构建人才集聚新阵地，开展成长工程，建设人才智慧林生态屏障。总书记强调，青年要顺利成长成才，就像幼苗需要精心培育，该培土时就要培土，该浇水时就要浇水，该施肥时就要施肥，该打药时就要打药，该整枝时就要整枝。教育青年、引导青年，做青年群众的引路人，是基层团组织的重要功能。尤其对于企业来讲，青年就是未来，是企业发展的生力军。天津泰达投资控股有限公司团委提出“建设泰达优才智慧林，开展泰达优才成长工程”来关心青年，引导青年，培养青年，让一棵棵树苗经过精心的呵护培养，保持持久生命力，茁壮成长为一棵棵参天大树，枝繁叶茂，扎根泰达，构筑起护佑泰达这片热土的智慧林生态屏障。在“团青通”系统的人才聚集新阵地板块，建立了泰达优才成长档案、团员青年的成长档案，为全面了解团员青年的成长履历，做好对团员青年的精准培养服务，提供个性化人才培养服务提供数据支撑。充分发挥“团青通”系统的教育引领功能、互联互通功能、公共服务功能，为团员青年提供主动式和定向邀约式的培养内容，实现全方位和全过程的育人目标。通过开展泰达优才成长工程，将“泰达优才智慧林”中成长的优秀青年干部选派到国企混改、提质增效、重点项目建设等一线岗位历练，在基层积累经验，在实干中提升专业素养，打造出一支“目光如炬、热情如火、做人如钟、做事如练、思想如锋、笔杆如枪”的新时代青年队伍。

通过构建志愿服务新窗口，提高服务意识，争做“泰达追梦人”。志愿服务是新时代社会文明进步的重要标志，是加强和促进精神文明建设的重要载体，是培育践行社会主义核心价值观的生动实践。“团青通”系统为天津泰达投资控股有限公司团员青年申请成为志愿者、参加志愿服务活动开启了窗口，充分发挥了“志愿者之家”的功能。通过这一平台，团组织可以更便捷地开展志愿服务宣传、意识培养和教育培训工作，坚持组织化推动与激发内在动力相结合，引导青年认同志愿服务理念，积极参与“青年文明号”创建，开展“泰达追梦人”志愿者服务工作，弘扬志愿服务精神、擦亮志愿服务底色、彰显志愿服务力量。在接下来的工作中，天津泰达投资控股有限公司团委将借助这一平台，逐步实现青年参加志愿服务活动的普遍化、经常化、习惯化，实现青年志愿服务队伍的稳定化、组织化、规范化，让青年更多地在重点工程、重点项目、重大活动、重要会议、大型赛事中发挥骨干作用，成为天津泰达投资控股有限公司展示给全社会的亮丽名片。

一代人有一代人的长征，一代人有一代人的担当。在纪念五四运动100周年大会上，习近平总书记的青春寄语，清晰标定青年之于国家民族的分量，这一催人奋进的号召，鼓舞着广大青年积极拥抱新时代、奋斗新时代的坚定信心，为中国青年用青春之我创造青春之中国、青春之民族、青春之世界指明了方向。作为直接联系青年、服务青年的基层团组织，在新的历史时期肩负着更加重大的责任。这份责任能否扛起、扛稳，取决于各级团组织能否坚定不移走中国特色社会主义群团发展道路，能否不断保持和增强政治性、先进性、群众性，能否不断创新工作思路和方式方法，增强对青年的凝聚力、组织力、号召力。青年是最具活力和创新力的群体，共青团应该成为最具活力和创新力的组织，秉承最具活力和创新力的理念，掌握最具活力和创新力的方法，在新时期的时代大潮中，努力开创网络化、信息化时代共青团工作的新篇章。

2019 年 5 月

牢记嘱托　坚守初心
让青春绽放“五朵”绚丽之花

4月19日，习近平总书记给北京大学支援湖北医疗队全体“90后”党员回信，向他们和奋斗在疫情防控各条战线上的广大青年致以诚挚的问候，并寄语广大青年不惧风雨、勇挑重担，“让青春在党和人民最需要的地方绽放绚丽之花”。总书记的重要回信，温暖亲切、语重心长，既表达了对青年战“疫”成绩的高度赞扬和殷切期待，也极大地鼓舞着国企战线广大青年。天津泰达投资控股有限公司（以下简称泰达控股）团委第一时间号召公司系统广大团员认真学习贯彻习近平总书记重要回信精神，众志成城、共克时艰为战“疫”献力量，不负韶华、只争朝夕，为打赢疫情防控阻击战继续奋战，再立新功。

展现青春作为，绽放“担当之花”

“担当之花”就是青年在急难险重中挺身而出、砥砺奋斗，拿出“初生牛犊不怕虎”的勇气、“越是艰险越向前”的刚健和“舍我其谁”的担当，立足本岗不挑剔、履行职责不推卸、做好小事不厌倦、攻克难关不气馁，主动担起历史使命和政治责任，在祖国和人民需要的第一线继续奋斗。

如果向“90后”提问，如何坚守我们的初心？答案一定有很多种，但都无外乎有着共同的出发点：在祖国和人民最需要的地方有身影敢担当，在最好的年华有作为敢奉献。在这次抗击新冠肺炎疫情的斗争中，举国上下同心战疫，以“90后”为代表的泰达青年同在支援湖北一线英勇奋战的青年一样，都是新时代最可爱的人。他们坚守在疫情防控阻击战的大后方，源源不断地将宝贵的战略物资输送到战疫前线。他们不与死神正面交锋，但同样是幕后的英雄，在最关键的时刻、最危险的时期保障着人民群众的生产生活。泰达洁净公司肩负着为口罩“造芯”的重要使命。由“90后”组建的“青年突击队”勇挑重担、冲锋在前，五条生产线二十四小时开足马力、夜以继日，向国家和人民交出了合格的答卷。中国平均每生产三只口罩，就有一只配备着泰达洁净生产的滤芯，用真心让全国人民用上了“泰达芯”，构筑起切断病毒传播的第一道屏障，他们为一线医护人员装上了“铠甲”，增添了一份向“红区”挺进的信心。鉴于泰达洁净的突出表现，国务院应对新型冠状病毒肺炎疫情联防联控机制医疗物资保障组、中央指导组和国家发改委先后表示赞誉和感谢。

共谱青春答卷，绽放“奉献之花”

“奉献之花”就是以国家之务为己任，不辞辛苦，冲锋在前，日夜奋战，持续攻坚克难、甘于乐于奉献的誓言；就是用青春诠释初心使命，用辛勤汗水换来幸福指数，将小我融入大我，在奉献国家和社会中实现人生价值，以实际行动证明自己堪当大任。

泰达控股各级团组织和广大团员青年，关键时刻勇担使命、彰显担当，吹响青春集结号，勇做“战疫”战斗者，把平凡的工作岗位作为“战疫”战场，让团旗在决战决胜第一线高高飘扬。疫情期间，泰达控股所属 18 家企业被纳入国家疫情防控重点保障单位，作为重要的区域能源供给和综合保障单位，所属水、电、气、热、公交、市政、绿化、车站、酒店、物流等各条战线的千余名青年团员，在每一个平凡的岗位上，一次次脚踏实地的检测、一次次目不转睛的凝视、一次次勇于担当的坚守，24 小时不间断值守巡查、维护检修，确保疫情期间能源稳定供应，在各项民生服务和基础保障上奉献着每一份温暖，切实为打好疫情防控攻坚战保驾护航。

特别是滨海公交在“歌诗达赛琳娜”号邮轮应急处置工作中为打赢海上战“疫”做出了突出贡献，泰达行（天津）冷链物流有限公司在防控疫情的非常时期配合政府保证民生物资充足供应等，凸显了青年们的勇敢与坚强、担当与尽责，激发我们战胜疫情的信心，以实际行动为天津市乃至全国的疫情防控工作贡献力量，在时代年轮中书写下非凡一页。

彰显青春本色，绽放“本领之花”

“本领之花”就是青年要勤学习、勇实践、增本领、长才干。善于向实践学习，主动投身到工作的最前线，在应对困难、处理矛盾中，啃一啃“硬骨头”，接一接“烫手山芋”，当几回“热锅上的蚂蚁”，在基层一线经风雨、见世面、磨意志、壮筋骨，不断磨砺意志品质，在实践中提升本领。

泰达青年冲锋在国企混改第一线，奋战在重大项目主阵地，坚守在防范债务风险最前沿，与最优秀者“对标”，与最强劲者“比拼”，与最快速者“赛跑”。广大青年坚决贯彻落实市委市政府决策部署，按照复工复产工作要求，进一步发挥责任担当，推动疫情防控和复工复产“两确保”，努力实现“双战双赢”。2019 年公司实现收入同比增长

22.5%；净利润总额同比增长19.7%；净资产收益率同比增加0.45个百分点；完成二级企业混改27家；居中国500强企业第300位，天津百强企业第4位。深入推进三项制度改革，面向社会公开选聘职业经理人。今年1月，公司成功申请150亿元超短融并发行50亿元；2月，再次成功发行泰达疫情防控债10亿元，彰显了资本市场对公司的信任和支持，战胜了风险，保障了公司资金链安全。这些优异成绩的背后正是泰达青年书写青春华章的过硬本领，正是泰达青年实践磨砺不负韶华的优异答卷。

砥砺青春品质，绽放“梦想之花”

“梦想之花”就是青年与祖国同呼吸共命运，与时代同步伐共奋进，不驰于空想、不骛于虚声，激活蕴藏于梦想之中的创造伟力，在奔跑中奋力逐梦，在实干中拼搏圆梦，把个人理想与国家梦想结合起来，做新时代的追梦人，在实现中国梦的实践中书写无悔的青春华章。

总书记讲，“我们都在努力奔跑，我们都是追梦人。”泰达的每一名青年，都是新时代的“泰达追梦人”，在不断奔跑中创造着美好生活，为梦想写下现实注脚。公司团委开展“让青春在战役中闪光　让团旗在战场上飘扬”主题教育活动，主动学习习近平总书记关于新冠肺炎疫情防控系列重要讲话精神。通过“青年大学习”强化理想信念学习，组建12支有召必应、召之能战的“青年突击队”冲锋在前，开展网上主题团课线上集结学习先进典型等方式将思想统一到奉献青春力量合力战“疫”主题上来。同时，公司团委将主题大调研活动作为常态化工作，问计青年、问需青年、问效青年，通过倡议引导、公开服务等创新形式，发放调研问卷，收集青年诉求、梳理实用信息，在线解决疫情期间广大团员青年在工作、生活等方面的困难，在扎实服务中展现青年作为，砥砺青春品质。实现了广大青年更好在助力公司改革发展、服务奉献社会、投身疫情防控中释放青春激情、追逐青春理想。

凝聚青春智慧，绽放“奋斗之花”

“奋斗之花”就是青年要胸怀祖国和人民，奉献社会和他人，积极投身坚持和发展中国特色社会主义伟大实践，把国家的前途、民族的命运、人民的幸福作为努力的目标，把对祖国和人民的赤子情怀作为奋斗的动力，志存高远、德才并重、情理兼修、勇于开拓，在火热的青春中放飞人生梦想，在奋斗的青春中成就事业华章。

青春之美，正是奋斗之美。今天，新时代青年面临着难得的建功新时代的人生际遇，也面临着“天将降大任于斯人”的青春使命。在疫情期间，泰达控股团委自主研发了“智慧团建——团青通”系统平台，实现团的工作对基层团组织的直接抵达、对团员的有效覆盖。搭建起了工作网、联系网、服务网、沟通网“四网合一”的工作体系。“团青通”系统第一时间发起战“疫”号召、第一时间发起战“疫”倡议书、第一时间制作战“疫”微视频、第一时间制作战“疫”海报等原创新媒体 100 余项，通过信息通报及时传达、科学防疫及时传递、先进事迹及时传播等方式积极主动开展工作，达到团青融合共成长，充分发挥了广大团员和基层团组织在疫情防控工作中的生力军和突击队作用，为打好打赢这场防疫阻击战贡献泰达青春力量。

青年兴则国家兴，青年强则国家强。一代人有一代人的历史际遇和使命担当。新时代青年有担当、有奉献、有本领、有梦想、有奋斗，在接下来的疫情防控战场上，在建设社会主义现代化强国的征程中，一定会将个人奋斗融入时代洪流中，不惧风雨，勇挑重担，拼搏奋战，在时代风雨中经受考验，在艰难磨砺里成长成才，在基层实践中增长本领，交出让祖国放心、让人民满意的时代答卷，让青春在党和人民最需要的地方绽放绚丽之花。

2020 年 5 月

新时代追梦人

青春理想，青春活力，青春奋斗，是中国精神和中国力量的生命力所在。“新时代中国青年要勇于砥砺奋斗”“新时代的新青年，是中国梦的追梦人”……在纪念五四运动100周年大会上，习近平总书记的青春寄语，清晰标定青年之于国家民族的分量，这一催人奋进的号召，鼓舞着广大青年积极拥抱新时代、奋斗新时代的坚定信心，为中国青年用青春之我创造青春之中国、青春之民族、青春之世界指明了方向。

捧读着总书记对青年人的寄语，字里行间蕴含着阳光、温度、力量、情怀、梦想。有道是：太阳总在有梦的地方升起，月亮总在有梦的地方明亮。梦是永恒的微笑，让每个追梦人在心灵深处都珍藏着一份坚定的信念，才能时刻激励、警醒自己不忘初心，砥砺前行。有梦想就有目标，有希冀才会奋斗，无论国家、社会还是个人，梦想都是保持生机、激发活力的源泉。做新时代的追梦人，就要不断提高自身的思想水平和思想境界，努力用坚守和付出成就人生价值，在平凡的岗位上书写不平凡的人生华章。

追梦、筑梦、圆梦，是青春最亮丽的底色。人生因追梦而精彩，追梦的人生在于奋斗。历史总是抛弃那些追梦路上的观望者、懒惰者、懈怠者、无为者，而将那些坚定者、奋进者、搏击者、有为者镌刻在时代丰碑上。民族复兴的使命要靠奋斗来实现，人生理想的风帆要靠奋斗来扬起。今天，我们伟大的社会主义祖国所有取得的伟大成就、拥有的创新成果，无一不是一代又一代奋斗者用泪水、汗水和血水浇筑而成的，我们逐梦的道路更加畅通，越是此时，永久奋斗的好传统越不能丢。作为新时代的追梦人，一定要用行动和执着承担起属于自己的那份担当，不管人生的道路延伸到哪里，都要努力守住心中那一份赤子情怀，以奋斗诠释爱国情怀、践行报国之志，在跋山涉水中放飞梦想，在时代征程中激扬青春，奋发有为才能大有作为，负重前行方能担当重任，从而在不断前行中激励自己，感动自己，温暖自己。

追梦、筑梦、圆梦，是青春最渴求的精神。社会主义是干出来的，新时代也是干出来的。在追梦、筑梦、圆梦的过程中，需要用胸怀坦荡的豪情面对前行路上的风雨，用坚忍不拔的意志击溃种种诱惑和阻碍，用抱诚守真的笑脸排除人生干扰和杂念。无论是青年志愿者抑或是青年创业者，无论是快递小哥抑或是年轻“的哥”……今天每一个你我，都要感谢这些美好生活的创造者、守护者，我们要持之以恒，锲而不舍，驰而不息，要自觉把个人的理想抱负融入党和人民的事业之中，把个人的奋斗与忠诚党的事业紧密相连，把远大的理想与脚踏实地的工作结合起来，在推进新时代中国特色社会主义伟大事业中，努力实现自己人生的最大价值，来扮靓我们的世界，来推进人类命运共同体的浩荡进程。

追梦、筑梦、圆梦，是青春最坚守的信仰。如今，在我们面前，是一方干事创业的沃土，是一片前所未有的天地，是一个值得奋斗的时代。在追寻梦想的新时代，新一代追梦人站在历史的塔尖，眺望着更加遥远的未来，我们每一个青年人都是奋斗者，都是追梦人。要立鸿鹄志、做坚定者，要坚定信念，坚强信心，树立马克思主义信仰，坚定对习近平新时代中国特色社会主义思想的信念、对中华民族伟大复兴中国梦的信心，把个人的小我融入祖国的大我、人民的大我之中，不让信仰水土流失，不让欲望肆虐在生命的绿洲，不让航向偏离理想的彼岸，不为浮躁所扰和安逸所诱。惜取人生黄金时光，用坚守信仰铸就忠诚，用坚定信念挺起脊梁，用坚强的信心拥抱伟大新时代，以只争朝夕的劲头、坚韧不拔的毅力，勇做走在时代前列的奋进者、开拓者、奉献者，毫不畏惧地面对一切艰难险阻，在劈波斩浪中开拓前进，在披荆斩棘中开辟天地，在攻坚克难中创造佳绩，用奋斗刷新生活，用实干点赞时代。让青春身影在新时代改革开放的广阔天地中绽放，用奋斗的汗水创造出让世界刮目相看的新奇迹。

我将无我，不负韶华。我们的温度和光芒与恢宏的时代连接，与美好的梦想相通。我们每一名新时代追梦人对信仰有坚守、对未来有憧憬、对奋斗有坚持、对祖国有深情。这所有的一切让我们每一名新时代追梦人的生命，有着无比的深度和广度、无限的活力与潜力、无穷的力量与能量，去追寻梦想、拥抱梦想、共圆梦想。让我们每一名新时代追梦人从小事做起，从点滴做起，激扬青春、释放活力，让更多青春的身影轻装前进、踏实奋斗，以青春之我，创造青春之国家、青春之民族。

2019 年 5 月

担起新使命　奔向新征程

青年最富有朝气、最富有梦想。习近平总书记在十九大报告中语重心长地指出：青年兴则国家兴，青年强则国家强。全党要关心和爱护青年，为他们实现人生出彩搭建舞台。实现中国梦和每个青年人的梦想息息相关，我们是中国梦的见证者，更是践行者和传承者。对于青年来说，中国梦不仅是放飞人生梦想、绽放绚丽青春，更是要有家国情怀、使命责任和担当勇气。

一种情怀像一盏明灯闪烁着光芒又驱散了阴霾。每一代人的青春都不容易，没有好爬的山，也没有好过的坎。每一个青年怀揣梦想前行的时候，难免会遇到坎坷，遭遇迷茫。从“为什么人生的重心是房子、车子、票子”的时代之考，到“因抱怨晋升无望、待遇低下而气馁”的迷茫之时，青年所遭遇的，或是生活重担的挤压，或者周遭际遇的郁闷，或是金钱功利的牵绊，终究忘了初心，陷了媚俗，失了自信，没了情怀，迷了方向。青年应多一些家国情怀，如果说立大志是根基，那么有情怀就是土坯。这些年，我们在 8 名南开大学新入伍大学生的信中，读出了当代青年的报国情怀；从发声抗议南海仲裁“中国一点都不能少”的留言转发中，感受当代青年最真挚的爱国情怀；从“80 后”驻村帮扶干部余静“大湾村一户不脱贫，我坚决不撤岗”，感悟到当代青年的百姓情怀……他们恪守着最崇高的品格，实践着最真挚的情怀。青年人心中的情怀，无关从事的职业，在于对信仰的坚守、对未来的憧憬、对奋斗的坚持和对祖国的奉献。新时代，已经为青年搭建好了大展宏图、担当重任的平台，我们应该勇于承担圆梦的责任，把个人梦想和中国梦联系在一起，那么无数充满朝气的热血力量便汇聚在一起，构成了中国梦的每一抹光彩。

一个民族的复兴，常常以青年振兴祖国的必胜信念和壮志豪情为先导，青年的命运时刻都同国家、民族和人民的命运紧紧相连。如今，在我们的面前，是一方干事创业的沃土，是一片前所未有的天地，是一个值得奋斗的时代。承担着“一带一路”建设、构建人类命运共同体的历史使命，伴随着站起来、富起来、强起来的时代最强音，中国进入了新时代。青年一代站在了历史的潮头，眺望更加遥远的未来，青年的肩头上自然也多了一份沉甸甸的责任。这份责任唤醒青年身体的每个细胞，这些细胞经受着上学、就业、住房、医疗、养老等问题的考验，但是每个细胞与恢宏的时代连接，让我们的生命，有着无比的深度和广度、无限的活力与潜力、无穷的力量与能量，我们有充分的理由对未来充满信心，对奋斗充满勇气。青年一代奋斗的使命责任，已经不是在一穷二白之上平地建起高楼，而是让这座高楼焕发出更加绚丽的光彩。这是何等壮观的景象，需要我们从小事做起，实事求是，一步一个脚印。天路无捷径，唯有肯攀登，不负青春年少的活力与激情。我们只有发挥自己的智慧和胆识，加强实践锻炼，拓展视野，才能把个人奋斗融入实现建设社会主义现代化强国的历史洪流中，为实现中国梦添上绚丽的一笔。

“勇做时代的弄潮儿，在实现中国梦的生动实践中放飞青春梦想，在为人民利益的不懈奋斗中书写人生华章。”激情澎湃的话语，激励青年一代重新审视自己的人生坐标。青年的担当映照着时代的担当，青年的精神折射着时代的精神。青年一旦拥有爱国情怀和使命责任，就会不畏前行道路上的艰难险阻，敢于面对困难与挫折，敢于担当，想尽一切办法，去克服和战胜困难。我们的身边就有这样的楷模：“80 后”乡村医生贺星龙行医 17 年，不管是烈日当头，还是大雪封山，贺星龙不是在出诊，就是在出诊的路上，累计行程 40 多万公里，免收出诊费达 35 万余元；被誉为“全球青年领袖”的秦玥飞，从耶鲁大学毕业后回到中国小山村，走进基层当起村官，用国际化的知识储备和思维方式，尝试改变落后的中国乡村；“80 后”特警张劼为保护 200 多户居民的安全，第一个冲进屋内阻止歹徒引燃爆炸物，自己却被严重烧伤；35 岁的徐川通过讲党课，影响了千千万万年轻人的价值观……年轻人有着最纯真的希冀，都渴望在时代的大潮里中流击水。当下中国正处在加快发展的关键机遇期，敢于担当、甘愿奉献的青年人比比皆是。“永不懈怠的精神状态，一往无前的奋斗姿态”，这是每一个青年都应有的担当。新时代、新征程，美好未来的画卷正徐徐展开。青年正迈着有力的步伐，用微小之力、温暖之光，朝着“中国梦”曙光初绽的方向奋勇前进，去实现中华民族伟大复兴的愿景。

新时代属于大家，更属于青年人；我辈更应初心不忘，追梦前行！

2017 年 12 月

秉持“三个宽”　绘就新蓝图

习近平总书记深爱文艺，酷爱文学，是我们的知音、同行，更是我们的精神导师。总书记在中国文联十大、中国作协九大开幕式上的重要讲话，高度评价广大文艺工作者在各个历史时期的重要贡献，着眼民族复兴奋斗目标和文艺工作的历史使命，提出坚定文化自信、坚持服务人民、勇于创新创造、坚守艺术理想等四点希望。站位高、立意深、根基厚、视野宽、情意浓，讲话具有深邃的思想情怀、博大的历史情怀、真挚的人民情怀和浓郁的文艺情怀。这是习近平总书记继文艺工作座谈会上的讲话之后又一篇指导我国文艺事业繁荣发展和文联工作创新发展的纲领性文献，对指导文艺工作、引领文艺创作、推动文艺事业具有重大的现实意义和深远的历史意义，学习讲话后倍受教育、倍感亲切、倍感温暖，也倍受鼓舞，有以下一些认识和体会。

胸中的格局要宽广

就是要“高擎民族精神火炬，吹响时代前进号角，把艺术理想融入党和人民事业之中”。作为一名作家，必须牢固树立党对文艺工作领导这一生命线，始终在政治上、思想上和行动上同以习近平同志为核心的党中央保持高度一致，学会用马列主义的立场、观点、态度和方法去看待和把握形势、分析和研究问题，明晰所处的时代，读懂生活的大书，做到观大势、定大局、谋大事。当前，天津发展正处于一个重要的历史性窗口期，就要紧紧围绕京津冀协同发展的大局，努力实现习近平总书记对天津工作“三个着力”的重要要求。对于一名基层作家来讲，就是要围绕这个目标任务，充分发挥自身的能量，不断用优秀的作品鼓舞人，用伟大的精神激励人，用文艺的力量为天津的发展鼓与呼，呐与喊，贡献智慧和力量。

眼里的视野要宽阔

“文变染乎世情，兴废系乎时序。”当前，我们正处在实现中华民族伟大复兴中国梦的“新境界”，中国梦，如同一把金钥匙，不仅打开了中华民族伟大复兴的新境界，更开启了人人筑梦、追梦、圆梦的新时代。伟大的时代需要伟大的作品，丰富的情感是艺术想象的发动机，广大文学、文艺工作者可以放飞想象的翅膀，但一定要脚踩坚实大地，与天津发展同频共振，跳出自己的“小宇宙”，眼观大世界，融入大时代，拥有大视野，不断推出无愧于伟大时代的优秀作品。天津有着深厚的文化底蕴和丰富的文化资源，在建设文化强市的过程中有着得天独厚的资源优势，为此，广大文学和文艺工作者应该有足够的底气和勇气畅谈文化自信、坚持文化自信，弘扬天津优秀传统文化，创作出让广大人民群众喜闻乐见的文艺作品，弘扬天津精神、凝聚天津力量、展示天津风采。

笔下的情怀要宽厚

习近平总书记讲，“文运同国运相牵，文脉同国脉相连”，把文艺工作放在了历史的高度，强调指出每一名作家、每一个文艺工作者的历史责任和担当。一名基层作家的创作可以此为契机，回归初心，为人民创作，为天津歌唱，充分发挥文艺“以文化人、以文育人”的功能，褒优贬劣、激浊扬清、提高审美、引领风尚，真正服务于经济社会的发展，承载起与国运、国脉相牵、相连的责任。

“闭门觅句非诗法，只是征行自有诗”，文学是大地的事业，是从大地里生长出来的。作家用文字，音乐家用音符，歌唱家用声乐，演员用表演，都是心灵的工程师。文学对人的情感有着特殊的作用，情感的作用绝不亚于思想的作用。如果一个人仅仅有思想，而没有情感或者情感世界比较荒凉，这是不完美的，机遇和机会也不会垂青他。我要感谢与文学结缘，它带给我满满的正能量，带给我收获，带给我幸运。正是因为拥有了文学，与文学结缘，行为有了儒雅，语言有了意蕴，生活有了意境，人生拥有了一份难得的雅致与境界。当我从事公文写作枯燥乏味的时候，文学就是草木欣荣，使荒漠不再。当我从事公文写作刻板单调的时候，文学就是宽广田野，无边无垠。正是因为文学给予我的力量源泉，我才真正成为从事公文写作的守望者、践行者。文学无所不能。

在中华民族伟大复兴的道路上，没有谁是局外人，没有谁是旁观者，人人都是参与者，人人都是责任人。让我们每个人都成为奠基“中国梦”的一个“小石子”，用微小之力、温暖之光，铺就中华民族伟大复兴的前程，真正把艺术理想融入党和人民事业之中，做到胸中有大义、心里有人民、肩头有责任、笔下有乾坤。

2016 年 12 月

打造团青新门店　绽放绚丽新风采

近年来，泰达控股团委坚持以习近平新时代中国特色社会主义思想为指导，立足“党建带团建”思路，坚持围绕中心工作服务大局，在引领青年、凝聚青年、服务青年上下功夫，创建了天津市国企首个“青年之家”阵地。该平台启用以来，泰达控股团委坚持智慧“建家”、科学“管家”、高效“用家”，实现了“一室多用”“一家多能”，逐步探索出了建设、管理和使用青年之家阵地的成功经验，以小阵地提供大服务，用小平台实现大辐射，成功获评天津市首批五星级“青年之家”，也让其真正成为增强青年责任感、归属感、幸福感的“青春驿站”和“实体门店”。

凝聚青春智慧，着力打造青年身边的“实体门店”

泰达控股“青年之家”是泰达控股公司团委主动适应新时代团员青年成长规律和需求特点，按照共青团中央、共青团天津市委的创建要求，重点打造的综合性服务平台。使用面积100平方米，主要功能涉及思想引领、团青阵地、文化学习、公益讲座、志愿服务等。建设过程中坚持了“团青追梦融光、党团元素融合、线上线下融通、前沿技术融智、青春活力融汇”的整体设计理念。阵地融合了公司团委“六新工程”，并与泰达控股“智慧团建——团青通”系统实现了线上线下互通互补，覆盖度高、专业性强、功能齐全。较多采用现代化多媒体手段，实现声、光、电一体化的展示方式，极大提升了展示效果和吸引力。同时，中国作家协会名誉副主席、天津市作家协会名誉主席、“改革文学”作家的代表蒋子龙先生亲自题写“泰达控股青年之家”匾额，在青春活力的主基调上增添了厚重感。青年之家的整个设计和创建过程，凝聚了广大团员青年的智慧和心血，也成为让泰达青年为之自豪的“温暖之家”。

彰显青春本色，着力打造党团共建的融通窗口

党建带团建、团建助党建、党团齐共建，是泰达控股团青工作的关键，泰达控股“青年之家”始终将坚持党的领导、传承企业文化、服务中心工作作为重要使命。在设计建设过程中，“青年之家”从党团共建新载体的定位出发，充分展示党中央和习近平总书记对团员青年工作的重要要求，充分展示公司党委对团员青年寄予的厚望和嘱托，把青年活动阵地同时打造成了提升党性修养、接受文化熏陶、传承企业精神的阵地，兼具党建、团建活动阵地的双重功能，使“青年之家”更具生命力。在使用过程中，“青年之家”也成为团干部和团员青年日常开展学习教育、深入学习习近平新时代中国特色社会主义思想的主阵地，其浓厚的环境氛围、多元化的功能体系，让党性教育更加灵活直观，广大团员青年在学习和熏陶中进一步坚定理想信念、擦亮青春底色，牢记“听党话、感党恩、跟党走”，树立了为实现高质量发展、打造一流企业贡献青春力量的志向。

展现青春作为，着力打造青年风采的展示平台

“青年之家”是展示青年风采的重要阵地，是激发团员青年学习先进、对标先进的“大课堂”。近年来，泰达控股系统共有 8 家单位和个人获评“全国五四红旗团支部”、天津市“五四红旗团支部”“优秀团员”“优秀团干部”，1 人被团中央评为全国优秀共青团干部，“青年之家”专门开辟园地，展示优秀集体和个人的风采。特别是在疫情防控工作中，泰达青年在急难险重中挺身而出、砥砺奋斗，主动担起历史使命，在祖国和人民需要的第一线接续奋斗。以泰达洁净为代表的团员青年肩负着为口罩“造芯”的重要使命，源源不断地将宝贵的战略物资输送到抗疫前线，向国家和人民交出了合格答卷；区域能源供给和综合保障单位的数千名青年 24 小时坚守岗位，保证民生物资充足供应，为打好疫情防控攻坚战保驾护航。公司团委利用“青年之家”阵地这一平台，组织开展先进事迹宣讲活动，激励广大团员青年向先进看齐，强化青春担当，展现青春作为。

砥砺青春品质，着力打造教学相长的学习阵地

公司团委致力于以公司改革发展需求为主要导向，围绕深化“创新协同”理念，帮助青年成长成才。公司团委充分利用“青年之家”的硬件条件，创办了青年之间分享知识、提升技能的“学习社”，每周五下午举办 1 次研习会，每期线上保证 50 人现场参加，线下 500 余人参加。每期研习会由不同业务部门的专业人员承办和主讲，为公司青年更加全面了解公司改革发展情况、掌握各领域知识和技能提供了便利，在满足青年多元化学习需求的同时，在公司内部大力弘扬了学习互鉴、教

学相长的良好氛围。

共谱青春答卷，着力打造交流互鉴的沟通桥梁

公司“青年之家”阵地的建设成效，得到了共青团天津市委的肯定，也吸引了诸多兄弟单位的关注。2019 年 10 月，在团市委的统一组织下，全市国有企业、中央驻津企业团组织负责人到泰达控股“青年之家”进行了实地探访和参观学习；2019 年 12 月，天津港集团团委所属基层团组织负责人到泰达控股“青年之家”进行交流学习，双方互鉴互通、共同提升。2020 年 9 月，在天津市国有企业基层团组织负责人培训班期间，全市基层团干部通过“云直播”参观了泰达控股“青年之家”。“青年之家”阵地已经成为公司团委对外沟通展示、互鉴互学交流的重要桥梁。同时，公司“青年之家”与天津经开区青年梦想家协会合作，共同开展多项公益讲座等特色活动。未来，泰达控股“青年之家”必将在更高层次、更大范围、更广领域上服务青年、服务社会，不断扩大影响力和知名度。

2020 年 10 月

勇立时代潮头　勇做时代新人

——浅谈如何在实现中国梦的生动实践中绽放青春风采

习近平总书记指出，“人的一生只有一次青春。现在，青春是用来奋斗的；将来，青春是用来回忆的”，对当代青年的谆谆嘱托和殷殷期望溢于言表。今年是五四运动100周年、中华人民共和国成立70周年，波澜壮阔的百年间，中国青年斗志昂扬、热血澎湃、风采斐然，率先吹响救亡图存的“号角”，点燃革命的“火种”，在党的领导下矢志不渝投身于争取民族独立和人民解放事业中，为建设祖国、振兴中华开拓奋进、锐意创新，青年群体的磅礴力量浓墨重彩地留在历史的画卷中。

历史车轮滚滚向前，作为改革开放的见证者和实践者，泰达青年在茫茫的盐碱荒滩挖下第一锹泥、填下第一车土、打下第一根桩，把自己的青春和汗水挥洒在泰达开发区这片希望的土地上。35年来一批批青年人紧密团结在党的周围，在改革攻坚主战场、创新创业第一线、服务民生各领域积极作为、主动担当，创造出了不平凡的青春业绩，以实绩践行“五四精神”。

回望百年路，逐梦新征程。立于新时代的潮头，全力以赴实现中华民族伟大复兴的中国梦，就是当代青年的最崇高使命。泰达青年生逢其时、重任在肩，将大有可为，也必将大有作为。这是“长江后浪推前浪”的历史规律，也是“一代更比一代强”的青春责任，必须勇敢肩负起时代赋予的重任，志存高远、脚踏实地，把中国梦的生动实践全面融入实际工作中，不断续写新时代的青春华章。

不忘初心、坚定信念，为建功立业树立远大理想

理想指引人生方向，信念决定事业成败。理想信念就是“人生的第一粒扣子”。要坚持用习近平新时代中国特色社会主义思想武装头脑，不断增强道路自信、理论自信、制度自信、文化自信，永远紧跟党高高举起中国特色社会主义伟大旗帜；始终不忘初心，将个人理想主动融入国家、社会和公司的共同理想，把个人成长进步与推动单位改革发展结合起来，以主人翁的精神，勇当闯新路、创新业的先锋；严以修身、砥砺品行，做新时代的有德青年，自觉培育和践行社会主义核心价值观，提升社会公德、职业道德、家庭美德、个人品德，做向上向善的好青年。

善于学习、勇于创新，为建功立业练就过硬本领

只有最厚重的肩膀才能挑起新时代的历史使命，只有最健硕的脚步才能走好新时代的“追梦之路”。青年人处于学习的黄金时期，要保持知识更新的紧迫感，勤于学习、勇于实践，在实践中积累人生阅历和工作经验，做到知行合一、学以致用，掌握真才实学，增益其所不能。青年是最富活力、最具创造性的群体，要有敢为人先的锐气，有继承前辈、超越前辈的雄心壮志，勇于解放思想、与时俱进、创新创造，学好“创新协同”两门学科，努力成为“目光如炬、热情如火、做人如钟、做事如练、思想如锋、笔杆如枪”的中坚力量。

脚踏实地、埋头苦干，为建功立业矢志艰苦奋斗

“凿井者，起于三寸之坎，以就万仞之深。”蓝图不可能一蹴而就，中国梦也不可能一夜成真。要始终坚信，脚踏实地是仰望星空的根基，无论梦想如何绚烂神往，也要一步一个脚印地去追逐实现。青年人既要心怀理想，也要树牢“当老实人、讲老实话、做老实事”的人生信条，不驰于空想、不骛于虚声，心无旁骛钻业务，真正干一行爱一行、精一行，积跬步以至千里。要珍惜“苦心志、劳筋骨”的机会，勇于到条件艰苦的一线岗位，到改革攻坚的前沿阵地，到服务民生的基层窗口，经受锻炼，磨砺心性，遇到挫折撑得住，关键时刻顶得住，扛得了重活，打得了硬仗，经得住磨难，用勤劳的双手和一流的业绩成就不平凡的人生。

夯实组织、锤炼队伍，为建功立业开辟青春战场

各级共青团组织要强化政治锻炼、工作历练和作风锤炼，让党放心，让青年满意。要充分发扬“党有号召，团有行动”的光荣传统，持之以恒推进全面从严治团，着力提升团组织凝聚力、向心力、影响力，力争将团组织打造成为学思践悟新平台、党团共建新载体、创新协同新学校、团青融通新媒体、人才集聚新阵地、志愿服务新窗口，打造成为组织动员广大团员青年支持改革、促进发展、维护稳定的坚强阵地。要创造性地开展工作，想青年之所想、急青年之所急，做青年之友，满腔热情关心爱护青年，支持青年成长成才，千方百计为青年发展搭建平台，绝不埋没青年的才华，绝不辜负青年的努力。

2019 年 4 月 29 日

人生五情

豪情满怀 怀质抱真

四

构建滨海文化品牌　培育新区核心竞争力

文化是城市的生命和灵魂，是城市的内核和实力象征；城市是文化的凝结和积淀，是文化的容器、载体和舞台。随着社会主义市场经济的发展和城市建设的不断推进，地方文化和区域文化的盛行是当下引人注目的潮流，比如积淀深厚的“晋文化”，慷慨悲歌的“燕文化”，幽远神秘的“楚文化”，这些文化既彰显了地方特色，又弘扬了历史文化。

随着开发开放的不断深化，滨海新区正在逐步形成一个继承天津六百年优秀传统文化，吸纳外来先进文化，融合多元文化的崭新文化。滨海新区文化蕴含着极其丰富的地方特色和时代特色，它是我国海洋文化、渔业文化、盐文化、近代工业文化的主题公园，是中国近代工业文明和现代企业管理的文化摇篮，是探索当代中国经济发展新模式的思想库。

滨海新区文化的历史解读

每一座老建筑、每一处古迹都是滨海新区历史、文化、经济、政治的延伸和历史根脉。滨海新区文化的历史解读主要分为以下几种情况。

国家级重点文物保护单位

全国重点文物保护单位是国家对不可移动文物所核定的最高保护级

别——中国国家级文物保护单位，由国家文物局审核，国务院核定公布。滨海新区目前共有四处国家级重点文物保护单位，分别是大沽口炮台遗址、北洋水师大沽船坞遗址、塘沽火车站旧址和黄海化学工业研究社旧址。

大沽口炮台遗址位于天津滨海新区塘沽东南海河入海处。大沽口自明朝开始驻兵设防，清朝嘉庆年间建砖木炮台两座，分称“南炮台”“北炮台”。咸丰八年（1858）僧格林沁奉命主持大沽口防务，南岸建成三座大炮台，北岸建成两座大炮台，分别以“威”“镇”“海”“门”“高”五字命名，寓意炮台威风凛凛镇守在大海门户的高处；另有一座建在北岸，俗称“石头缝炮台”。自此，大沽口炮台形成完整的海口防御体系。1988 年 3 月，大沽口炮台遗址经国务院公布为第三批“全国重点文物保护单位”；1994 年 6 月，被天津市委、市政府命名为“天津市爱国主义教育基地”。

北洋水师大沽船坞遗址是我国北方第一所近代造船厂，建于 1880 年。它不仅是中国北方最早的船舶修造厂和民族工业摇篮，还是北洋水师维修舰船的主要基地和重要军火基地，是现今天津洋务运动的重要遗址，是难得的重要工业文化遗产，是研究中国近代史，特别是工业史的珍贵史迹。2002 年 5 月，北洋水师大沽船坞遗址被天津市命名为市级“爱国主义教育基地”。2013 年 5 月，成为第七批全国重点文物保护单位。

塘沽火车站旧址，现名“塘沽南站”，始建于清光绪十四年（1888），是我国最早自主修建的铁路——北洋铁路上的一座车站。1900 年八国联军攻陷大沽口炮台后，继而占据此处，利用车站转运军需物资和战争人员。1919 年毛泽东与罗章龙等人送赴法留学生，路经天津在此下火车，首次造访大沽口炮台。1933 年 5 月，中日谈判《塘沽协定》期间，南京政府代表团驻留在塘沽火车站。1937 年日军占领该站，用作转运战争物资。2007 年当选天津市“十大不可移动文物”，2013 年入选第七批全国重点文物保护单位名单。

黄海化学工业研究社旧址是我国近代实业家范旭东先生、科学家侯德榜先生等在塘沽兴办我国最早的民间企业——永利、久大化工厂时的研究机构，是中国化工研究机构的摇篮。2013 年入选第七批全国重点文物保护单位名单。

滨海新区的非物质文化遗产

滨海新区拥有 34 个区级、8 个市级以及 1 个国家级非物质文化遗产项目。

滨海新区的非物质文化遗产形式多样、内容丰富。既有物质形态的“有形”文化遗产，如文物、典籍，又有主要通过“口传心授”的方式传承下来的，主要包括：民间文学中的盐母和盐母庙的传说、张娘娘的传说；传统音乐中的汉沽飞镲、小王庄吹打乐、五音武法鼓、北塘飞钹；传统舞蹈中的河头落子、大沽龙灯、北塘高跷、汉沽逗龙；传统体育、游艺与杂技中的燕青拳、形意拳、八极拳；传统技艺中的长芦制盐工艺、面人王制作工艺、汉沽八大馇“制作工艺”、侯氏制碱法；民俗中的潮音寺庙会等。

滨海新区非物质文化遗产广泛存在于人们的衣食住行各个方面，共同构成了人们的生产生活方式，因而以独特的方式潜移默化地影响着人们的思想观念和价值取向，是城市的价值观念和感情记忆，对保持滨海新区文化的延续，起到了重要作用。

滨海新区的特色文化

滨海新区的特色文化和所处的区域有着紧密的联系，创造出具有浓厚地方特色的文化，主要包括以下方面。

海洋文化。天津有三条古海岸线都从这里穿过，现存的贝壳堤、牡蛎礁等是最好的历史见证。另外，这里还有国家级的古海岸线遗迹，是天津作为“退海成陆”的重要遗迹。滨海新区特色海洋文化还包括了元代海漕、渔盐、航运和修造船等人文文化的丰富内涵。

碱文化。滨海新区是中国化学工业的摇篮，以永利碱厂为代表的中国第一个民族化工企业和以“黄海化学工业研究社”为代表的中国第一个独立的化工研究机构谱写了中国化学工业的文化史，带来了以“碱”文化为代表的工业文明，因此说，碱文化也是滨海新区特有的地方文化。

炮台文化。大沽口炮台是我国近代史上重要的海防设施，是中华民族抗击侵略、不畏强暴抗击侵略的历史见证，是中国人民不屈的民族抗争精神的写照。卧薪尝胆、励精图治也是它带给我们的文化启迪。

码头文化。滨海新区地处渤海湾，海河下游地区自古形成了众多码头，从小到大，从内到外，一直发展成为现在的以天津港为龙头的港口产业链。航运业的发展促进了物资交流、文化交流和对外经济交流，港口工人带来各地先进的生产工具和生产技术，加上天津市区多元化的文化，逐渐形成了特有的具有流动性、竞争性、多元特征的群体文化——“码头”文化。

滨海新区文化的弘扬发展

滨海新区文化中的海洋文化、碱文化、炮台文化、码头文化，具有鲜明的对外开放特征、现代工业文明特征，这种独特的文化是新区近代工业文明率先发展的起点，也是新区成为改革开放新的桥头堡的历史源头。延续和弘扬发展滨海新区文化，滨海新区开发开放必将迎来更加光明的前途和未来。

尊重历史才能奠定发展根基，注重文化才能增添城市底蕴。近几年，我们可以看到滨海新区政府不断增强市民文物保护意识，加大对文物保护的力度，注重推进文化旅游产业的发展，把文化影响力转化为招商引资的优势，让文化与旅游、城市建设、经济发展相结合，形成“大旅游、大产业、大市场、大宣传”的发展格局。

综观滨海新区的基础条件，通过资源整合，可以在多个方面打造文化品牌：一是打造“滨海新区民间文化艺术画廊”，打破以往各自为战的模式，对具有鲜明民族特色和浓厚乡土气息的刻字、版画、农民画、布贴画、麦秸画和剪纸等民间艺术品生产，进行整体策划和包装，广泛推广。二是打造“滨海新区历史文化精品游”，对包括大沽口炮台、北洋水师大沽船坞、妈祖庙、潮音寺、南塘遗址、小站练兵场、周公祠等遗址遗迹进行整修重建。三是打造“滨海新区现代工业精品游”，发挥天津港、大无缝、大乙烯、大沽化工厂、摩托罗拉、康师傅、“空客”等大企业齐集滨海的优势。四是打造“滨海文化休闲游”，畅游滨海航母、北塘古镇、中心渔港、东疆港、海昌极地世界海洋公园，品尝滨海新区特色餐饮。五是打造“滨海新区城市发展观光游”，展示滨海新区文化产业的亮点，包括中新生态城、响螺湾中心商务区、于家堡金融区、北部文化旅游休闲区、滨海高新区。六是打造“滨海文化艺术节”，滨海新区大企业云集，人才济济，应合力打造两年一度高品位、高水准、高层次的滨海文化艺术节，并力争成为滨海新区标志性的和具有滨海特色具有影响力的大型文化节庆活动。

总之，深度挖掘滨海新区文化内涵，不断提升文化的价值，培育出新的经济增长点，增强滨海新区文化的竞争力，必将有力促进滨海新区经济、政治、文化、社会的全面发展，使滨海新区成为经济增长和文化大繁荣的典范。

2014 年 7 月

迎接生态文明的召唤

——写在《生态滨海》一书出版之际

21世纪是生态文明的世纪。“生态经济”“绿色经济”“循环经济”和“低碳经济”都表达了一个共同的主题，即实现环境与经济的融合，促进人类社会的可持续发展。这一共同主题体现了人类对可持续发展的共同追求和对生态文明的共同向往，表达了人类经济社会的发展与保护自然资源和生态环境和谐发展的愿景。

党的十八大报告提出建设“美丽中国”并就如何实现“美丽中国”明确指出：“坚持节约资源和保护环境的基本国策，形成节约资源和保护环境的空间格局、产业结构、生产方式、生活方式……”滨海新区是率先在这些方面展开了长久探索并取得了一定成效的城市。当前，滨海新区驶入了开发开放的新航程，经过多年的实践，始终把生态文明建设放在突出地位，融入经济建设、政治建设、文化建设、社会建设各方面和全过程，实现了经济快速发展和生态质量不断趋优的双赢目标，取得一系列有目共睹的重大成就，滨海新区的天更蓝了、地更绿了、水更清了、人与自然的关系更和谐了，在无形当中有力地推动了城市品位的提升，增加了城市的魅力，演绎着人与自然“天人合一”的和谐画卷。

以史为鉴，可以知兴替。求真存实，旨在经世致用。通览《生态滨海》一书，整部作品从谋篇布局到行文措辞，集知识性、理论性、科学性和普及性于一体，知识丰富，内容翔实，深入浅出，通俗易懂，适于社会各阶层、各群体阅读。在 15 万字的篇幅里，从宏观层面到微观领域，全景式展现了滨海新区依托开发开放国家战略，实现经济效益、社会效益与生态效益比翼齐飞的历程，力求全面反映滨海新区自然生态变迁发展的昔日与当今，及探索和实践的过程。全书共十个章节，按照历史脉络，用文字符号串联起历史的元素，从横向的时间推移与纵向的盐碱荒滩绿化奇迹、百年碱渣山的改造壮举、渤海湾蓝色生态、文明城区的魅力、中新天津生态城可实行可复制可推广的样板等方面叙述史实，对滨海新区的生态建设和经济发展形成了网状分析，既是一部全面反映滨海新区生态建设和生态文明的教科书，又是一幅清晰展现滨海新区环境美好、人心舒畅、政治清明、良性发展、和谐共处的瑰丽画卷。该书的出版发行可以为未来滨海新区生态文明的建设和生态经济的发展提供参考依据，取得的点滴经验同样对外省市生态与经济和谐发展提供一定的研究和借鉴。

站在历史的节点上，回顾过去，总结经验，进而展望未来显得弥足珍贵。长时间在滨海新区一线工作的多名同志共同编著的《生态滨海》被列入滨海新区百本书系，在 2015 年到来之际由天津人民出版社出版发行。该书的作者们以热爱滨海的情怀、浓厚的生态情结、敏锐的洞察力和强烈的社会责任感，透视了生态城市的起源、生态建设研究与实践；真实记录了滨海新区生态变迁发展的历史、自然生态的修复与保护；展示了滨海新区亮丽的生态风貌和在环境保护、绿色家园、生态宜居等生态文明建设上取得的显著成果。

在新时期、新阶段，我国大力推进生态文明、建设“美丽中国”的时代背景下，《生态滨海》这本书与时代发展的潮流不期而遇，这何尝不激起对当前正大力建设的“美丽中国”的深情展望与无限畅想。

2015 年 8 月

滨海新区生态文明建设的创新实践

党的十八大把生态文明建设纳入社会主义现代化建设的总体布局，首次提出要建设美丽中国，并将其作为实现中国梦的重要内容，充分体现了党对生态文明建设的高度重视。在滨海新区召开的区委一届十次全会上，提出并讨论《建设美丽滨海纲要》。建设美丽滨海是新区顺应百姓期待，加快实现国家功能定位，打好开发开放攻坚战，争当科学发展排头兵的重要内容，意义重大、影响深远。面对新的机遇和挑战，围绕建设美丽滨海的目标，积极探索滨海新区生态文明建设的创新实践显得尤为重要。

着力完善生态法制建设，保证生态建设依法推进

滨海新区应适时制定出台一系列具有权威和可操作性的有关生态建设的法规规章和规范性文件，将生态建设的政策、规划和行为法定化和制度化，建立生态建设的法治秩序，保证生态建设依法推进。

加强生态建设的综合立法。生态建设是一个长期的过程。为了保证生态建设不会因为领导班子换届和领导干部变动而受影响，也不会因为领导干部注意力的改变而出现波动，从而保障生态建设的连续性，应以地方立法的方式来保障生态建设的连续有序进行。应该组织专家学者与

有关职能部门共同编制可操作性强的规划，经滨海新区人大以地方法规的形式审议通过后，作为由地方政府组织实施的、由人大监督执行的正式的法律文件。此外，还应制定专门的生态建设综合性法规，比如，制定《滨海新区生态建设条例》，将促进生态建设的各项方针、政策以立法的形式确定下来，并明确消费者、企业、各级政府在保护资源、建设生态环境方面的责任和义务，建立违法的惩治措施及监督体系，把生态建设纳入法治的轨道。

完善与生态建设相关的配套法规体系。一是完善环境保护法规体系。建立健全相关的技术标准和制度；建立和完善有利于环境保护的管理制度。二是完善发展生态产业的法规体系。通过制定相关地方法规明确一系列鼓励发展生态产业的政策措施，逐步形成与生态环境相协调的产业结构和生产方式。三是严格执法，健全执法监督机制。强化环境资源和城市管理执法队伍，提高执法人员素质和执法水平，防止和纠正有法不依与执法不严的现象，确保各项法规的落实。

着力完善组织管理体系，推动生态建设有序进行

滨海新区在完善生态建设的组织管理体系方面可按照《美丽滨海建设纲要》，因地制宜制订具体规划和实施方案，形成分级管理、责任明确、各部门相互协调的责任机制。同时应建立生态建设的经济生态综合决策机制，完善城市贯彻实施经济生态综合决策机制的制度。

完善生态建设的目标责任制度。严格目标责任制度，保障美丽滨海目标的实现。除了在《美丽滨海建设纲要》中把生态城市建设目标细化为一系列的目标和任务，在具体实施中还应制订年度实施方案或行动计划，把规划中确定的任务进行分解，按部门、任务、指标、责任人进行细化、规范和落实，使美丽滨海创建工作的思路和任务更加清晰和

明确。

建立科学和严格管理协调机制。要建立高效的环境监督管理体制，加快生态资源保护和防治环境污染的地方性立法，为美丽滨海建设提供法律保障；要建立协调机构，成立专门的综合治理办公室，由环保、公安、园林等各相关的职能部门的代表组成，切实解决部门职能交叉造成政出多门、职责不明、执法不一等问题，提高监督管理能力；建立以绿色 GDP 为主的经济核算体系、以生态建设指标为核心的政府官员政绩考核制度，建立生态优先的政府科学决策机制和广大市民共同参与的生态建设格局。

建立经济与环境综合决策机制。环境与发展综合决策机制是环境、经济和社会三方面可持续发展和协调发展原则在决策上的制度化、具体化，在决策之初就应该将环境因素纳入决策过程中，在政府政策、计划、规划等决策中充分考虑环境影响和环境的承受能力，以环境保护为中心，使环境、经济和社会发展的平衡关系得以落实和实现。可以考虑建立和完善综合决策责任制度、建立和完善专家咨询制度、实施部门联合会审制度这三个制度体系。

健全组织体制和运行机制。滨海新区政府要发挥主导作用，加强对生态文化建设机构的指导和监督，并从资金、场地、机构、人员等方面保障生态文化设施的正常运转和功能的充分发挥。生态文化机构要完善功能定位，明确服务目标、任务和责任，建立考核、激励和约束机制，提高使用效率，鼓励和引导社会资金兴办符合国家规定的各类生态文化设施，开展生态文化服务，形成政府主导、社会参与、运转协调的生态文化服务组织体制和责任明确、行为规范、富有效率的运行机制。

完善生态监管机制。生态环境保护和建设是一项长期任务，需要采取立法、规划、经济、技术、管理等多种手段。一是健全完善相关法律法规和各种生态保护政策配套措施，增强法律、法规的针对性、可操作性、系统性和完整性，做到有法可依，执法必严，违法必究。二是提高生态环境质量在政绩考核中的权重，逐步完善建设生态文明的体制、机制，增强公众参与生态环境保护的积极性。三是构建生态文化推广体系，树立生态文明理念，严厉制止为了眼前的经济利益，而损害全局、后代人的利益。特别是要健全生态环境监测评估体系，建设对自然资源进行综合考察、调查研究、评价监测、交流与合作的网络和信息平台，使生态监管能力建设与经济发展相协调。

建立和完善生态补偿机制。滨海新区政府可以运用财政、税费、市场等手段，形成一种激励机制，要求作为生态受益人的生产者、开发者、经营者支付一定的费用，对生态环境和自然资源的保护者以及为保护生态环境而付出代价者给予合理的经济补偿，以调节生态保护者、受益者和破坏者之间的利益关系，从而实现保护生态系统的功能和价值的目的。建立和完善生态补偿机制，有利于全面推进生态建设，实现人与自然的和谐。新区财政要调整和优化生态环保资金的支出结构，不断加大对生态补偿的支持力度；可以设立专项资金用于环境保护和生态建设；结合政府调控与市场化运作，努力建立多元化的筹资渠道。

着力提升生态文明意识，提高市民生态建设自觉性

提高公众的生态意识，就是使人们认识到自己在自然中所处的位置和应负的环境责任。提高公众的生态意识应该做好以下几个方面的工作。

加强生态意识的宣传教育。加强学校教育体系的建设。要“从娃娃抓起”，在幼儿园、小学、中学、大学期间，无论在思想政治教育课还是专业课，都必须渗透生态文化教育的内容。加强社会公益教育体系。新区政府动用一切社会公共宣传资源，诸如新闻出版、电台、电视台、

公益广告等广泛开展生态环境知识和意识的宣传，建立公共宣传网络体系，影响广大人民群众的视觉和听觉，进而影响他们的思想意识。加强生态社区教育体系。必须把社区生态文化建设与文明社区创建工作有机结合起来，制定社会生态教育网络和制度，注重社区公众参与，以社区生态文化为指导，倡导资源节约、环境友好、生活俭朴的文明向上的现代新型生活方式。

积极推行生态文明生活方式。在消费中必须考虑对资源环境的影响，使以提高生活质量为目的的绿色和适度消费成为可持续发展的生活方式。倡导绿色消费必须从普通市民的消费行为入手，提倡使用清洁能源，如太阳能、生物能及风能等新能源；提倡使用节能技术和新的环保产品；提倡节约用水和水资源的二次利用；提倡使用公共交通、骑自行车和徒步；提倡食用有机绿色食品，适量消费和打包服务，杜绝食用国家保护的野生动植物；提倡适度消费，反对商品的过度包装，不购买和使用对环境有害的商品和危险品；提倡健康、文明的娱乐方式，注重娱乐场所的环保设计和管理。

强化生态补偿意识。在传统观念中，自然资源是取之不尽、用之不竭的。人们养成了无偿使用自然资源、任意污染环境，或者先污染后治理或大污染小治理等不良习惯。要强化生态补偿意识，运用价格机制、税收、信贷等经济杠杆，使社会损失计入企业的生产成本，使环境资源得到保护和补偿。实施生态补偿，除了需要法律等“硬性”规范的外在制约，还必须有道德等“软性”规范的内在约束，转变生产者、经营者的观念，使生态保护及生态补偿等意识成为其自觉的内驱力，达到真正的自我觉醒和自我约束。

着力推进公众参与，共同建设生态文明

生态文明建设要求公众的积极参与。通过直接参与和间接参与的方

式保证公众参与生态文明建设的深度和广度。

充分发挥环保组织作用。非政府组织是公众参与环境保护的重要力量，绿色环保组织在世界各地对生态建设起了重要的推动作用。在滨海新区民间自发的环境保护组织还没有很好地发挥作用。应该充分调动民间组织的积极性，充分发挥民间组织在环保和生态文明建设中的重要作用。

充分发挥环保分子的示范作用。随着公众环境意识的提高，在环境保护工作中必然会涌现一些典型人物。生态文明建设应充分发挥他们的模范作用，重视他们的榜样示范作用，从而调动公众的参与积极性。

充分发挥社会监督的作用。公众个人及环保民间组织作为一种民间力量，对政府与企业的环境责任开展社会监督，为实现国家的环境目标起到了积极的促进作用。滨海新区应该重视社会监督的作用，积极发挥民间组织和新闻媒体对环保和生态的监督作用。

着力构建完善的评价体系，促进生态文明发展

要适应生态文明的发展，滨海新区必须探索建立适应生态文明发展的科学的社会核算体系和评价体系。生态文明建设涉及各个领域，渗透到各个产业，反映人、社会和自然的和谐关系，因此，对生态文明建设的核算和评价体系，应当是综合全面的，不应该仅以经济指标或者以单纯的环境保护、污染防治为评价标准。

科学正确的社会评价，对生态文明建设起着重要的意识引导和行为监督作用。要实现生态文明建设的健康发展，必须倡导树立有利于生态文明发展的评价体系。从政府的层面讲，要摒弃政绩考核以 GDP 为主要内容的考核方式，建立绿色 GDP 指标体系，突出自然生态指标。评价政府的工作成果，不仅要看 GDP 指标，还要看重生态环境状况，要

看基尼系数、人文发展指数等社会指标。从企业的层面讲，要全面地评价企业对社会的贡献。不仅要看企业创造的经济效益，还要看其社会效益和生态效益；不仅看企业创造的税收多少，还要看其落实社会责任多少。要引导企业不仅追求经济效益最大化，还要追求生态环境效益最大化，使环境保护和污染治理成为企业自觉的行为。从公众的层面讲，不能为了满足个人的生活需求，而追求过度消费甚至奢侈浪费，要在全社会树立和形成“勤俭节约为荣，奢侈浪费为耻”的生态道德评价，促进生态文明建设。

2016 年 4 月

和着时代的节拍前进

随着我国社会化进程不断加快，社区建设如何适应人的需要已为各方人士所关注。一个人的一生经历少年、青年、中年和老年各个阶段，然而人生各个阶段的大部分时间都要在社区度过。人们在社区学习、生活和交往。社区学院肩负着社区教育的重任，全方位、多角度、尽可能地满足大家的学习和培训要求。

为响应建设全民学习、终身学习的学习型社会的宏大目标，2007年天津开发区社区学院应运而生，学院规模不断壮大、内涵不断丰富、范围不断扩大，作用越来越突出，效益越来越显现，越来越得到各方面的认可与重视。它的诞生给泰达人提供了社区的、成人的、平民的、开放的办学模式，逐步成为天津开发区老百姓身边的大学，成为构建终身学习体系、建设学习型城市的重要载体，成为滨海新区开展社区教育的排头兵。

天津开发区社区学院工作者们充满着对社区教育的热切追求和努力探索的情愫。他们根据学员的需求，不断调整教学内容和教学方法，开办了形式多样的各类培训班，门类齐全、课程丰富，报名人数络绎不绝，得到了广大学员的普遍欢迎和充分认可。经过近十年的思考与实践、感悟与收获，在社区学院的精心组织和努力下，针对区域终身教育实际自行开发的系列教材《滨海故事》《生活工作中的经济学》《中国传统民歌》《拍摄滨海美景　欣赏摄影艺术》编著完成和出版了，这四本教材是他们多年来心血的结晶。该系列教材从天津开发区经济社会发展的实际出发，以社区教育的具体项目为研究对象，提供了寓教于乐的实践案例，充分体现了社区教育的地域性特点，具有鲜明的社区特色和实践特色。该系列教材视野宽阔、视角独特，关注生活，关注实践，坚持理论研究和实践研究并重，给社区教育战线提供了一份实践性研究成果，为实现广大学员丰富知识、丰富阅历、愉悦身心的愿望提供了积极的帮助，值得各地开展社区教育的工作者学习借鉴。他们针对社区教育发展新形势、新情况、新问题，积极探索社区教育与区域社会经济发展紧密结合的规律做法：一方面可以更好地指导社区教育的实践，进一步谋划和引导社区教育未来发展的趋势；另一方面能够在一定领域丰富和发展具有中国特色的社区教育理论，应大力鼓励、大力提倡。

天津开发区社区学院的工作者，用辛勤的汗水默默地耕耘，努力实现着社区教育理论和社区教育实践两个方面的同频共振与比翼齐飞，他们取得的成绩，令人敬佩。我们相信，一个在改革开放最前沿的社区教育如东方的朝阳，正冉冉升起、绚烂夺目。我们同样相信，在广大社区教育工作者的辛勤努力下，具有中国特色的社区教育必将在新的发展阶段结出更加丰硕的果实，为中国梦的壮丽画卷增添几缕阳光。

2016 年 10 月

践行科学发展观的生动样本

——读《红领巾爱滨海》有感

“春拂风　夏沐雨　发展观　科学立　善协调　可持续　共产党　心所依　排头兵　先行区　展宏图　百业举　献青春　丰碑记　新滨海　每天异……”这是天津开发区国际学校党支部书记、天津开发区作协主席王柏秋同志编写的《红领巾爱滨海》一书中科学发展观“三进一体现”校本课教参内容的标题。初看标题就觉得简洁新颖却富有深刻的文化内涵。该书对开发区国际学校近年来开展的以“了解家乡、热爱家乡”为主题的校本课程教学实践进行了系统总结，将学习实践科学发展观活动向全校学生广泛延伸，确保了科学发展观进课堂、进教材、进学生头脑，使学校学习实践科学发展观活动呈现新特色，成为践行科学发展观的生动样本。

《红领巾爱滨海》一书思路清晰，结构严谨，内容全面系统，表达准确深刻，文字简明流畅，是一本普及科学发展观、提高青少年素质的不可多得的好教材。该书的编写、出版，是滨海新区加强未成年人思想教育建设的一次有益尝试和生动实践，旨在让青少年深刻理解和认识科学发展观就在身边，并从日常点滴做起，来践行科学发展观，热爱祖国，热爱家乡，成为本书编者的不懈追求。科学发展观是马克思中国化在新时代、新探索的重大理论成果，是关乎每一个中国人生存与发展的立身之道，也是青少年身心成长过程中必须汲取的精神养分。该书以“三字经”的形式，把科学发展观与滨海新区的发展变化联系起来，更容易理解科学发展观的深刻内涵。书中内容涵盖了科学发展观的基本内涵和社会主义核心价值体系，城市精神和城市发展的脉络，滨海新区沧海桑田的历史文化和经济发展，滨海新区各行各业涌现的“群英谱”形象等，都生动地展现出来。

为适应青少年的学习特点，该书还倡导鲜明的实践性和生动的现实性，可谓独具匠心。它采用丰富的案例、图表、数据，并结合独特的教案设计，灵活多变的组织形式，丰富有趣的学法指导，生动地阐释了学习实践科学发展观的精神内核。书中的每一个图表、每一幅插图都深思熟虑，收集了最新的数据、选取了有代表意义的插图，设计了最能发人深思的思考题，把热爱祖国、热爱滨海、践行实践等协调统一起来，激发学生的学习动机，让学生能理解、能记住、能实践，努力让科学发展观进学生的头脑，真正达到入眼、入耳、入脑、入心的目的，从而激励学生奋发努力，将来创造新的辉煌，为实现中华民族伟大复兴的中国梦做出更大贡献。

2014 年 10 月

对天津滨海新区综合配套改革试验的若干思考

2006年5月，国务院发布《关于推进天津滨海新区开发开放有关问题的意见》，批准滨海新区为全国综合配套改革试验区。2008年3月，国务院批复《天津滨海新区综合配套改革试验总体方案》，确定了滨海新区综合配套改革试验的指导思想、目标、主要任务和十个方面的重点内容。为贯彻落实《国务院关于天津滨海新区综合配套改革试验总体方案的批复》精神，扎实推进天津滨海新区综合配套改革试验工作，2008年10月，天津市人民政府制定发布了《天津滨海新区综合配套改革试验总体方案三年实施计划（2008—2010年）》，组织实施了10个领域的20个重点项目和50个具体事项。“十一五”时期，滨海新区综合配套改革试验取得了显著成效，“第一个三年计划”基本完成，有力地支持了滨海新区开发开放和经济社会又好又快发展，为“十二五”期间深入推进综合配套改革试验奠定了坚实的基础，创造了良好的条件。“十二五”时期是全面推进滨海新区综合配套改革试验区建设的关键时期，天津滨海新区在落实综合配套改革试验三年实施计划的基础上，按照国务院批复的综合配套改革试验总体方案，以率先基本建立完善的社会主义市场经济体制为目标，统筹推进，突出重点，务求在重点领域和关键环节的改革试验方面取得突破，构建与科学发展和滨海新区开发开放相适应的体制机制，为全国改革发展提供示范和经验。

滨海新区开展改革试验的重大意义

开展综合配套改革试验，是推进滨海新区开发开放的关键措施和最主要任务，也是我国在新时期深化经济体制改革的重要方式和途径，必将对推进滨海新区开发开放进程以及我国的整体经济体制改革产生深远的影响。经过学习调研，我们理解要从我国经济社会发展的阶段特征、改革试验在推进新区开发开放中的作用等方面，深刻领会、准确把握滨海新区综合配套改革试验的重大意义。

综合配套改革是滨海新区开发开放和实现功能定位的关键

综合配套改革是推进滨海新区开发开放的需要。通过综合配套改革，加快建立滨海新区开发开放的体制保障，有利于进一步发挥滨海新区特有的区位优势、资源优势和产业优势，推动新区不断提高综合实力、创新能力、服务能力和国际竞争力，实现滨海新区的功能定位。

综合配套改革是区域经济协调可持续发展的需要。经济增长极的作用体现在经济总量和综合实力上，更体现在服务功能和带动辐射能力上。赋予滨海新区我国北方经济增长极的功能定位，要求滨海新区必须加大改革力度，改变目前的外生性、外源式经济发展模式，建立以内生性制度为保障的本地化发展新模式，转变经济增长方式，实现跨越式发展，更好地融入区域发展、服务区域发展、推动区域发展。

综合配套改革是新形势下扩大开放的需要。滨海新区外向型经济较为发达，现代制造业基础较好，通过推进改革，加快转变对外贸易增长方式，完善生产要素跨境流动和优化配置的体制，提高利用外资的质量和效益，促进内资与外资的融合，形成符合国际通行规则和我国国情的体制机制，在更高的水平上参与经济全球化，既可为新区开创外向型经济发展新局面提供保障，也有利于探索新形势下扩大开放的新经验。

综合配套改革试验是构建落实科学发展观的体制保障的重大探索

传统的发展模式，侧重于在既有体制内以政策优惠、政策倾斜等方式推动发展，带有外生性和增量性的特点，能够发挥短平快的效应，但没有持续性和规范性，发展主要体现在数量和规模上，而没有体现在质量和结构上。科学发展的鲜明特征是通过健全体制机制提供发展的强大动力，主要体现在发展的质量和效益上，更具有持续性和规范性。批准天津滨海新区为全国综合配套改革试验区，是党中央、国务院作出的具有全局性、战略性的重要决策。综合配套改革试验要从实际出发，创新发展模式，健全落实体制机制保障，真正做到科学发展。

综合配套改革试验是构建和谐社会体制保障的有益尝试

社会和谐是中国特色社会主义的本质属性，其关键是统筹协调好各方面的利益关系。社会和谐的实现需要坚强的体制做保障，构建社会主义和谐社会的体制保障是体制改革的内在要求和重大课题。必须适应社会和谐的要求，健全就业、教育、收入分配、社保、文化、医疗卫生及环境保护、社会管理等相关体制，切实解决人民群众最关心、最直接、最现实的利益问题，保障全体社会成员共享发展改革成果。通过综合配套改革试验，在构建社会主义和谐社会的体制保障方面先行试验和探索具有重要意义，这既是滨海新区自身的需要，也能够为我国的和谐社会建设积累宝贵经验。

滨海新区综合配套改革试验是新形势下深化改革的有效途径

目前改革仍处于攻坚阶段，面临的主要是一些触及面宽、涉及利益层次深、配套性强的改革，改革的复杂性、艰巨性、风险性大大增强。而且，不仅经济领域内部各项改革的推进需要其他各项改革相配套，经济体制改革也对政治、文化、社会领域的改革提出了新的要求，改革的配套性、综合性要求明显增强。滨海新区面临的体制问题具有一定的代表性，需要通过综合配套改革试验的方式，统筹安排、整体推进，在重点领域和关键环节上取得突破，为完善社会主义市场经济体制发挥示范和带动作用，这无疑对深化整体经济体制改革具有重要意义。

“十一五”时期滨海新区综合配套改革试验的进展情况

“十一五”时期，滨海新区全力推动落实《总体方案》和第一个三年计划，行政管理体制、行政审批制度、土地管理体制、保障性住房制度、医疗卫生体制“五大改革”及金融创新、涉外管理体制、科技体制和社会管理创新等多个领域取得了重要进展。

行政管理体制改革取得重大突破。撤销滨海新区工委、管委会，撤销塘沽、汉沽、大港三个行政区，建立了滨海新区行政区。按照统一、精简、协调、高效、廉洁的原则，组建了全国同级区域中部门最少、人员最精简的工作机构。创新推行“指挥部+管委会+平台公司”三位一体的“十大战役”开发建设模式，形成了统一指挥、高效运转、强力推进的工作机制。制定出台《滨海新区关于促进街道发展的意见》，启动实施“强街强镇”计划，统筹规划调整街镇和社区布局。

行政审批制度改革全面启动。结合新区机构改革，全面推进“职能归并”，在具有审批职能的新区部门统一设置行政审批处，成立新区行政审批服务中心和公共资源交易中心，开发建设行政审批网络系统，构建新区、城区（功能区）、街镇分类服务的审批体系。创新代办、联审联办、“十大战役”特办等服务机制，简化审批程序和环节，大幅提升了行政审批服务效率。建立完善“新区的事在新区办”的运行机制，积极承接市级下放和扩权审批事项110项。

土地管理体制改革深入推进。研究上报《天津滨海新区综合配套改革试验区土地管理改革专项方案》，组织编制《滨海新区土地利用总体规划（2009—2020年）》，实行土地利用总体规划的动态管理。成立新区土地管理委员会，实行土地统一整备和集中交易制度，提升了土地供应调控能力和土地资源配置效率。改革农用地转用和土地征收审批制度，采取“宅基地换房”形式推进城乡建设用地增减挂钩试点。制定出台了《滨海新区土地“征转分离”实施方案》，对 9 个批次约 315 公顷用地实施“征转分离”。探索海洋滩涂开发利用与保护管理制度创新，采取“填建分离”的方式围海造地，建立了相对完善的海域使用权抵押贷款制度体系。

保障性住房制度改革步伐加快。研究制定了《滨海新区定制商品住房建设与管理办法》和《滨海新区保障性住房建设与管理暂行规定》，探索经济适用房、公共租赁房、定制商品房、蓝白领公寓等各类住房保障模式。成立新区保障性住房管理中心，以“订单生产”“阳光交易”方式与企业和群众直接对接。

医疗卫生体制改革顺利启动。实施医疗重组计划，以新港街、于家堡街社区卫生服务中心为试点，分离社区医疗服务中心和社区公共卫生服务中心，由第五中心医院实行一体化管理，实现医疗资源共享。建立第五中心医院与社区医疗服务中心绿色通道，促进双向转诊，引导居民就医合理流动。制定了《滨海新区社区基本药物目录》，在社区医疗服务中心对目录内的药品实行零差率销售，减免门诊挂号费，补助患者住院费用，减轻了患者就医负担。

金融改革创新取得重大进展。《天津滨海新区综合配套改革试验金融创新专项方案》获国家正式批复。总规模分别为 200 亿元的全国第一支产业投资基金——渤海产业投资基金和船舶产业投资基金成功运作，2010 年末在新区注册的股权投资基金及管理公司达到 660 家。成立了排放权交易所、贵金属交易所等多家创新型交易市场，天津股权交易所挂牌企业达到 68 家。创新开展“单机单船”等融资租赁和离岸金融业务，融资租赁业务总量占全国的四分之一。中新天津生态城外商投资企

人生五情

业资本金意愿结汇改革试点顺利启动。与中国保监会共建全国保险改革试验区，引进保险资金投资新区基础设施建设。于家堡金融区启动建设，金融、中介、商务等高端服务业开始集聚。

涉外经济体制改革成效显著。研究上报《关于加快北方国际航运中心核心功能区建设方案》，在国际船舶登记、航运税收、航运金融和融资租赁业务创新等方面积极争取国家试点政策。口岸管理改革进一步深化，创新和完善了“大通关”体系，建立了口岸通关和检验检疫制度，“异地报关、异地报检、口岸放行”的口岸监管体制基本形成。建成了国际贸易与航运服务中心，加强了电子口岸建设，通关效率明显提高。建成亚洲最大的邮轮母港，开通了与台湾直航的货轮和班轮航线。与13个内地检验检疫机构实现区域合作，与23个关区签订了《区域通关备忘录》，在中西部地区建设了18个内陆无水港，实现港口功能向内陆腹地省市延伸。设立综合保税区和保税物流中心（B型），滨海新区已成为海关特殊监管区种类最齐全、功能最完整、政策最配套的地区之一。

科技体制改革成效显著。启动实施国家创新型试点城区建设，深入推进部市共建、区企合作、区校合作等机制，滨海高新区完成更名，被列入国家创新型科技园区和国家知识产权示范创建园区试点。完善科技投融资体系，建立滨海新区创业风险投资引导基金，成立科技担保公司。实施“滨海新区引智专项”，引进科技创新创业领军人才20名，培育重点创业项目16个，博士后科研工作站达到88家。

城乡一体化改革取得较大进展。积极推进示范小城镇建设，截至2010年底，新区有6个街镇的8个项目列入全市示范小城镇试点。塘沽创新农民变市民征地安置模式，加快农村城市化步伐，研究制定了涉及土地征收管理、撤村建居、农民生活保障等方面的28项具体政策，初步形成“一套住房、一份社会保障、一次就业机会”及“一次性征地补偿费、一次性安家费”的“3+2”保障体系。

社会管理创新加快推进。积极创建全国社会管理创新综合试点区，建立新区、城区（功能区）、街镇、社区四级综治信访服务中心（站），实现综治信访服务中心联合调解信息三级联网，在功能区、街镇、社区（村）及重大项目建设工地创建流动人口服务管理“三级平台”，推行企业务工人员公寓式管理，探索建立建设者之家和农民工社区。制定实施《构建和谐劳动关系指导意见》，形成工会、企业、仲裁、司法“四方共助”的劳动争议调解工作模式。构建陆海空立体化治安防控体系，成立滨海新区应急联动中心。

滨海新区综合配套改革试验的政策建议

围绕“十二五”时期滨海新区综合配套改革试验的总体目标和面临的新形势新要求，结合滨海新区的实际，提出以下综合配套改革试验的主要政策措施。

进一步深化行政管理体制改革

加快转变政府职能。推进政企、政资、政事以及政府与市场中介组织分开，创新政府提供公共服务的方式，进一步理顺各部门之间权责关系，探索建立决策、执行、监督职能既相互协调又相互制约的运行机制，继续完善职能有机统一的大部门体制。

进一步完善“两级政府、三级管理”体制。积极探索建立有利于“三个层面”联动协调发展的利益分配和补偿机制，赋予区县更大的发展自主权。合理划分市政府工作部门与区县政府的事权关系，扩大区县政府社会管理、经济管理权限和区域发展自主权，提高提供公共服务的能力。建立完善新区的事在新区办的运行机制，赋予新区有别于其他行政区更大的自主发展权、自主改革权、自主创新权，落实《天津市关于开展扩权强镇试点工作的意见》，减少行政层级，积极推进扩权强镇改革试点，进一步扩大乡镇在投资审批、规划土地管理、人事管理、行政执法和财政体制等方面的权限，释放其发展潜力。

深化行政审批制度改革。充分发挥市和区县两级行政许可服务中心的作用，建立街道乡镇行政服务中心，构建市、区县和街道乡镇三级行政服务体系。进一步简化审批环节，减少前置审批，加强后续监管，缩短审批时限，规范审批程序，巩固和坚持集中审批，强化落实“一审一核，现场审批”，完善投资项目、企业设立和行业管理三类联合审批高效办理机制，扩展网上审批办理，不断提高审批服务效率。全面推行部门内部审批职能归并整合，建立“一站式”集中审批服务体制相适应的运行机制。扩大区县审批权限。

深化投资管理体制改革。合理界定政府与市场的边界，减少政府对微观经济活动的干预，落实企业投资自主权，完善企业投资项目核准和备案制度，进一步规范核准制和备案制的前置要件种类，积极推进联合审批工作。研究探索建立企业投资项目后续监管体制。进一步下放项目审批权限，加强对各区县发展改革部门项目审批的监督检查，做好配套服务工作。

此外，还要继续深化价格改革，发挥市场配置资源的基础性作用。加快完善公共财政管理体制，健全财权与事权相匹配的财政体制；深化城市基础设施建设和管理体制改革，进一步提升城市的服务水平和综合承载功能。

进一步深化涉外经济体制改革

在进一步完善对外开放的制度保障、更加积极有效地使用外资、加快转变贸易发展方式和深入实施“走出去”战略的同时，应当重点抓好以下两方面的建设。

加快东疆保税港自由贸易港区建设。制定实施《天津滨海新区自由贸易港区研究建设中心的运作方案》，研究探索建设我国自由贸易港区涉及的战略规划、管理模式、政策安排、功能配套、创新举措等。启动境外货物入区报备海关监管模式的创新和人民币结算出口退税政策创新，力争实现保税港区基础功能突破。着力优化招商引资环境，实现从依靠政策优惠向发挥综合优势转变，形成全方位、多层次的招商服务体系。重点培育租赁、航运融资等现代金融服务业的聚集，扩大物流、商贸、金融等行业的引资规模。加大对中小企业的招商力度，落实优惠政策，鼓励中小企业加快发展。充分利用东疆保税港区的政策和功能优势，加快北方国际航运中心核心功能区建设，启动航运融资产业建设，吸引一批中资跨国公司具有离岸业务需求的企业聚集，形成资金和税收聚集效应。

积极推进中新天津生态城的体制创新和开发建设。以把中新天津生态城打造成为一座“资源节约、环境友好、经济蓬勃、社会和谐”的生态新城为目标，加快推进中新天津生态城开发建设。落实指标体系，建设生态宜居高地，形成决策、执行、监督、优化体系。在全国率先建立一套完整的绿色建筑管理体系。完善“中新合作”体制机制，争取国家政策、资金、项目等方面的支持。围绕“统一、协调、精简、高效、廉洁”的总体目标，建立跨部门的综合局室和直属机构，提高行政效能。探索产业发展新路子。转变经济发展方式。大力发展低碳经济、绿色经济、循环经济，形成低消耗、低排放、高附加值的新兴产业集群，全面推进生态产业园区建设，在建立国家动漫园的基础上，继续建立水务、园林等方面的国家级产业基地，努力建设成为在全国具有较大影响的低碳生态经济示范区。建立城市管理新格局。探索有特色的现代城市运行管理的新思路和新模式，确保城市设施的常用常新和保值增值，不断提高居民的城市生活质量，实现生态城的可持续发展。促进政府职能转型，探索建立绿色GTP核算体系，坚持以人为本，关注民生，完善公共服务设施和社会保障体制，建设生态和谐型社会，为转变经济发展方式和构建和谐社会提供典型经验。

进一步深化金融体制改革创新

深化金融机构改革。加强金融机构体系建设，设立引进新金融机构和金融服务公司、金融服务外包公司等中介机构。推动法人金融机构发展。深化各类金融机构改革，提高竞争力，搞好金融国有资产管理，做大做强核心金融企业，吸引各类战略投资者参与滨海新区金融改革创新。

积极推动金融创新。开展金融综合经营试点。继续搞好天津滨海新区保险改革试验区建设。探索金融控股公司金融业综合经营模式，设立专业金融控股集团，开展金融业综合经营试点。

拓宽企业直接融资渠道。搞好渤海产业、船舶产业投资基金试点，发展船舶、飞机资产租赁基金以及商品和金融对冲基金，支持股权投资基金服务中心建立商业化运作模式。廾展商业物业投资信托基金试点。推动项目建设，通过发行企业债、中期票据和引进保险资金、社保资金等多种融资方式扩大直接融资。搞好企业融资体制改革，建立小企业融资服务体。支持有条件的小企业发行企业债券、公司债券，开展小企业集合性债权融资业务。

发展特色金融产业和农业金融。引导金融机构在有农业的区县设立分支机构，支持设立新型农村金融机构，完善有利于促进农村金融机构和信贷担保机构发展的制度。发展科技金融专营机构和科技企业融资，支持创业风险投资基金发展。发展消费金融和产业金融，支持银行发展汽车贷款、房屋贷款、耐用消费品贷款和教育贷款。

搞好外汇管理体制改革试点。推动设立货币经纪公司，开展外汇、货币、债券和金融衍生品等经纪业务，设立小额外币兑换公司，推进跨境贸易人民币结算试点，争取开展小币种交易试点。

改善金融发展环境。建立金融改革创新协调促进机制，完善金融改革创新专项方案。加强社会信用体系制度建设，发展信贷信用信息基础数据库，建设企业和个人等非信贷信用信息基础数据库。加强金融法制环境建设和金融人才环境建设。加强金融集聚区环境和金融开放环境建设。

进一步深化和谐社会的体制保障建设

和谐滨海建设是滨海新区社会经济可持续发展及其综合配套改革目标顺利实现的坚实社会基础。针对当年就业压力大、收入分配问题比较突出、社会保障体系不健全、教育文化卫生体制存在的突出问题，推进社会事业体制改革。重点包括：大量发展劳动力市场，推进就业服务体系建设。推进收入分配体制改革，完善各类要素按照贡献参与分配的制度，探索建立公平保障和有效减少收入差距的机制，加大收入分配调节力度。着眼于建立健全覆盖城乡的社会保障制度，推进养老、医疗等社会保障体系建设，提高社会保障层次和水平。推进教育体制改革，大力发展职业教育，优化教育资源配置。重组改造公益性文化事业单位，推进经营性文化事业单位转企改制，探索建立新型的文化行政管理体制和国有文化资产监督管理体制。完善医疗卫生公共服务体系，探索公立医院管理体制和运行的有效模式。大力发展现代公共服务事业。

进一步深化企业体制改革

深化国有企业和垄断行业改革。进一步规范国有企业改制和产权转让。选择世界500强、央企、外省市大公司大集团以及有实力的民营企业作为战略合作伙伴，通过合资合作、股权转让、兼并等多种形式，加快国有企业产权制度改革。大力推进水、电、气、热等城市基础设施和社会公用事业改革，进一步开放建设和运营市场，完善特许经营制度，将公用事业中的竞争性业务推向市场，促进公平竞争。规范国有企业经营管理人员特别是高管的收入，完善监管办法。与此同时，继续深化国资监管体制改革，切实分离监督管理职能与出资人职能，落实出资人收益权，提高国有资本的运营和监管效率。

加快国有经济布局结构调整和资产重组。加快推进冶金、医药、轻工等行业以及政府性投资公司等企业集团的结构调整和战略重组。通过优化国有资源配置，实施大公司大集团战略，通过联合重组、纵向整合，形成20个主业突出、具有国际竞争力的百亿集团，力争培育形成10家千亿级大型企业集团。

营造民营经济健康发展的公平环境。拓宽民间投资的领域和范围，完善特许经营制度，鼓励民间资本进入基础设施、金融服务、公共服务和社会事业等领域，引导国有企业有序退出一般竞争性领域，为民营经济发展腾出空间。完善财税、融资、工商、土地等政策支持体系，提供优质高效的服务，鼓励和保护民营企业依法平等地参与市场竞争。支持民营企业转变经营机制，建立现代企业制度，增强质量、品牌意识，提高市场竞争力。培育和引进民营龙头企业和民营经济领军人才，带动形成民营企业集群。

作为综合配套改革试验区，滨海新区是以发展为导向，在经济、政治、社会、生态和文化等领域进行系统、全方位改革的综合试验区。综合配套改革语境下的滨海新区改革路线与要求是：改革深度从单向度的经济增长转向综合的经济发展和社会和谐，改革广度从单一的城市区域发展转向多区域、大尺度的统筹兼顾和协调发展，改革路径从国家政策支持转向地方制度自主创新，在地方性制度创新的基础上体现国家整体发展的战略目标。

2012年8月

挖掘“碱文化”内涵　加快滨海新区范旭东纪念馆建设

滨海新区是中国化学工业的摇篮，以永利碱厂为代表的中国第一个民族化工企业和以黄海化学工业研究社为代表的中国第一个独立的化工研究机构谱写了中国化学工业的文化史，带来了以“碱”文化为代表的工业文明。范旭东是举世公认的中国重化学工业奠基人，被称作“中国民族化学工业之父”。怀着对范旭东先生的敬仰、对永利事业的怀念，笔者提出建设滨海新区范旭东纪念馆的建议及思考。

建设滨海新区范旭东纪念馆的重要性、必要性和紧迫性

滨海新区作为国家改革开放的前沿，经济社会发展取得的显著成绩，举世瞩目，振奋人心。但是相对于经济发展，对滨海新区中蕴含的极其丰富的地方特色、时代特色的文化挖掘和保护相对有些滞后。在滨海新区人文环境中，最重要的特色文化就是“碱文化”，范旭东是其中的代表性人物。建设滨海新区范旭东纪念馆是滨海新区精神文化建设的一项重大举措，它代表着滨海新区工业发展、现代企业管理和城市建设的缩影，是滨海新区宣传城市文明和展示滨海新区独特魅力的窗口，是展示滨海新区先进文化弥足珍贵的历史凝固。

范旭东纪念馆在滨海新区文化建设中的地位和作用

毛泽东在谈到中国工业发展时曾说，有四个人不能忘记：讲钢铁和机械工业不能忘记张之洞，讲纺织工业不能忘记张謇，讲化学工业不能忘了范旭东，讲航运事业不能忘了卢作孚。范旭东作为著名的爱国企业家和滨海新区最早的海归派，是公认的世界级的经济大师、工业巨子，他以自己独特的人格魅力和实业救国的壮志，将国宝级及大批志同道合的精英齐集麾下，开创了中国的化工基地，开启了海洋化工的航程。他研究生产的“久大精盐”，改变了中国人吃粗盐的历史。他一手创办的“永久黄”团体是旧时代少有的大型工业集团，为中国化学工业的兴起，做出了开创性的工作。他所创立的永利碱厂生产出的“红三角牌”纯碱在1926年8月一举获得美国费城万国博览会金奖，轰动了整个世界。他作为著名的爱国企业家和滨海新区最早的海归派，是辛亥革命以来海归派中的佼佼者，是公认的世界级的经济大师、工业巨子。他是中外公认的企业精神之父，创办了中国企业第一份刊物《海王》，制订了著名的以“四大信条”为核心的企业精神，丰富了企业文化，超越欧、美、日等成为世界企业文化的排头兵。他是塘沽城市化的大推手，在建厂的同时，输送工业文明，致力塘沽的建设，促进了塘沽各方面的提速发展，使塘沽由荒凉的小渔村，一跃成为华北工业重镇，奠定了塘沽城市化的基础。范旭东一生致力事业、利国利民、功勋卓著。毛泽东称誉他为“工业先导，功在中华”。范旭东作为新世纪企业家的楷模，创造的创业奇迹是历史专著中不可缺失的一章，他的经营理念已经成为大学的经典教材，是滨海新区文化领域的代表人物和不可忘记的创业开拓者。

范旭东纪念馆是保护和传承滨海新区历史文化的需要

随着开发开放的不断深化，滨海新区正在逐步形成一个继承天津六百年优秀传统文化，吸纳外来先进文化，融合多元文化的崭新文化。它是我国海洋文化、渔业文化、盐文化、近代工业文化的主题公园，是中国近代工业文明和现代企业管理的文化摇篮，是探索当代中国经济发展新模式的思想库。滨海新区目前拥有四处国家级重点文物保护单位，范旭东创建的黄海化学工业研究社旧址就名列其中。范旭东的辉煌功绩，引起了中外专家、学者的广泛关注和研究。早在1940年，毛泽东就指定将范旭东列入名人录，立一小传。20世纪50年代，毛主席所说的实业界不能忘记的四个人，除范旭东外，其他三人均已建立纪念馆。天津市虽有各类博物馆、纪念馆七十余家，但人物纪念馆不过十余家，远远低于京、沪，而滨海新区则是空白。如果我们不及时抢救和保护这些文化资源，再过若干年，或再隔一两代，我们的子孙后代对于滨海新区优秀的历史文化就会淡漠甚至遗忘，这是十分可怕的！因此，建立范旭东纪念馆是保护和传承滨海新区历史文化的需要。

范旭东纪念馆是提升滨海新区文化软实力和促进旅游发展的需要

当前，滨海新区发展正面临着开发开放国家战略、京津冀协同发展、自贸区建设、国家自主创新示范区建设、"一带一路"战略五大机遇叠加，正在努力向文化强区迈进。优秀的文化应该是多重文化相映成辉、互相促进的文化，范旭东的历史功绩及所代表的"开拓、自强、进取、创新"精神和民族工业历史文化，对于滨海新区的文化内涵应该是一个有益的补充。建立范旭东纪念馆，作为一个重要的爱国主义教育基地与文化宣传窗口，对于树立创新、协调、绿色、开放、共享的发展理念，对于丰富滨海新区文化建设内涵、传承宝贵的精神财富，对于加强精神文明建设、发展旅游和文化事业，对于弘扬滨海新区城市精神、提升城市的文化软实力，对于提升滨海新区形象、促进滨海新区改革创新、推进滨海文化走出去，均具有非常重要的意义。

建设滨海新区范旭东纪念馆的选址

滨海新区范旭东纪念馆是重要的文化设施，它不仅是历史遗留物收藏、研究、展示的场所，更是传播历史文化知识、弘扬爱国主义精神的基地。纪念馆主要的功能在于为社会提供文化服务，展览是纪念馆与社会大众之间沟通交流最重要的纽带。馆址的选择关系到纪念馆建成后能否很好地发挥藏品保护与展示、陈列展览、教育和研究等功能及社会效益与环境效益等问题，因此，纪念馆的选址应在坚持节约资源和保护环境的基础上，科学合理地规划。既要交通方便，又要有一定规模，还不能太偏僻，建好了是滨海新区的一张城市名片。经综合各方因素，反复比较，建议两处位置，供参考。一处是黄海社北端，原“永久黄”发祥地。另一处是科学厅附近，天津碱厂（原永利）旧址。

建设滨海新区范旭东纪念馆的建议

建立滨海新区范旭东纪念馆是十分必要的，也是切实可行的。建立纪念馆可以让更多的滨海新区人了解新区文化的优秀历史，增强对民族文化的信心和责任感，共同建设美丽滨海。这将对滨海新区现在和将来的城市发展、文化资源的发掘和保护，不断弘扬滨海新区城市精神，提升城市的文化软实力、提升城市的文化优势和竞争力，加强市民的爱国主义精神和城市文明素质，产生十分重大的意义。为此，提出以下建议。

一是希望区委区政府能够考虑建立滨海新区范旭东纪念馆的社会意义和综合效益，将其列入“十三五”时期构建滨海新区优秀传统文化传承体系，加强文化遗产保护的重点项目。二是建议在建筑上实行绿色规划、绿色设计和绿色施工。三是基于研究范旭东的相关机构和人员目前有较好的基础，建议区委区政府将现已开展此项工作的相关机构和人员进行合理调配，成立专门筹备机构，负责筹建工作。四是建议新区相关部门积极协调相关机构在搜集范旭东实物和资料等方面给予支持。五是通过建立滨海新区范旭东纪念馆可以以史为鉴，从中汲取知识和养料。还可以与高校、著名文博及学术机构合作，充分利用纪念馆这一平台，培养更实用的企业管理人才。六是建议区委宣传部将《范旭东》纳入滨海新区百本书系。

2015 年 11 月

让厚重的文化基因融入城市的血脉

——写在《天津滨海新区史话》出版之际

文化是一个城市的根，这个根的基因会绵延生长成一座城市特定的人文气息、精神禀赋，历史传承。它依托着文化古迹和历史遗产而存在，又蕴藏在城市的每一个角落，滋养着每个人的心灵。

天津滨海新区依渤海之滨，枕海河而居，是颇具神奇的沃土，是充满故事的家园。这片区域早在两千三百多年前就有先民在此结网捕鱼、置灶熬盐，繁衍生息，其文化的厚重和悠远珍藏流淌在滔滔的海河之中，更体现在秦皇汉武的足迹、三国鼎立的硝烟、宋元盐运的繁华、抵御利炮的抗争、实业报国的雄心、近代工业的摇篮之中。可以说从渔猎到农耕、从农业文明到工业文明，人类社会的每一步发展和进步，都能在滨海新区这片土地上找到印迹。任凭岁月更迭，时光变换，这块土地始终见证时代变迁，沉淀岁月风华，文化的因子始终浸润着这片热土，铸就了“开放创新、引领未来”的滨海精神。

历史文化之于滨海新区，是亮丽名片，是文化瑰宝，是精神财富，也是启迪后人的历史镜鉴。进入21世纪以来，滨海新区经历了翻天覆地的精彩蝶变，实现了又好又快的发展跨越，不断书写着华丽转身的传奇。滨海新区以打好攻坚战、争当排头兵的担当和气魄，启动了大规模的区域开发建设，实施了两轮综合配套改革“三年计划”，奠定了产业格局，巩固了发展优势。抢抓五大国家战略叠加机遇，坚持以发展为第一要务，牢牢把握实体经济这条主线，着力提升金融、航运和研发转化三大功能，全力抓项目、促改革、优环境、惠民生，实现新区经济实力持续快速增长，民生事业跨越式发展，生态环境持续改善和社会和谐稳定。这些都与历史文化的熏陶和陶冶、文化的反哺和滋养息息相关。因为我们已经深刻认识到，缺少文化的城市充其量是钢筋水泥的堆砌，是徒有其表的躯壳。历经岁月的磨砺，只有文化这种基因才有独特的魅力和旺盛的生命力，才能记录城市的沧桑巨变，才能让人们找寻到那缕可以触摸的浓郁淳朴的乡愁。

在滨海新区大力提升城市文化影响力和竞争力的新时期，《天津滨海新区史话》的编辑出版实乃应时而生。该书是“十二五”国家重点图书出版物，作为大型文化系列丛书《中国史话》的组成部分，承载着挖掘梳理、宣传凝练滨海新区历史文化的重任。该书第一次以滨海新区全区的视角，权威解读了滨海新区的风土人情和历史文化，促进了滨海新区各区域和各功能区之间的历史联通，有助于区域文化的建设和发展，有助于繁荣滨海新区的哲学社会科学，丰富天津的历史文化研究。

经过两年的筹备和创作，数位长期在滨海新区生活和工作的同志共同编著。这本书包括全体创作者的心血和诚意，该书对滨海新区上下古今、人物遗迹、战火烽烟、历史事件等进行了广泛搜集、概括与梳理，用“滨海新区概览”“历史沿革”“历史回眸”“地方文化”“自然人文景观”“当代风貌”六大篇章，串起了滨海新区 2300 多年历史文化的“珍珠项链”。全书立意高远，资料翔实，熔古铸今，择要而书，源远流长的滨海新区文化脉络清晰如画，纷繁浩瀚的文化家底尽收眼底，使人读来倍感亲切又激情豪迈。这对于滨海新区历史文化的宣传、普及、传播，激发全区人民心系滨海、热爱家园、共创美好未来的情怀是大有裨益的。

我们面对这本滨海新区的史书，其实面对的就是一段滨海新区的历史。走进滨海新区历史这扇门，就是走进一片古老而美丽的风景，这片风景不仅能让我们得到美的享受，更能让我们获得一种智慧和感悟，我们要更加自觉而坚定地把文化基因融入这座城市的血脉，在回忆过往的同时畅想更加美好的滨海梦。

2016 年 4 月

思责尽责　敢抓敢管　真严真实
坚决担起全面从严治党主体责任

党的十八大以来，以习近平同志为核心的党中央以坚定决心、顽强意志、空前力度推进全面从严治党，取得重大进展和显著成效。习近平总书记多次强调，全面从严治党，党委要认真履行主体责任。深入学习贯彻习近平总书记重要指示精神，各级党组织要增强“两个维护”的政治自觉，强化守土有责、守土担责、守土尽责的政治担当，扭住责任制这个“牛鼻子”，抓住党委（党组）这个关键主体，不折不扣落实全面从严治党责任，不断提高履职尽责本领，努力提高战胜各种风险挑战能力，以全面从严治党新成效推进国家治理体系和治理能力现代化。

学习宣传贯彻习近平新时代中国特色社会主义思想，筑牢守初心担使命的思想根基

坚持学原文、读原著、悟原理，入脑入心，把学习马克思主义的“初心”坚守住，把习近平新时代中国特色社会主义思想作为学习的首要任务，作为基层党组织和党员干部的必修课、常修课，持续深入学习领会习近平新时代中国特色社会主义思想。抓好党委理论学习中心组学习制度落实，在学习的系统性、持续性、深入性上下功夫，通过学习坚

定理想信念，加强党性修养，提升能力素质，不断增强政治定力、思想定力和道德定力，将科学理论转化为思考问题、分析问题和解决问题的思维方式、行为方式，在学习贯彻习近平新时代中国特色社会主义思想上做到“知行合一”。

全面提升把方向、管大局、保落实能力，推进党建与中心工作深度融合

以党的十九大精神和习近平新时代中国特色社会主义思想为指导，坚决落实“两个维护”，坚持以落实“三个着力”重要要求为“元”为“纲”，为改革发展稳定提供强大思想根基和政治保障。坚持“围绕中心、融入管理、创新实践”的党建工作思路，落实习近平总书记“两个一以贯之”要求，切实转变理念，坚定不移围绕中心开展党建工作，实现党建工作从“务虚”到“务实”的转变，支持和保障混改、提质增效、重点项目建设、资金链安全等大事要事，紧贴实际谋划部署党建工作，不断改进工作内容、工作形式和工作方法，优化考核机制，真正解决好把政治优势转化为发展优势这一时代课题。

做好主题教育“后半篇文章”，进一步释放基层党组织的组织力、凝聚力和战斗力

深入总结“不忘初心、牢记使命”主题教育先进经验，做好主题教育“回头看”等各项工作，确保10个专项整治落实到位。把“当下改”与“长久立”结合起来，特别是从体制机制和制度上深刻查找原因，持续巩固深化主题教育成果。发扬主题教育期间的优良作风，进一步深化“维护核心、铸就忠诚、担当作为、抓实支部”主题教育实践

活动，切实在补短板、强弱项上下功夫，严肃党内政治生活，提升基层党组织的组织力、凝聚力和战斗力。严格贯彻《中国共产党支部工作条例》、天津市全面实施基层党组织组织力提升工程三年行动计划，推进“六大红色工程”，深化“五好党支部”创建，健全基层党组织考评体系，大力推进基层党支部标准化建设，全面提升党建科学化水平，充分发挥基层党组织的战斗堡垒作用，真正提升党员队伍的凝聚力和战斗力。

深入推进党的政治建设和政治监督，实现全面从严治党主体责任落实机制更加健全

各级党组织要全力推进党的政治建设和政治监督工作，推进“两个责任”贯通协同，深刻领会加强党的政治建设和政治监督的重大意义，扛牢主体责任，加强组织领导，确保党的政治建设各项任务要求落到实处，为改革发展提供坚强政治保证。以党的政治建设和政治监督工作为契机，进一步推进责任落实体系和考核监督体系的科学化，将业务工作成效、推动改革成效纳入责任清单和任务清单，纳入加强党的政治建设的任务举措，使政治建设和政治监督工作更具生命力，督促各级党组织牵牢主体责任“牛鼻子”，推动落实班子成员“一岗双责”，形成推动中心工作开展的强大力量。

加大干部选拔任用和培养锻炼力度，以高素质专业化干部队伍为高质量发展提供人才保障

坚持好干部标准，重视专业知识、管理经验、年龄结构的互补，选好干部，配强各级领导班子。进一步加大干部轮岗交流力度，跨板块跨

领域锻炼人才。注重专业能力培养、注重基层培养、突出岗位能力，打造复合型人才队伍，加强干部队伍梯队建设，推动人才资源优化配置。加大年轻干部选拔培养使用力度，充实一批年轻干部到重点项目和重点任务中，不断提升年轻干部队伍专业化水平，提高解决实际问题的能力，促进干部队伍能力、素质的全面提升。结合改革发展各项工作进程，积极推进市场化选聘工作，进一步规范市场化选聘条件、流程和管理模式，形成长效机制，拓宽选人用人渠道和视野。

持之以恒正风肃纪，
在新的体制机制下推动党风廉政建设迈上新高度

充分发挥纪检监察体制改革和党委巡察工作机制调整的作用，完善监督工作格局，强化党内监督、日常监督、长期监督。继续深挖细查隐形变异的“四风”问题，把监督检查落实中央八项规定及实施细则作为重点任务和经常性工作，坚持一个节点一个节点地坚守。重拳整治形式主义官僚主义、不作为不担当等问题，巩固各类专项整治工作成效，层层压实责任，强化追责问责，切实做到真管真严、敢管敢严、长管长严，持续释放越往后越严的强烈信号。进一步加强对党员干部的示范教育、警示教育，做好以案促教、以案促建、以案促改工作，让党员干部知敬畏、存戒惧、守底线，营造依法经营、廉洁从业、遵守制度的良好氛围。深化运用监督执纪“四种形态”，坚持惩前毖后、治病救人，推动形成教育、制度、监督并重的惩治和预防体系建设，加强对权力运行的制约和监督，以风清气正的政治生态为改革发展保驾护航。

2019 年 12 月

坚持党对国有企业的领导不动摇
理直气壮做强做优做大国有企业

坚持党的领导、加强党的建设，是国有企业的光荣传统，是国有企业的“根”和“魂”。习近平总书记高度重视国企党建工作，多次发表重要讲话，作出重要指示、批示，深刻回答了新时代国企改革发展与党建的重大理论和实践问题，为开创国企新局面提供了强大思想武器和行动指南。国企是中国特色社会主义的重要物质基础和政治基础，是党执政兴国的重要支柱和依靠力量。必须坚持党的领导、加强党的建设，使国企牢牢掌握在党的手中，成为党长期执政和应对各种风险挑战最可信赖的依靠力量。作为国企党员领导干部，必须深入学习贯彻习近平新时代中国特色社会主义思想，把加强党对国企的领导作为重大政治原则，任何时候都不能动摇，确保国企发展沿着正确方向前进，不断增强做好新时代党建工作的思想自觉和行动自觉。

牢牢把握新时代对全面从严治党提出的新部署

求木之长者，必固其根本。新形势下，国企党的领导、党的建设只能加强、不能削弱。习近平总书记在中央纪委三次全会上的重要讲话，站在新时代党和国家事业发展全局的高度，充分肯定党的十九大以来全面从严治党取得的重大成果，深刻总结改革开放40多年来我们党进行自我革命的宝贵经验，对以全面从严治党新成效巩固党的团结统一、为决胜全面建成小康社会提供坚强保障作出战略部署，对领导干部贯彻新形势下党内政治生活若干准则提出明确要求。作为国企党员领导干部，要带头做到“两个维护”，认真落实《中共中央关于加强党的政治建设的意见》，严明党的政治纪律和政治规矩，切实增强做好新时代党建工作的责任感和使命感，把严的要求、严的标准、严的措施落实到全面从严治党的各个方面，特别是要坚持以党的政治建设为统领，把维护总书记在全党、党中央的核心地位，坚持党中央权威和集中统一领导摆在首要位置，思想上高度认同、政治上坚决维护、组织上自觉服从、行动上紧紧跟随，确保党的建设各项工作把牢方向、筑牢根基。

牢牢把握推动国企高质量发展对加强党建工作提出的新要求

一流企业需要一流党建，一流党建引领一流企业，要牢牢把握新时代党的建设总要求，不断解放思想、精准发力，努力在落实重大国家战略中当先锋、做示范。要积极贯彻落实“一带一路”倡议、京津冀协同发展等重大机遇，在更大范围、更高层次上集聚配置资源，找准对接点，形成产业协同发展的新格局，打好国企混改、抢抓大项目好项目、防范化解重大风险等攻坚战，通过战略层面把方向、经营层面管大局、制度层面保落实，以高质量的发展成果检验党建工作的成效。

牢牢把握新形势下抓好“关键少数”对国企领导干部提出的新任务

为政之要，首在得人。习近平总书记指出，党和人民把国有资产交给企业领导人员经营管理，是莫大的信任。把好“方向盘”需要选准“带头人”。保证党对干部人事工作的领导权和对重要干部的管理权是党的建设的重中之重和关键环节，必须坚持党管干部原则，抓住国企领导人员这个“关键少数”，严把政治关、品行关、廉洁关，不断校准思想之标、上紧监督发条。要加强党性教育、宗旨教育、警示教育，把国企干部纳入干部培训“总盘子”，从思想深处拧紧螺丝，以严的纪律、严的措施，强化对关键岗位、重要人员特别是“一把手”的监督管理，坚决防止少数干部决策“一言堂”、财务“一支笔”、用人“一句话”。

党的建设是国企改革的“压舱石”、发展的“动力源”，新形势下党建工作只能加强、不能削弱。要推动党建工作与生产经营相结合，把“无形”的党建工作成效转化为“有形”的企业发展优势。要着力形成与企业发展战略相一致、与企业发展模式相匹配、与企业经营管理方式相协调的党建工作机制，切实把党建工作成效转化为企业发展优势。

2019 年 2 月

高举思想旗帜　筑牢精神之基

——在学思践悟中推动“不忘初心、牢记使命”主题教育走深走实

思想建党、理论强党，始终是我们党不忘初心、继续前进的重要法宝。理论创新每前进一步、理论武装就跟进一步，才能筑牢信仰之基、补足精神之钙、把稳思想之舵。习近平新时代中国特色社会主义思想作为我们党必须长期坚持的指导思想，是马克思主义基本原理与中国国情和时代特征相结合的伟大理论成果，是当今时代最现实、最鲜活的马克思主义。开展“不忘初心、牢记使命”主题教育，把学习教育放在首位、贯穿始终，坚持“认真、较真、求真”的导向，摒弃“背条条”“为学习而学习”等倾向或苗头，坚持原原本本学、全面系统学、融会贯通学、联系实际学，不仅知其然，更要知其所以然，解决好真学、真信、真懂、真用的问题，做到学思用贯通、知信行统一，推动学习贯彻习近平新时代中国特色社会主义思想往深里走、往心里走、往实里走，真抓实干，转变作风，不负重托、不辱使命。

学出忠诚，把忠诚转化为维护核心的定力

“人之忠也，犹鱼之有渊。”坚持绝对忠诚的政治品格，是党员干部的生命线。要进一步增强学习教育针对性、实效性、感染力，切实增

强“四个意识”、坚定“四个自信”、做到“两个维护”，强化政治认同、思想认同、理论认同、情感认同，更加自觉地忠诚维护核心、坚定看齐核心，始终做习近平新时代中国特色社会主义思想的坚定信仰者和忠实实践者。进一步深化对党章党规和党的基本理论知识的学习，清楚该做什么、不该做什么，使党章党规真正成为终身践行的政治准则和行为规范。要进一步深化党史学习和教育，锤炼对党忠诚、为党分忧、为党尽职、为民造福的政治担当。

学出信仰，把信仰转化为推动发展的动力

对共产党员来说，虔诚深厚的信仰信念，是笃定不移的政治灵魂、坚不可摧的精神支柱。崇高信仰不会自发产生，它根植于党的理论。要通过理论学习，不断深化对共产党执政规律、社会主义建设规律、人类社会发展规律的认识，深化对中国革命、建设和改革的历史逻辑、理论逻辑和实践逻辑的认识，树立坚定的共产主义信仰和无怨无悔的奉献精神，学出自信、学出格局、学出担当、学出情怀，做到虔诚而执着、至信而深厚，守护好共产党人的精神高地。要将根植于内心的信仰、信念和信心，转化为干事创业的高涨热情、担当尽责的主动意识和推动改革发展的动力，更加自觉地投入到中国特色社会主义生动实践中。

学出本领，把本领转化为担当使命的能力

习近平总书记在党的十九大报告中指出：“要增强学习木领，在全党营造善于学习、勇于实践的浓厚氛围，建设马克思主义学习型政党，推动建设学习大国。”中国特色社会主义进入新时代，广大党员干部必须切实增强学习本领，不断掌握新知识、熟悉新领域、开拓新视野，实

现新进步。要坚持用党的十九大精神和习近平新时代中国特色社会主义思想武装头脑、指导实践，不断坚定理想信念，提升思想境界，强化理论素养，增强攻坚克难本领。要善于在学习教育中“求真理、悟道理、明事理”，获得真学问，练就真本领。要在学习实践经验中提升本领，从工作实际需要出发，本着缺什么补什么、干什么学什么的原则，努力成为本领域本岗位的行家里手。

学出清廉，把清廉转化为保障职责的内力

古人常讲：“公生明，廉生威。”清正廉洁不只是经济上清廉、政治上清正、作风上清白，还包括思想上的清纯，即认识清醒、思想纯正、信仰坚定，一心为党为公、心无杂念旁骛。要学习好文件规定，做到持之为明镜、内化为修养、升华为信条。要通过持续学习，深刻认识纪律规矩是不可碰触的红线，主动筑牢思想防线，加强党性修养，增强政治定力，始终心存敬畏、不放纵、不放逸。要通过开展主题教育，对照正反两面典型，认真查找和解决讲关系不讲原则、讲面子不讲规矩、讲人情不讲纪律、讲“人性”不讲党性等问题，坚决铲除和杜绝宗派山头、码头文化、圈子文化，营造风清气正的良好政治生态。

2019 年 6 月

全面贯彻党的十九届四中全会精神
加速推进国企治理体系和治理能力现代化建设

“凡将立国，制度不可不察也。”制度优势是一个国家的最大优势。中国特色社会主义制度和国家治理体系是以马克思主义为指导、根植中国大地、具有深厚中华文化根基、深得人民拥护的制度和治理体系，是当代中国发展进步的根本制度保障。

党的十九届四中全会是党史上第一次中央全会专门研究国家制度和国家治理问题并作出决定的重大会议，是新时代坚持和完善中国特色社会主义制度、推进国家治理体系和治理能力现代化的政治宣言和行动纲领。作为国企领导干部，要深刻认识党的十九届四中全会的重大历史意义、现实意义和深远战略意义，牢牢把握我国国家制度和国家治理体系的显著优势，充分领悟国企在落实国家治理体系中的责任担当，把学习宣传贯彻党的十九届四中全会精神与学习贯彻习近平新时代中国特色社会主义思想紧密结合，与推进全面从严治党、深化国企混改、聚焦高质量发展等重点工作紧密结合，为推进国家治理体系和治理能力现代化贡献力量。

坚守绝对忠诚之心，不断增强践行
“两个维护”的政治自觉、思想自觉和行动自觉

学习全会精神不能一劳永逸，唯有持之以恒、坚持不懈、久久发

力，才能真正用全会精神的内涵要义解决工作中不断出现的新情况、新问题。要始终坚持以习近平新时代中国特色社会主义思想武装头脑、指导实践、推动工作，不断把“不忘初心、牢记使命”主题教育引向深入，增强“四个意识”，坚定“四个自信”，坚决做到“两个维护”。加强党的政治建设和政治监督，牢记根本宗旨、坚定理想信念，真正做初心和使命的践行者，发挥把方向、管大局、保落实作用。严格遵守政治纪律和政治规矩，加强对习近平总书记重要指示和重要讲话精神贯彻落实的督促检查，以结果、成果、效果为导向，以工作落实和问题解决说话，确保中央决策部署落地生根。

持续推进党风廉政建设和反腐败斗争，推动全面从严治党向纵深发展

严格落实全面从严治党主体责任和各级“第一责任人”的责任，以及分管领导“一岗双责”，加强对干部队伍的教育监督管理，真正把全面从严治党扛在肩上、抓在手上、落实在行动上。巩固深化落实中央八项规定精神成果，用铁的纪律从严查处顶风违纪者，深挖细查隐形变异的“四风”问题，减少腐败存量，遏制腐败增量。扎实推进党的建设制度改革，不断强化抓党建主业意识，进一步完善领导干部个人有关事项报告、述职述廉等制度办法，认真落实“三会一课”、民主评议党员、基层党建述职等基本制度，使成功经验系统化、有效做法制度化，真正把纪律规矩立起来、严起来。深入开展不作为不担当问题专项治理，坚持严问责、抓关键、压主责、强氛围，形成干事创业的浓厚氛围。坚持制度治党、依规治党，严格党章党规党纪监督执行，加强对权力运行的制约和监督。

深化国企混改，增强建设一流企业的硬实力

深入推进国企混改，压缩管理层级、僵尸企业退出，是建立中国特色现代企业制度的关键一招，是国企实现高质量发展的必然要求，要进一步围绕十九届四中全会对国有企业改革发展的要求，围绕国资委关于推进混改的任务部署，坚持将推动混改作为长期重点工作，进一步深化对混改重要性、紧迫性的认识，坚持历史唯物主义，顾大局、看长远、算大账，创新混改思路，合法、合理地妥善处理历史遗留问题，切实降低混改成本，加快混改速度，全力消除混改过程中的难题和障碍。要大力推进国有经济管理体制的改革进程，将过去“管人、管事、管资产”的国有经济管理模式逐步向“管资本”的模式转型，形成多层次的国有资本管理体制。

聚焦高质量发展，深化提质增效，提升核心竞争力

实现高质量发展和打造一流企业的目标，关键在于聚焦中心主业，要把坚守发展道路、聚焦中心主业作为“不忘初心、牢记使命”的重要体现，不断解放思想，寻求生存与发展的“利器”。深化提质增效工作，加快消灭亏损企业，引导企业从关注利润总额向关注归母净利润、从关注生产总值向关注全员劳动生产率、从关注规模总量向关注未来盈利能力转变。要对资金保障的关键作用有充分的认识，持续完善财务管理制度，充分挖掘和发挥分级资金池作用，加强资金协同，提升资金统筹调度水平和使用效率，坚决打赢防范债务风险攻坚战。

深化“创新协同”，形成共促发展的强大合力

深化“创新协同”发展理念，着力构建“命运共同体”，充分发挥各业务板块之间和板块内部各企业间的协同作用，形成集聚优势。全力推进重点项目建设，坚持项目立身、项目优先、项目为本，以项目为载体，引领国企高质量发展，赢得先机，抢占优势。持续强化产融协同，提升产融协同规模和效应。全面推进产融协同模式创新和产融资源整合，提高资源配置效率，聚焦服务主业、形成发展合力，确保金融资源与产业发展相互促进。积极响应“一带一路”倡议、京津冀协同发展、雄安新区建设等重大国家战略，发挥全产业链优势，树立新发展理念，积极融入发展大局。

持续加强基础管理，为建设一流企业提供持久保障力

要不断增强制度意识，尊崇制度、重视制度，领会制度精神、熟知制度内容，提高执行制度的本领，在制度的轨道上切实提升基础管理综合水平。要不断强化制度建设，统筹推动制度的“废、改、立”工作，出台制度前要深入基层认真调研，建立科学有效的制度评估和反馈机制，不断改革创新，切实增强制度的系统性、科学性和适用性。建章立制要提高制度间的统一性和互补性，增强制度执行的合力。要把作风建设、队伍建设、能力建设等内容关进制度的笼子，以真正行得通、推得动、务实管用的制度，将学习成果固定下来，推行下去，切实把全会精神转化为推动企业高质量发展的内生动力。

2019 年 11 月

人生有情

痴情一片 片片真意

她，不只是一座城

我是来看延安高粱的火把、苞谷的红缨？我是来听延安的唢呐、腰鼓、号子、秧歌？我是来赏她的《兰花花》《揽工调》？我是来吃她的山里红、蜜枣、小米粥？我是来寻思想的净化、灵魂的滋养、神圣的洗礼……

——题　记

很小的时候，我就知道延安。还记得小时候看过的年画，巍巍宝塔山下，“延安精神永放光芒”几个大字镌刻在心中。还记得读贺敬之的诗“几回回梦里回延安，双手搂定宝塔山……”那依依不舍与深深眷恋似无形的手紧紧揪住我的神经。还记得《延安颂》歌曲里唱的“夕阳照耀着山头的塔影，月色映照着河边的流萤，春风吹遍了坦平的原野，群山结成了坚固的围屏……”她像一团火，燃烧在我心中。我渴望有朝一日能晋谒延安。在这个美好的季节里，我怀着无比虔诚的敬意和无比激动的心情，有幸赴革命圣地延安参加了泰达控股党委组织的学习培训班，我终于来到了这个令人向往、催人奋进、使人沉思的延安。

8 月 13 日，一踏上这片圣地，我由衷感到温暖和责任。以前曾到过一些革命的摇篮和革命遗迹，但是这一次到了延安，感到一种强烈的心灵震撼，更是遂了“几回回梦里”的所想所愿。五天的学习时间短暂，但是对于我是一次熔炼和锻造，让我对延安有了一种沉甸甸的责任、缠绵绵的情感、急切切的呼唤、响铮铮的答案……

这是一片神奇的土地。“三山对峙，二水襟围”，是对延安城地形地貌的精辟简述。两河三山的布局使延安市区呈“Y”字形。延河穿城而过，南川河在宝塔山下与之交汇，然后掉头南行。凤凰山、清凉山、宝塔山宛如一个个屏风，点缀在两河三岸。延安城依山或者依河而建，甚至许多都是在半山腰或山底就地开凿的窑洞。然而正是这两条涓涓细流，汇集了无数的精英壮士，发展和壮大了革命力量。正是这片狭小之地，处处喷射出动人心魄、驱逐黑暗的光芒，哺育了抗战时期的中华儿女，孕育了新生的人民共和国。这里的一草一木、一窑一阁、一山一川，都因经受过炮火的洗礼、亲历过抗战的艰辛，都因见证了精神的萌发、目睹了时代的巨变，而成为时代的印记、历史的烙印，记录着过去，启迪着未来。

这是一座精神的高地。在中国波澜壮阔的革命历史长河中，延安不仅是一方革命的圣地，更是一颗耀眼的明珠，她以光辉灿烂的历史和催人奋进的精神，使无数人为之向往和敬仰。从 1935 年 10 月 19 日，中共中央随中央红军长征到达陕北吴起镇（今吴起县），落户陕北，到 1948 年 3 月 23 日，毛泽东、周恩来、任弼时在陕北吴堡县东渡黄河，迎接革命胜利的曙光，党中央在延安生活战斗了 13 年。在这里，中国共产党历经磨难却没有被打垮，重获新生。杨家岭、枣园、王家坪，凤凰山、清凉山、宝塔山，处处留有历史足迹，放射着理想与信仰的光芒。开展整风运动，精兵简政，减租减息，开荒种地，纺纱织布；孕育了伟大的延安精神，以及抗大精神、整风精神、张思德精神、白求恩精神、南泥湾精神、愚公移山精神、“五老”精神、“骆驼”精神……艰苦卓绝的环境，百折不挠的精神，造就了中国革命与中国共产党的这段传奇，成为中国革命的摇篮。在这块热土上产生的延安精神，集中体现了中国人民的革命精神，哺育了一代中国共产党人和革命志士，谱写了中国历史上极为辉煌的一页。

这是一块心灵的圣地。走进延安，走进延安每一寸金光灿烂的记忆，无论是在杨家岭的山沟，枣园的窑洞里，还是在宝塔山上、延河岸边。无论是在凤凰山的伟人旧居，还是抗大纪念馆、延安革命纪念馆……我行走着、倾听着、驻足着、触摸着，追寻着革命先辈奋战的革命足迹，寻觅着当年领袖们自强不息的身影，仿佛把我的思绪拉回那艰苦卓绝、炮火纷飞的革命战争年代。走进延安的每一天，我都会被一种精神充盈着，被一种感动包围着，我尽情搜寻当年延安时代每个艰辛而动人的瞬间，尽情品读“延安十三年”每一幅注入辉煌史册的真实画面，我的精神和心灵也完全融入了延安。

当我第一次实实在在踩在了延安的黄土地上，感受来自这片圣地的魅力；当我第一次站在一个个庄严肃穆的历史遗址前，切身感受这一段段荡气回肠的故事，我的心也一次又一次被猛然撞击、战栗、折服，我的情也一次一次被感染、共鸣、振奋。因为在我的心里，延安早已不仅仅是一座城，她成为一把标尺、一面旗帜、一座丰碑、一个坐标、一种象征、一种吸引，更是一种信仰。也许只有亲历延安，才会使我们更加透彻理解“延安精神——坚定正确的政治方向，解放思想、实事求是的思想路线，全心全意为人民服务的根本宗旨，自力更生、艰苦奋斗的创业精神”的真正含义。也许只有静心聆听延安的故事，才会给予我们跨越历史长河带来更多的思想震撼。这就是延安精神，这就是延安的黄土地和革命先烈的鲜血所凝练、所铸造的延安精神，她是鲜活的，是永恒的，是永远不会被遗忘的。

这是一处前行的阵地。延安，一个神秘的地方。它的神圣，它的神奇，它的神秘，都是因为有了延安精神。在新的历史时期，作为一名年轻的党员领导干部，要赋予延安精神新的内涵，使之成为指导工作实践的强大精神动力。今天重温延安精神仍觉清新扑面，延安精神正是这样一股暖流，从心中流淌，转化成一种精神上的鼓舞，鼓舞我把每一份热情、每一份向往、每一份期盼都转化到平凡的工作细节中去，做好本职工作，就是对延安精神的新时期弘扬。

离开延安十天了，我的心像思念家乡一样，想念着延安。我感觉我把心留在了延安，永远记住了这片黄土地，这块原本陌生的土地，不只是一座城，已经深深刻在我的心坎上。五天的学习，让我记住了这片土地上勤劳善良的人们，以及不朽的延安精神。再回首时，其中的滋味难以表述，无法言说，情感喷薄，唯有一个念想在心里扎根。那就是，有机会，我想再回延安，再看一眼宝塔山，再喝一口延河水，再吻一次黄土地……

2017 年 8 月

她，不只是一座山

也许从小学读到袁鹰写的《井冈翠竹》起，在我的心里就蕴藏着一种井冈山精神，说不清，道不明，化不开，成为我心中一个挥之不去的情结。无边的葱茏，不尽的绵延，召唤着我，来寻找昨天燎原的星火……

——题　记

来到井冈山之前，我只知道它位于湘赣边界的罗霄山脉中段，这里有着层层叠叠山、林林总总树、潇潇洒洒竹，还有那轰轰烈烈篇。这里发生过许多至今都让人们肃然起敬的故事，如火如炬，如日如月，燃烧并照耀在历史的深邃里。在初秋的美好时节里，我带着埋藏已久的梦想，怀着无比崇敬和缅怀之情，第一次来到这片革命先烈们曾经战斗过的红土地，去重温革命先驱的峥嵘岁月。

巍巍井冈山，绵延五百里。远远望去，好像一块绿色的锦缎在大地上铺展开来。放眼望去，云雾缭绕中满山的绿是那么的雅致，绿得天然、绿得壮观。在井冈山入口处，伫立着一尊红旗式样的雕塑，上书朱德题写的“天下第一山”五个刚劲有力的大字，为何称为“天下第一山”？她让我在思索中得出了答案：她，不只是一座山，她有着理想信念的巍峨；她有着英雄气概的凛然；她有着心灵祭坛的威严。

思绪穿越时空，久久留驻在那遥远的年代……1927 年，中国正在经历血与火的洗礼。毛泽东领导的秋收起义因遭敌人重兵围攻受挫，在决定部队是攻打中心城市还是向农村转移的激烈争论中，毛泽东深沉而透亮的目光，锁定了井冈山。中国革命注定要在这峰峦起伏、群山如黛之中汲取灵气，焕发生机，燃起势可燎原的星星之火。在“毛委员”领导下，经过三湾改编和改造袁文才、王佐两支地方武装等后，在这块弹丸之地站稳了脚跟，诞生了中国第一个农村革命根据地——井冈山革命根据地。之后，朱德率南昌起义部队、彭德怀率平江起义部队相继上山，自此井冈山成为中国革命的一个亮点，原本寂寂无名的井冈山写进了中国革命的史册，从而掀开了中国革命波澜壮阔的光辉篇章。

但是万事开头难，在井冈山革命初期，我们党经历了一次次的失败，迷失信念者有之，悲观失望者有之，半路出逃者有之，投敌反水者有之。人们难以想象，仅凭区区数百人，仅靠破枪长矛，如何不断站稳脚跟，进而夺取全国政权？这在今天看来简直就是天方夜谭，即便是在我们革命的队伍里也弥漫着“红旗到底能打多久”的疑问。我同样带着这样的疑问，来到了茨坪八角楼，在那里找到了答案。穿越八角楼的每一束光芒和每扇窗棂的缝隙，都能透出石破天惊的智慧，望着陈旧的书桌上摆放着那一盏清油灯，我仿佛看到了“毛委员”在这盏油灯下奋笔疾书的身影，仿佛看到了他一手吸着香烟，一手插在腰上，思索中国革命的前途。就是在这盏油灯下写出了《中国的红色政权为什么能够存在》《井冈山革命斗争》《星星之火可以燎原》等光辉文献，他用一盏油灯点燃了革命的火种，用理论上的清醒、信念上的坚定和实践中的探索让无力者有力，让悲观者前行，让无数身处黑暗中的人看到了光明和希望，硬是在丛丛荆棘中带出了一支坚定理想信念的铁军，照亮了中国革命胜利的道路。于是，黄洋界的炮声轰然响起，沉睡的罗霄山脉从此苏醒，一根小小的灯芯，以星星之火燃起燎原之势，蔓延整个中华大地。

睹物思人，触景生情，井冈山的一草一木无不令我思潮起伏，感慨万千。茨坪背面北岩峰上，修筑着井冈山革命烈士陵园。来到这里，每一个人都肃穆起来。登至石阶最顶端，远望山下，久久地仰望陷入沉思，那苍松翠柏掩映下的陵园道不尽我们深切的怀念，那高耸入云的烈士纪念碑矗立在空中录不完我们无尽的思念。

在纪念堂大厅里，看着毛主席题写的“死难烈士万岁”六个遒劲有力的大字，我的心被酸涩、苦楚、敬仰各种复杂的心绪萦绕着。我低下了头，目睹鲜血染红的土地，仿佛跨越时空与英雄的灵魂相遇。

井冈山斗争时期，是残酷的、激烈的、艰苦卓绝的。国民党政府一心要消灭红军，通过“进剿”“会剿”“围剿”三种进攻方式同时入山，不断地上演着拉锯式的生死较量，无情的杀戮遍布于每寸土地。那艰苦的岁月，井冈山人妻送郎、父送子、兄弟当红军，牺牲自我的大无畏精神如此崇高。在两年四个月的斗争中有48000多革命者为民族解放和国家独立流尽最后一滴血，其中留下名字的只有15744位，还有30000多革命烈士连自己的姓名都没有留下，用自己的生命祭奠了一个理想、一个誓言、一个信仰。英雄已逝，英烈长眠于地下，后人怎能忘记这些为天下安宁而抛头颅、洒热血的英烈？怎能忘记你们“先天下之忧而忧，后天下之乐而乐”的精神？怎能忘记这气贯长虹的浩然正气？青山翠柏之间，你们的精神熠熠生辉，成为这片土地上，泱泱中华最为可敬的民族魂。

任何一场革命，势必有千万将士抛头颅洒热血；任何一场革命的胜利，注定由无数无名英雄共同造就。望着烈士陵园山上矗立的巨大雕塑火炬，沉浸在令人心灵震撼的英烈事迹中，我的思绪悠悠，暗自怀伤。斯人已去数载，岁月沧桑，斗转星移几辈人，英雄的烈士们，你们看啊，那燎原全国的星星之火，就是你们用鲜血点燃的啊！你们的英雄气概留下的是一段永不磨灭的革命记忆，记忆的是一部光辉灿烂的红色历史。你们浴血奋战，将自己滚烫的鲜血染红了整个井冈山，红遍了祖国每一寸土地，流进了每一个中华儿女的心。

五百里山绿水秀装点着她的美，但更多的是她的故事、她的传奇、她的精神。井冈山就像是一幅被血染过的壮美老画，她汇聚了那年那月的红色烟火，成为国人梦萦魂牵的集体回忆；又像是一尊心灵的祭坛，成为艰苦奋斗的精神象征，凝聚千万人内在的信念……

一个故事，讲了九十年。重温这段苦难辉煌的革命历史，在井冈山会师雕塑前，看到两个领袖亲密相握的铜像，我仿佛看到了心与心碰撞，力与力对接，灵与肉的交融；看到了红色种子刚刚发芽，革命的火焰开始点燃……在黄洋界，我看到当年作战的堑壕依旧保留在那里，当年击敌的大炮依旧威武在那里，这记忆的刻度和隆隆回荡的炮声，是一个民族的觉醒……走在挑粮小道上，这不是一条简简单单的路，有崎岖，有坡坎，有弯道，当然还有挑粮的脚步声，还有御敌的枪炮声，“毛委员”的斗笠、朱军长的扁担，这里藏着多少可歌可泣的故事；旌旗在望的山下、鼓角相闻的山头，这里藏着多少惊心动魄的险象；就是这条路，清晰了农村包围城市的战略脉络，裹挟了星火燎原的革命走向……置身于小井当年的红军医院，我仿佛看到，那年那月无药无设备，那栋黑色的木楼里延续了多少救死扶伤的动人场景……徜徉在这片伟大而神奇的土地上，我细细地从每棵草木开始追寻，你的每一寸土地都浸润着革命先烈的鲜血，你的每一个村落都传颂着红色的经典，你的每一处人文景观都在诉说着红军的浴血传奇……

夕阳如火，一抹鲜红的彩霞，恋恋地亲吻着井冈山的每一座山峦。思绪随着晚霞飞，我静静地漫步在松柏竹径之间，眼前忽然浮现出“毛委员”坐在“读书石”上孜孜不倦、认真读书的身影，仿佛看到朱老总带着赤卫队员神出鬼没突破封锁线，仿佛看到俊秀的山妹子挎着竹篮，唱着那动人的《十送红军》《红军阿哥你慢慢走》……

一次井冈行，一生井冈情。这里的每一处风物，都令我沉思；这里的每一个故事，都令我震撼；这里的每一张脸孔，都令我感动……我在这里沉思、我在这里震撼、我在这里洗涤，井冈山已经深深地镌刻进我的生命里！那满山葱茏的翠竹啊，你是多情的歌手，诉说着时代的心声，是为过往，更是提示着今朝。

2017 年 9 月

她，不只是一条河

每个人心中都有一条河，对于怀揣梦想的人，这条河日夜流淌，无论沿途有多少暗礁坎坷，那种波涛汹涌的力量都可以穿越过去，找到自己的归宿，奔向美好的未来，驶向更加光辉的彼岸。

到梁家河去，寻找这条河是我多年来埋藏在心里的愿望。2017 年 8 月，我怀着崇敬之情，带着浓浓之意，走进了梁家河，亲眼所见习近平总书记青年时在这里打过的井、修过的坝、住过的窑洞，紧紧地握着那些淳朴的乡亲的手……

梁家河是延川县文安驿镇的一个拐沟村，村里的两面是大山，中间是一条窄窄的川道，虽然以“河”命名，实则并无河流，只有一条小小的沟渠、一条流淌在山间的小溪，这是陕北黄土高原上一个普通的小村落。

1969 年初，15 岁的习近平来到梁家河村，直到 1975 年 10 月离开。七年的时光，他从不会做饭、不会干农活的普通知青，靠着虚心好学、敢于吃苦、不懂就问、不会就学的精神，很快就掌握了掏地、送粪、播种、收割、拦羊、砍柴等劳动技能，闯过了“跳蚤关、饮食关、生活关、劳动关、思想关”，融入村民中间，与乡亲们打成了一片。这个能吃苦、肯读书的好后生当上大队党支部书记后，打了一口井，使乡亲们吃上了干净卫生、清洌甘甜的泉水；修建了沼气池，解决了照明、煮饭问题；修建了淤泥坝，保护了庄稼，保证了收成；建起了磨面坊、裁缝铺、铁业社、代销店，一些日用品、劳动工具就不用跑到镇上或县城去购买和加工了，实现了自给自足，方便了生活……在这里，他与乡亲们人在一起，心在一起，吃苦流汗在一起。在这里，他经受了磨难、锻造了意志、砥砺出坚强。他说："我迈出人生第一步就来到梁家河，七年时间里，父老乡亲给了我无数关爱，使我受益终生。我永远不会忘记梁家河，永远不会忘记父老乡亲，永远不会忘记老区人民。"

人生的脚步永远在路上，任何时候都不能忘记那颗初心。七年的朝夕相处，凝成了乡亲们对习近平十里相送、泣成一片的感人情景，梁家河也成了他脱胎换骨、人走心留的第二故乡。离开梁家河后，习近平对这里的一草一木、一沟一坎、一峁一梁都饱含深情，常常牵挂，先后帮村里通了电、修了桥、翻建了学校，专门接待从村里来看病的乡亲，还多次回到村里看望乡亲们……如今作为总书记，他更是牵挂共和国土地上的每一个"梁家河"。

端详着村史馆和窑洞中悬挂着的那一幅幅珍贵的照片、陈列着的一件件农具，领悟着他以坚韧品格应对与生命没有预约的艰辛以及和乡亲们同甘共苦建立的鱼水情缘；抚摩着曾经住过的窑洞、睡过的土炕、用过的煤油灯，领略着他勇克难关的刚强意志和根植于内心的为民情怀。我心潮起伏，感慨万千，我读出了民心是我心，民情是我情，民意是我意，读出了苦干实干才能圆梦，顿时无限的敬意流满心间。

没有哪一代人的青春是容易的，很多人在人生最美的青春年华里，都有过拼搏奋斗的足迹，心中都流淌着一条"梁家河"。这条河或是"三更灯火五更鸡，正是男儿读书时"的寒窗苦读；或是一捧带着家乡温度的黄土，遥寄着"日暮乡关何处是，烟波江上使人愁"的不解乡愁；或是一摞脚上沾泥土、心中怀深情的民情日记，记录着精准帮扶的辛勤脚步；或是忠诚老实、公道正派、实事求是、清正廉洁的为民情怀……这一条条河流，永流不息，满载着理想信念一直前行，她流入了村庄，流入了田野，流入了城市，流入了为民造福的每一个人的初心里。

如今的梁家河山坡上郁郁葱葱，绿树成荫；渠边生长着一棵棵茂盛的枣树，在艳阳的照耀下格外夺目；十四座连环坝种植的玉米、药材，丰收在即。走在村里的路上，我看见了一个又一个的乡亲，有的在地里干活儿，有的在山上采摘苹果，有的忙碌着农家乐生意，他们个个脸上都洋溢着幸福的笑容，那笑容比晚霞美，比朝霞灿烂。

深藏在心间的梁家河始终流淌着，这条河不忘本色、本源、本根、本质，永远流淌，永远清澈……

2017 年 8 月

她，不只是一棵树

沧海桑田，斗转星移，在漫长历史的演化中，中国和埃及——两个身处不同大陆的文明古国，并没有如印度河流域文明、楼兰文明等耀眼夺目却“来去匆匆”消失在历史尘埃中，相反，作为沧海遗珠和千年文明古国的杰出代表，在历史长河里一直源远流长、熠熠生辉、彼此守望、惺惺相惜。公元前300年，埃及亚历山大图书馆建成伊始即包罗万象，收藏了包括汉字在内超过五十万卷的世界文化典籍，《史记·大宛列传》也记载了公元前120年汉武帝使节曾前往亚历山大（黎轩），开辟两千多年的中埃交流史的实迹。宋元时代，中埃两国有了更为密切的文化交流。

历史之河奔流不息，绵延几千年，从古丝绸之路直至今日“一带一路”倡议沿线的重要支点，中埃·泰达苏伊士经贸合作区已然成为中国“一带一路”倡议的典型示范项目，为促进中埃两国交流合作和共同发展贡献着不竭力量。作为生在华夏、热衷于研习千年文明的时代新人，我有幸于今年夏天前往埃及，亲身感悟中埃合作区的建设成果。就在不经意间，尼罗河水和黄河水共同浇灌的一棵大树，就那么“闯入”了眼帘，印刻在了心里。

透过飞机的舷窗俯瞰埃及，目之所及是有着七千年灿烂文明的土地，敬畏仰慕之情油然而生。埃及96%的土地是沙漠，可耕种的农田只占全国总面积的4%，几乎全部集中在尼罗河沿岸和开罗以北2.5万平方公里的三角洲地区。

从开罗机场到位于苏伊士省苏赫奈泉市的泰达合作区，穿越了一百二十公里广袤荒凉的戈壁和沙漠。走一程是戈壁，再走一程还是戈壁。只见一个个裸露的戈壁起起伏伏，除了偶尔会出现几棵椰枣树，剩下的就是一眼不到边的沙漠。再后来，便是寸草不生的黄色直通天际线。

思绪万千之际，视野中出现了一块矗立在道路中央、白绿相间且刻有醒目的"中埃·泰达苏伊士经贸合作区"的巨大石碑，就像大漠戈壁和沙漠绿洲的分界线。我的心情难以平静、兴奋不已。待车停稳，便疾步走入树荫掩映下的泰达合作区，这里和沿途的景色有天壤之别：平坦宽阔的柏油路两侧耸立着巨大的棕榈树和椰枣树，在烈日炙烤下投下一片片难得的阴凉，一树树粉白相间的三角梅点缀着合作区淡黄色的办公大楼、工业厂房、酒店公寓、超市银行，大片大片茂密繁盛的草地散坐着二三两两的人群……

来不及休息，我就急切地请工作人员开车深入合作区。一栋栋现代化标准厂房林立而起、一条条宽阔的园区大道纵横交错、一辆辆集装箱卡车往来穿梭，与合作区外的茫茫沙漠形成了鲜明的对比，而这座绿色产业示范新城就这样镶嵌其中。

当车行驶到起步区和扩展区的交界处，一抬眼我就被一棵大树惊呆了，她四周空无一物，就只有这么一抹绿色，带着一种傲然不屈的力量巍然屹立在这里。

走近这棵大树，我为之一震、肃然起敬，因为她实在是不可思议的壮观震撼。我和同行的同事小刘啧啧惊叹，已不能用拔地而起之类的词来形容，她简直就是从沙漠里直直冒出，像一股涌动不息的绿色喷泉，茂盛的枝叶冲出地面直奔天际，枝蔓延展释放，四散却又坚挺无比，展示着她旺盛的精力。

我从小就对树怀有一种特殊的情感，甚至可以说是一种超乎寻常的痴恋。地球上比人年长的植物只有树木，因为树本身就是一个活的、与人类相依为命的生命体，但是令我难以想象在泰达合作区内竟有这么一棵独特的古树。长期工作于此的小徐耐心细致地讲述了这棵树的故事。

这棵古树，名叫皂荚木，是在沙漠或贫瘠土地上生长的一种乔木。从种子到长成树需要很多年的时光。埃及苏伊士省是全世界极度干燥的地方之一，每年的降水量不足十毫米，这片大地上几乎都是岩石，只有少部分的砂土。地面长期干旱，相伴的多是炎热的日晒和强烈的风沙，除了皂荚木之外，世界上少有植物能够忍受如此恶劣的环境。她的根系扎得很深，能够延伸到地下古老的河床下，汲取所需的生命之源。十五年前泰达合作区建设之初，她就一直矗立在这里，像一位满腹学识、历经沧桑的老人，见证着、呵护着合作区的发展，据考证，这棵皂荚树至少有一百年的历史了。

考古学家把地表一两米深、遗存有人类活动的土壤称为“文化层”，扎根在“文化层”上的古树，其枝枝叶叶间都渗透着涓涓文化的汁液。大自然本身就是一部博大的教科书，我们面对她就是一个小学生。我仔细端详、深沉凝视着这棵皂荚木，真是天雕地塑、岁月打磨的自然杰作，到哪里才能寻觅到具有如此顽强生命的艺术品呢？我以手抚树，要想更真切地触摸她的体温，体会她的情感，用心感受这个从沙漠中挣扎而出的生命奇迹。

我相信树与人类一样是懂感情的，也许树的感情比人类还要执着。一棵树的种子落到哪里，就会在哪里生根发芽、枝繁叶茂，昭示生命的葱郁和坚不可摧。皂荚木的根、枝、叶、干就完全印证了这一点。

一棵树就是一部站立着的历史，立于我面前的这棵树正在静静地诉说历史。这棵皂荚木出地之后，分为两股粗壮的主干，不即不离并行着一直向天空伸去。她的根扎得很深，要延伸到黑暗的地底，使自己根基牢固，这是她深扎根而挺其身的功力，也是这棵树的立身之本、生命之源。她遒劲的老枝长得很密，布满细小的圆刺，虽然只有筷子粗细，但是像一把张开的绿绒大伞，这是她抵抗酷热而不屈不挠的雄姿。她的叶长得很茂盛，为减少水分的流失，叶子极小，呈细穗状，不是葱绿，而是灰绿，这是她笑迎烈日而昂首向上的笑容。她的干高大粗壮，浑身的树皮高低不平、左右扭曲，都开裂起来，如老人手臂上凸显的青筋、脸上深深的皱纹，是岁月的积累，更是时光的磨痕。我知道这是九蒸九晒、酷热难耐、千磨万难的结果，这是她灵魂的坚守和坚韧不拔的气度。

世间比人寿命更长，又与人类长久相互依存的活着的生命就只有树木了。皂荚木的根、枝、叶、干呈现出的形态，不就是精神、思想、文化、传承的含蓄表达吗？她高大的身躯在湛蓝的天空下摇曳生辉——一幅沙漠绿洲的独特风景画。

那天从皂荚木离开时已经日暮时分，虽然汗流浃背、酷暑难耐，但心境却清爽如风。

在来泰达合作区之前，相关资料和照片看了很多。但是置身其中，才真正感受到这座城的魅力和震撼。那一晚，跟合作区的同事从畅谈这棵皂荚木到交流合作区十五年的发展历程直至凌晨破晓。合作区的同事小徐，十分骄傲和自豪地给我介绍了一串耀眼的数字。历经十五年，合作区已成为中埃政府认定的埃及综合环境最优、投资密度最大、单位产出最高、中资企业聚集度最密的工业园区。十五年来，合作区吸引 145 家企业入驻，实际投资额超 17 亿美元，累计销售额超 38 亿美元，缴纳税费超 2 亿美元，直接解决就业超 5000 人，产业带动就业约 5 万人。在介绍合作区情况的时候，虽然是深夜，但是合作区同事的激动之情和埃及的气温一样一同飙升。

听着埃及同事的介绍，我感慨万千。突然觉得多么幸运有这棵皂荚木，为泰达合作区存了一脉魂，为我们留下了中埃两国在泰达合作区友谊长存的根。

万物平等，物竞天择。一颗种子掉在地上，只要土壤、水分、阳光等各种因素都适宜，这颗种子就会有生的权利，也会有生存的能力，在天地的厚爱之下，这颗种子就会长成大树。

这棵皂荚树在默默地记录着一切，而且远比我们的记忆悠长。她有自己宽窄不同的年轮、根深蒂固的根源、蓬勃茂盛的枝条、密集灰绿的叶子、苍老扭曲的树干，来表达她的坚韧与毅力、她的顽强与信念，记录下她所经历过的自然和变迁。

我信造物必有缘，凡自然之物必是上天情有所寄，情有所系。她的根、她的枝、她的叶、她的干呈现出的形态不正反映了泰达合作区发展理念的落地扎根、产业聚集的密密匝匝、产业服务的郁郁葱葱、产业配套的苍翠挺拔吗？她用根、枝、叶、干记录着历史，与岁月相伴、与山川同在的美好亘古绵延，深蕴着岁月沧桑、历史启示、文化内涵和精神传承。

因为第一天没有看够，故而那一夜辗转反侧想着这棵树，久久不能入眠。无眠，使我迫切地第二天天不亮再去拜见了她。当我再次见到她，立即肃穆而立，膜拜致礼。我以手抚树，以身抱树，以心贴树，又轻手轻脚，拿着特意带来的两桶水浇灌到皂荚树的根部。

给她浇完水后，我毫不犹豫地就向她鞠了一躬。越看越感动，就又鞠了一躬。临走，回头，又深深地鞠了一躬。我边走，边回头，一步三回头，恋恋不舍地告别了她。

希望并祈祷，根更深，枝更密，叶更茂，干更壮。

浅谈打造“和谐津滨”必须加强企业文化建设

据《左传·襄公十一年》记载，公元前573年（晋悼公四年），晋国周边的少数民族山戎的一支无终国首领派使臣赴晋都新田（今山西省侯马市）朝见悼公，“以请和诸戎”，大臣魏绛力排众议，主张和戎，同时辅佐悼公实施惠民之策，终使晋国实现了复霸中原的梦想。悼公特意将郑国进献之“乐之半赐魏绛”，并向魏绛致谢：“八年之中，九合诸侯；如乐之和，无所不谐……”意思是说八年时间，九路诸侯，像一曲美妙的乐曲，和谐动听。此系“和谐”一词的最早出处。“和谐”者，按《辞海》的解释，即协调，即调和，大到构建社会主义和谐社会，小到组织的和谐、人际关系的和谐，都在推崇我国传统儒家文化提倡的“和”“合”思想。“和必生财”“家和万事兴”“天时不如地利，地利不如人和”等一系列对于和谐重要性的精辟概括，推广至今天的建设和谐企业还是很有借鉴意义的。在创建和谐社会的过程中，对于企业来说首先是要创建和谐企业，而创建和谐企业首先要做的就是不断加强企业文化建设，因为企业文化建设的中心是创造以人为本、同心合力、团队精神和内外和谐，只有良好的企业文化建设，才能做到企业内外的和谐。津滨公司自1998年成立以来，历经9

个寒暑，在发展创新中逐步形成特有的企业文化精神。作为一名津滨公司员工，我就如何加强企业文化建设，打造“和谐津滨”谈一谈自己的粗浅认识，望得到各位的批评、斧正。

——题　记

中国五千年的历史，文化的内涵彰显着无穷魅力，其意义深远、博大精深、高屋建瓴，是历史长久积淀的结果。随着滨海新区开始新一轮的开发开放，新区的文化已经开始从“原始积累”，正在逐步形成一个既继承天津六百年优秀传统文化，又吸纳外来先进文化，更融入“滨海新区”独具匠心的簇新“文化核”。在这种崭新的“文化核”下，企业只有重视文化因素、增强文化含量和文化附加值，加强企业文化建设，才能增强企业凝聚力和市场竞争力，从而使企业不断适应市场、开拓市场，才能在市场竞争中处于有利地位，不断扩大自己在市场中的空间。和谐文化是企业和谐的源头，是企业和谐的精神支撑和思想保证。和谐企业是构成企业系统的各个部分，处于相互协调的发展状态，具有科学发展、公平协调、团结有序、尚德合作、安全效率、团结友好、服务社会的基本特征。打造“和谐津滨”，秉承“拼搏务实、敬业奉献、开拓创新、竞争合作”的精神，用先进的管理观念、优秀的心智模式、美好的境界，在企业价值观的支配下，有效处理企业的关系，达到企业的经济效益、环境效益和社会效益的相互统一，最终实现企业的可持续协调发展。

企业文化及其作用

企业文化作为一种基本价值观，是一种企业内部共同遵守的原则、共同的认识，是企业信奉并付诸实施的价值理念，由企业领导层根据企业内外部环境设计而提出的，并为企业普遍接受的有关企业经营管理活动和职工行为等一整套价值观体系、行为规范。企业文化建设是创建和谐企业之基础，只有企业文化的不断发展才能推进企业内外的和谐。

文化是一种极具深远意义的影响力。如果企业每个个体改善自己的专业能力，企业会产生一倍的效果；如果一个部门愿意改造流程，企业会产生十倍的效果；如果整个企业改造自己的文化，就会有一百倍的效果。企业文化是企业生存与发展的灵魂、动力和凝聚力。优秀的企业文化，能够创造出一种团结和凝聚员工的文化力量。企业文化一般具有导向、凝聚、激励、规范、协调和效益的作用，能够把制度方面硬的规定与文化方面软的约束融合在一起，形成一种群体道德规范和行为准则，实现外部约束和自我约束的统一。这正是我们要倡导企业文化、建设企业文化的原因。企业文化的作用主要有：

导向作用。指企业以自己的价值观、创业理想、价值准则、行为规范指引企业职工向企业生产与经营的既定目标努力奋进。

凝聚作用。指企业和职工的相互吸引力，具体地说是指企业对职工凝聚力，职工对企业的向心力。

激励作用。指激励职工的积极性、主动性和创造性，使企业具备持续发展的内动力。

规范协调作用。指约束人的行为，使之符合企业整体的价值标准。树立企业的良好形象，全面提高企业的整体素质。

效益作用。指企业文化可以使企业取得最好的效益，这种作用就是企业文化的效益作用。

当前企业文化建设面临新的发展要求

市场化要求。在向市场经济深入推进过程中，国有企业的出资者与企业、政府与企业、企业与企业、企业与社会、企业与员工的关系正在发生一系列变化，这要求企业文化建设必须以市场为导向，以企业生产经营活动为中心，企业文化要适应企业市场化运作的要求。

质优化要求。经济的增长方式从数量扩张型向质量提高型转变，这要求企业文化建设必须更加注重提高企业内部的运行质量，优化企业的内在素质，如制度建设、管理水平、体制结构、员工素质、技术状态、运行机制等。

竞争性要求。自我国加入 WTO，国际竞争不可避免，企业之间除了产品竞争、技术竞争、人才竞争等以外，更深层次的是企业文化的竞争。

开放性要求。全方位的对外开放，使生产要素配置、产业结构调整、产品发展方向、人才资源配置等在更大层面乃至全球范围内进行，这要求企业文化建设必须打破封闭运行，克服排他性弊端，以开放性的姿态吸收、重视外来先进文化与“本土文化”的融合，不断改良自身文化土壤，防止不顾具体条件而简单地移植，使外来先进文化有更高的存活率，使自身“本土文化”在与外来先进文化的不断融合中得到再造。另外，随着国有企业改革的不断推进，资产结构多元化、混合型已成为一种趋势，这要求企业文化必须善于与其他企业文化交流与融合，形成企业文化的“杂交”优势。

个性化要求。作为一家以募资形式创立的股份制企业，生产经营管理与资本经营管理结合，在某种意义上，资本经营显得更为重要，这要求企业文化建设必须适应这种管理转型的要求，坚持从企业实际出发，不随波逐流，真正体现企业文化建设的个性特征。

积极探索企业文化的有效途径

构建和谐企业，必须坚持以人为本

企业文化是一套体系，最终在人文、风貌、思想、价值观、企业哲学、愿景甚至行为上达成目标方向。企业文化建设强调以人为本，以文化管理为纽带，融思想教育、制度约束和激励机制于一体，是企业思想政治工作服务于生产经营中心工作的切入点和重要载体。企业文化是以人为中心的管理理论，在于企业各层级的共同认识。以尊重职工的人格、劳动价值、尊严和权利为前提，因此能否充分调动人的积极性是影响企业兴衰的关键。以人为本是企业和谐的目标和宗旨，是企业的出发点和落脚点，以人为本的“人”就是企业的广大职工，也是指社会上与企业有关系的其他人，企业只有依靠职工，才能凝聚人心，激发职工的积极性和创造性，使企业具备持续发展的内动力。同时，坚持以人为本也是建设和谐企业的最基本动力。把人作为企业第一资源，实施人才强企战略，确立职工在企业中的主人翁地位，尊重人的尊严、权利和价值，满足人的需要，调动人的积极性，注意人力资源的开发，加强员工培训，给员工提供更大的发展空间。营造尊重劳动、尊重知识、尊重人才、尊重创造，鼓励人们做实事的文化氛围。必须做到发展为了广大员工，发展依靠广大员工，发展的成果惠泽广大员工。把以人为本的观念贯彻到具体的企业管理中，不断推进企业的民主管理，保证企业的合法权利。在关注企业发展的同时，高度重视员工的利益和需求，积极采纳员工的意见和建议。特别是涉及企业切身利益的重大问题，都要经过职工代表大会讨论，让职工充分行使当家作主的民主权利。我们要树立“有什么不如有人才”的理念。因此，创新人才工作机制，为广大干部职工搭建人尽其才的广大舞台，建立科学规范的效率和业绩评价体系，充分调动广大职工的积极性。加强企业文化建设，使职工对自身的地位、使命与企业的关系有正确的认识。个人与个人之间关系和谐，为部门总目标的实现而努力。这就是企业文化建设的协同作用。

一个企业只有建立和形成团结友爱、和谐融洽、安定有序的内部良好关系，才能有强大的凝聚力和向心力，才能保证生产经营和改革发展的顺利进行，才能有强大的市场竞争力和开拓力。反之，如果一个企业内部不团结，关系不和谐、不协调，必然会人心涣散，离心离德，不仅企业生产经营和改革发展要受到损害，而且员工的切身利益也要受到损害。所以企业只有对社会、民众负责，才能树立良好的社会形象，使企业协调发展达到群体共识。

构建和谐企业，必须打造和谐团队

团队，一般意义上是指一群乐意为组织目标提供自己知识及技能的人。今天，我们在企业文化的倡导下，抱着相互学习的目的汇聚于此。团队，不仅仅是一个概念，更是一种精神。我们有备而来，通过相互交流、相互学习、相互探讨的方式来推动企业文化的和谐发展，是我们这个团队的精神所在。我们要打造出高绩效的团队，为津滨的企业文化发展推波助澜。

为了让全员有强烈的团队意识，定期组织户外拓展训练和全体员工参加各类文体活动，如员工篮球对抗赛、员工乒乓球友谊赛、安全知识竞赛活动、“学习雷锋月”活动以及一年一度的“家庭日暨优秀员工评选”等，丰富员工的生活，活跃员工的工作氛围，还使团队的内部保持了良好的沟通，使团队健康成长，有利于提升团队精神，这也是企业和谐统一的重要因素。同时，建议公司成立“互助会”组织，解决生活困难员工的问题以及支持一些社会公益活动，使企业洋溢着爱心的氛围。例如，2006 年给予河北省涉县关防乡王家村小学资助，体现了津滨公司在社会公益方面做出的贡献。

培养团队中的新人才。人才资源是企业资源中最宝贵的资源，人才高地是企业核心竞争力的制高点，市场对手之间的竞争最根本的是人才竞争。注重企业人才，我们要用好在岗的，充分挖掘现有的内部资源，人尽其才、发挥作用；留住有用的，取其所长，在使用上、感情上、利益上、企业氛围上留住人；引进急需的，特别是有利于公司发展的人才，从外部引进，如技术、管理人才等；培养后备的，从企业长远出发、可持续性发展出发，为未来的需要，前瞻性地培养人才。同时在人才选拔机制上，要打造人才公开招聘、公平使用、能上能下、能进能出、充满活力的管理机制。

构建和谐企业，必须提升品牌效应

针对不同时间、环境、情景，人类能体现各种不同的情感。也正是因为人类的情感丰富与复杂，使我们凡人成就了大千世界，也使我们的情感打造总有挖掘和提炼的空间。当然，最重要的还有一点，那就是，情感本身就是我们自己的东西，所以我们了解、我们清楚、我们能感受、我们能进行交流，也就是能踏踏实实地落地。这种能落地的情感，如果能够在企业组织里、在房地产项目上、在消费者心目中、在各种情感中有规律地体现与不断发展，那就成了一种文化，最后也就体现出我们造就了一个成功的津滨品牌。

品牌文化是一致的，品牌文化让消费者等受众取得了认同，那么，企业就在存在目的上得到了好的答案。这样，品牌文化能提升企业的管理与执行，能使企业在愿景与使命上清晰化。文化是浓缩的，是内在的，行动却是一个动作又一个动作的具体组合。只要在情感上能与消费者进行有效沟通，只要能在行动上给内部组织一个个规范指引，这些就都是好的品牌文化与企业文化。文化要落地，思想要付诸行动，感情要融为一体，这些就是企业需要的品牌文化与企业文化。

在市场经济的新情况下，企业的发展，品牌就是信誉，就是形象，就是竞争力，就是占有率，就是市场。品牌的建立要靠经济实力，更要靠企业文化建设。我们津滨公司要跨越式发展，利用品牌意识的树立和杰出品牌的创造，为企业长久发展提供基石。

实践使我们深切地感到，一个企业要做大做强，必须要有一个优秀的企业家；一个企业要持续发展，更要有优秀的企业文化和群体共识。

加强企业文化建设对提高企业的核心竞争力是至关重要的，树立正确的发展观，建设独特的企业文化，坚持以人为本，打造和谐团队、提升品牌效益，只有这样才能走健康发展之路，走科学发展之路，走可持续发展之路，只有真正把企业文化建设好，企业才会真正兴旺发达，永久不败。和为贵，谐为宝；和为本，谐为上；和为重，谐为要。津滨公司将进一步努力，在组织形式、管理方式、品牌形象上建设自己的企业文化，走技术创新、管理创新、机制创新、体制创新的道路。在市场竞争的风浪中，实现企业的跨越式发展，打造“和谐津滨”！

2007 年 9 月

创建学习型企业　推进津滨快速发展

当今世界已进入十倍速变化的时代，是科学技术日新月异，知识信息爆炸性增长，新情况、新问题、新挑战、新机遇、新知识、新信息层出不穷的时代。任何国家、任何组织和任何个人唯有解放思想、与时俱进，适应时代发展要求，才能优胜劣汰，适者生存。

任何一种理论的产生都是源于社会实践的需要。创建学习型企业的理论基础是学习型组织理论，从根本上说，学习型组织理论是时代赋予的一个新课题。当今的时代是科技迅猛发展、信息网络化、经济全球化的时代，无论是组织还是个体，都要面对新知识、新变革、新环境的挑战。物竞天择，适者生存。随着市场竞争的日趋激烈，在企业的竞争之中，科学技术和管理水平不可避免地成了竞争的核心要素，而科技创新和企业的科学管理又需要有强大的学习能力作为支撑。因此，竞争的实质就体现为学习力的竞争，要增强企业的学习力，就要依据创建学习型组织的方法，借鉴国际著名企业创建学习型组织的经验，以及考虑自身的实际与特点来创建学习型企业。“学而优则存，学而优则进，学而优则胜”，一个善于学习的人，将会永远年轻；一个善于学习的组织，将会永葆活力；一个善于学习的企业，更要适应这种不断迅速变化的新形势，不断学习吸收新的信息、新的知识、新的技术、新的经验，通过这些“营养”的化合作用，促进知识更新和思想观念、思维方式、行为方式的变革，保持旺盛的活力，加速自身的“新陈代谢”。

创建学习型企业，引领企业又好又快地发展，不断改善心智模式，增强系统思考、战略管理的本领，提高引领企业发展的能力。增强企业市场竞争力，推动津滨快速发展。只有成为学习型企业，才能增强市场应变能力，才能赢得生存和发展的机遇。那么，什么是学习型企业，为什么创建学习型企业，如何在津滨公司创建学习型企业？

什么是学习型企业

从理论源流看，阿吉里斯是学习型组织的理论奠基者；彼得·圣吉是学习型组织实际运用的设计者，他提出的“五项修炼”理论把学习型组织看作一个不断创新、进步和自我超越的组织，组织中每个个体都在全身心投入，不断地挑战极限，创造真心向往的结果，全力实现共同愿景。一个时期以来，从政府到企业，对于“学习型”的认识常常是仁者见仁，智者见智。结合彼得·圣吉理论和津滨公司的实际，我理解的“学习型企业”的含义是：建理念、搭框架。形成具有企业特色的管理、经营和服务理念群，使领导和管理方式发生重大变革，使组织管理理论得到创新。建愿景、立标杆。以适应知识经济发展要求为方向，以实现员工的全面发展为中心，以不断塑造优秀企业文化和提高企业员工的综合素质、持续创新能力和整体绩效为目标，瞄准国际、国内同行业先进水平，找出差距，开展对标活动。培养整个企业的学习气氛，充分发挥员工的创造性思维能力，构建多形式、多层次、多角度、开放性、立体化终身学习体系，形成全新境界、前瞻理论、能持续创新发展的组织。肯学习、勇登攀。使企业全体人员树立终身学习理念，整合企业学习资源，健全和完善企业学习制度，加强培训和考核工作，调整企业现有职能及办事程序，把企业建设成为务实、奉献、敬业、创新的生态型学习型组织。

为什么创建学习型企业

在知识经济到来的时代，知识已成为超越资本与权力的力量。知识能使人认识规律，把握趋势。从这种意义上讲，知识就是创建学习型企业的力量。

创建学习型企业是时代发展的需要

企业的兴衰最关键、最核心的因素当然是人才，但最根本、最可靠的还是持续性的学习。学习型企业本身解决的正是这个问题。它不仅要求员工是学习型员工，把工作和学习统一起来；更要求领导是学习型领导，既是设计师，又是教师。设计师和教师不仅是学习的角色，更是知识创新和传授者的角色。通过建立学习型企业，使全体员工重新认识企业自身的生存环境，以确定自己的发展战略。因此，创建学习型企业也可以帮助我们更清楚地认识津滨公司在房地产行业的优势和劣势、企业的长项与短项、危险与机遇，重新审视企业发展的战略定位。常言道：人无远虑，必有近忧。在日新月异的时代，企业无时不在发生变化，这种变化所产生的适应能力我们已切身感受到。问题的关键在于变化。

创建学习型企业是推进津滨快速发展的需要

知识更新是任何企业都要面对的观念创新、技术创新，实行新一轮的技术革命以代替传统的计划经济条件下的管理和技术，对于我们以房地产为主的企业尤为重要。说到底，推进津滨快速发展项目的增加，生产规模的扩张是一方面，更重要的是技术质量的提高，以便全面提升企业竞争力，因此要把津滨公司塑造成学习型企业，以适应时代的发展。

创建学习型企业是全面提升企业竞争力的需要

一个企业的经营者，如果不注重学习，就没有办法正确决策，企业也就不会发展。企业在激烈的市场竞争中，要对瞬息万变的市场信息迅速做出反应，这种极强的适应能力也来自全体员工的不断学习。学习是人的生存手段，也是企业的生存手段。记得美国著名未来学家约翰·奈斯比特在20世纪80年代就大胆预言："我们已经进入了一个以创造和分配信息为基础的经济社会。企业是经济社会的细胞，是一个生命机体，要预防'中枢神经的钝化'唯有学习。"壳牌石油公司的德格曾说过："比竞争对手学得更快的能力也许是唯一持久的竞争优势。"可见，学习力就是竞争力，对环境反应得慢和比竞争对手学习得慢，就意味着劣势和消亡的命运。因此，创建学习型企业是当务之急，也是长久之计。

如何在津滨公司创建学习型企业

中国房地产行业的生命周期正处在一个竞争激烈的阶段，各种制约因素带来的变化让企业应接不暇，而且应对变化的准备工作也是不足的。同时，全国房地产市场的供需矛盾也在出现新的动向，局部出现过剩的现象。所以更应树立学习的意识，懂得在房地产行业中如何创建学习型企业。创建学习型企业是一项事关全局的系统过程，也是一项在实践中不断探索的创新工程，必须以创新的思维、先进的理念，科学地确立企业的愿景，从而形成一种被广泛感知和认可的学习型企业。

在津滨公司创建学习型企业，首先要有现代化的学习理念。要在津滨公司中营造讲学习的良好氛围，形成"学习为本""终身学习"和"带头学习"的理念，使学习成为一种经常化、普遍化和制度化的行为，做到"自我超越"，追求创新境界。同时，进一步构建较完善的终身学习教育体系和多层次的学习网络，以知识更新为重点、以津滨公司读书活动为重要措施、以领导引导为动力、以自我学习为主要形式的终身学习教育体系。比如，完善理论学习、专业知识学习、现代科技知识学习相协调的学习网络；形成参加高校学习培训、市委党校（行政学院）集中培训、各部门培训机构短期培训、各下属企业集中培训和个人自学提高相结合的多层次学习网络等。在此基础上，进一步优化企业组织结构，推进企业部门间信息共享，建立以“学习型部门”为基础的学习型团队，营造良好的互动学习氛围，推进工作学习化和学习工作化，从而不断提高企业整体创新能力和管理效能。其次，加强学习成果考评机制。将考评与工作效率、工作作风等结合起来，建立科学灵活的动态考核机制，形成一级抓一级、一级考一级、一级带一级的分层次、立体式的考核体系。考核可采取听汇报、看台账、开座谈会、抽样调查等方法，坚持年终综合考评与平常检查相结合。通过考评，提高参评对象学习的自觉性，真正做到“生命不息、学习不止”，推进学习型企业建设工作的有序开展。最后，创建学习型企业，要保证创建学习型企业的目标和任务真正落到实处，必须结合实际建立协调、灵活、高效、科学合理的运行机制，推进学习的经常化、普遍化和制度化，使公司各个部门成为相互学习的课堂、交流思想的精神家园和团结前进的战斗堡垒。一方面制定激励政策，激发职工的学习热情。对学习型的下属企业、部门，对参加继续教育、培训、进修学业优良或在知识创新、管理创新等方面取得突出成绩的职工，要定期评选表彰，给予精神和物质奖励。另一方面，要制定规章制度和营造竞争氛围，造成一定的外部压力，引导职工主动学习，建立健全有利于公平竞争的人才培养和选拔机制，突出学习绩效在竞聘、晋升等工作中的评价作用。

现如今面临的环境正经历着前所未有的变化。全球经济一体化步伐加快，企业分崩离析、连横合纵，竞争日益激烈，技术进步一日千里，社会变化日新月异。总之，创建学习型企业是一项系统工程，是推动企业快速发展的重要基础，因此，企业要想获得生存和发展，就必须增强其学习能力。正如彼得·圣吉所言："当世界更息息相关、复杂多变时，学习能力也要更增强，才能适应变局。"未来真正出色的企业，将是能够设法使各阶层人员全心投入，并有能力不断学习的组织。所以，我们需要全体员工的共同努力。当前我们一定要以滨海新区的开发开放为契机，把创建学习型企业扎实有效地开展好，切实把员工的整体素质提到一个新的高度，全面增强企业市场竞争力。让我们携起手来，共撑一把伞，形成"人人是学习之人，处处是学习之所"的企业环境，形成崇尚学习、善于学习、努力学习的良好风范，使津滨公司始终保持旺盛的生命力，为津滨公司的经营发展做出贡献。

2007 年 11 月

松竹梅岁寒三友　勤廉俭公仆三德

宋朝林景熙在《王云梅舍记》中提道："即其居累土为山，种梅百本，与乔松、修篁为岁寒友。"这是"岁寒三友"的最早出处。松、竹经冬不凋，梅花耐寒开放，受人们赞颂，被世人合称为"岁寒三友"。一方面取松"四季常青"、梅"傲雪挺立"、竹"宁折不屈"的高尚品格，另一方面也将其视作常青不老、生命旺盛的象征。而今，人们将勤、廉、俭三种珍贵的品德与松、竹、梅相提并论，世人只要具备了这三种精神，即堪为人生楷模。

勤奋自会进取。勤奋是中华民族自古以来的传统美德，无数与勤奋有关的事例历来为人们所称道，车胤"萤入疏囊"是勤奋；孙康"雪映窗纱"是勤奋；匡衡"凿壁偷学"是勤奋；苏秦"悬梁刺股"是勤奋；祖逖"闻鸡起舞"也是勤奋，勤奋使他们最终都成就了一番伟业。一位哲人说过："世界上最宝贵的东西就是勤奋。"而能干事、多干事、干成事则是勤奋的一种具体表现。凡事追求质量、追求速度、追求实效、勤勉敬业、持之以恒，通过一个时期的重点、一个阶段的目标，不断追求卓越，这就是勤奋。滨海新区改革发展、开发开放进入了一个全新的历史时期，各级党员干部只有勤学、多听、多看、沉下身子调研、广泛听取意见，把心思用在干事业上，把精力放到抓落实上，以"五加二、白加黑""吃三睡五干十六"的精神，以顽强拼搏的作风、严谨细致的态度，干事创业、做出实绩，在各自的岗位上充分发挥旗帜作用，为滨海新区发展做出新的更大贡献。

清廉自能生威。君子之修身，内正其心，外正其容。各级干部员工既要时时想着“干成事”，又要时时警惕“不出事”。时刻自重、自省、自警、自励，对个人工作生活不断反思。要放平心态、找准位置，常修为政之德、常思贪欲之害、常怀律己之心，踏踏实实地干好每件事。要引导员工树立强烈的责任意识，培养对工作认真负责的态度，做到对工作、对同事既热情关心又积极监督，营造齐心协力、有错必纠、共同提高的健康氛围；要开展“算账”活动，即算好政治账，算好经济账，算好事业账，算好名誉账，算好亲情账。

倡俭自能兴业。崇尚俭朴、反对奢华历来是中华民族的传统美德。当年，美国记者斯诺在延安看到毛泽东等中共中央领导人吃的是粗糙的小米饭，穿的是用缴获的降落伞改制的背心，住的是简陋的窑洞，他感慨地称赞这是存在于共产党人身上的“东方魔力”，并断言这种力量是“兴国之光”。明代朱柏庐在《治家格言》中写道，“一粥一饭，当思来处不易；半丝半缕，恒念物力维艰。”著名抗日爱国将领续范亭在一首《五百字诗》里写得好：“节约莫怠慢，积少成千万，一粒米如珠，一菜不许烂。”“节约虽有限，万合是十石，细流成江河，冲破东海岸。”滴水汇成河，粒米攒成筐。可见，节约是强大的力量储蓄！如今全社会正在倡导低碳社会，低碳，亦即简单的生活。不铺张，不奢侈，不讲究排场，不追求豪华，尊重生活本来的原则而不是在乎他人的非议，尽量减少生活条件改善之后的内心虚荣。低碳，亦即节俭的生活。节俭不仅是一种习惯、美德，也是令人尊敬的品行和教养。要倡导低碳型企业、低碳型城市、低碳型国家的建设，作为个体的普通人，应当由自身开始。

松竹梅岁寒三友，勤廉俭公仆三德。让我们谨记并共勉！

2014 年 7 月

天津精神“天津范儿”

城市精神是一个城市独具特质的精神品格，外显为城市气质，内聚为城市灵魂。历经岁月风雨，历经聚散演绎，城市精神既在日渐沉淀中涵养滋润着城市人，又在城市人日积月累的创造中丰富而充盈，既串起了这座城市的过去，又主导着城市的现在，更影响着城市的未来。天津山水秀美，人文荟萃，是真正住得下天子、容得了草根、禁得住文化冲击、留得住乡愁的城市。在设卫建城六百多年里，码头文化、海派文化、民俗文化、军旅文化、商贾文化……多层次文化互补交融形成了天津的厚味和醇味、洋气与大气，饱经风雨而不衰，岁月蹉跎溢流香。天津精神的表述语是“爱国诚信、务实创新、开放包容”，爱国诚信是天津人道德追求和价值取向之坚守，务实创新是天津人意志品质和精神气质之激情，开放包容是天津人博大气魄和宽阔胸襟之魅力。虽然在不同时期，天津精神呈现出来的具体形态和侧重点不尽相同，但是，天津人的观念、胸襟、情怀、品行和志向所凝聚的内涵，正如涌动的海河，跳跃、翻腾、奔涌在整个天津的历史进程中，表现出极其旺盛的生命力，这种旺盛的生命力正是天津这座城市独特的“范儿”。接下来，笔者将从“品德范儿”“激情范儿”“魅力范儿”“市井范儿”这四个方面谈一谈对“天津范儿”的认识和理解。

天津人秉承的道德追求和价值取向的核心——“爱国诚信”，就是天津这座城市的“品德范儿”

在老百姓的观念中，人的品德上升到最高境界应该是爱国，人的品德在个体这个层面的基本准则就应该是诚信。通过一些案例，我们不难发现，天津人始终秉承着一首爱国之曲，用爱国的音符奏出响亮的最强音；始终秉承着一颗诚信的心，用诚信的操守遵循着做人做事的准则。

作为京都门户、南北漕运枢纽、依陆向海的重镇，天津卫一直是国门的咽喉，近代以来更是中国政治、经济、文化的风向标，天津人在国之危难、外敌入侵时总能表现出强烈的爱国之情。19 世纪末，清王朝濒临崩溃，外国列强入侵天津，发生了一系列可歌可泣的爱国事迹。比如，发生在 1859 年的大沽口保卫战，这是鸦片战争后清军在抗击外来侵略中取得的第一次大胜仗，也是第二次鸦片战争中唯一的一次胜仗。守卫炮台的天津籍爱国将士抑怒多时，势难禁遏，各营炮位环轰叠击，共打沉英、法军舰 3 艘，重创 3 艘，英法联军共计伤亡 420 余人，英国侵略军司令贺布也受了重伤。1870 年，由于法国天主教残害中国儿童，天津人民奋起反抗，放火烧了“望海楼”教堂，爆发了一场以反对法国天主教侵略罪行为内容的声势浩大的反洋教斗争，史称“天津教案”。“天津教案”在全国引起震动，直隶、江西、福建、四川等地先后爆发了反洋教斗争。1916 年，法租界法商企业的中国工人，为反抗法国抢占老西开地区而举行了大规模的罢工斗争，开创了天津近代史上最早的工人运动。1919 年五四运动爆发以后，天津最先予以声援，举行大规模的群众集会。抗日战争时期，中共中央北方局以天津为基地，秘密组织着我国北方地区的敌后武装和统一战线，牵制着日本侵略军的战略行动。解放战争时期，天津人民更是做出了不可磨灭的历史贡献。

新中国成立后，天津作为中国北方最大的工商业城市，为轻工业、化工业和农副产品加工业的发展做出了积极贡献，支持全国经济社会发展大局。天津人将强烈的爱国情怀深深浸入了血脉之中，成为基本的道德追求。天津人历来重规则、守契约、讲信用、言必信、行必果，诚信是天津人最为普遍的价值取向。天津人在日常生活中，堂堂正正做人、老老实实做事。天津人把诚信视作一种品行、一种道义、一种责任、一种准则，修身律己、言行合一，始终是诚信守护者。

天津人秉承的意志品质和精神气质的精髓——“务实创新”，就是天津这座城市的“激情范儿”

激情是生命的阳光，激情是永不褪色的青春，激情是干事创业的动力。一个充满激情的人，一定会干出充满激情的事业，一定会干出燃烧激情的岁月，也一定会干出人生的最高境界，这种激情来自务实创新的品格和境界。一个人如此，一座城市亦如此。

“海”与天津有着深刻的渊源，正是由于天津依河傍海又是首都北京的门户，早在150年前就已向世界敞开了大门。正是这种独特的区位优势，使天津成为近代中国对外开放的前沿和窗口，承载了一部与近代中国经济发展息息相关的历史。天津形成了因漕运文化而著称的重商思想，因救亡图存形成了实业救国的夙愿，因对外开放形成了“洋为中用”的理念，这些都始终遵循着务实创新这条主线。天津近代的工业文明、文化艺术、科学技术、交通运输、军队建设等，无一不是在学习借鉴西方先进经验基础上，结合中国国情，从实际出发发展起来的。这一优良传统一直延续至现在。

近几年来，天津从实际情况出发，探索出了一条具有天津特色的发展路子。市委十次党代会以来，天津坚持和完善市委“一二三四五六”

的奋斗目标和工作思路，坚持用天津文化熏陶人民，用天津经验鼓舞人民，用天津精神激励人民，形成了共同的精神认同和文化认同，激发了天津人民求真务实、创新创业的智慧和勇气，陶冶了天津人民特别能吃苦、特别能战斗、特别能奉献、特别能创新的优秀品行，开辟了天津历史的新纪元，创造了天津速度、天津气质、天津效益。特别是“十二五”时期，在“天津精神”引领下，天津的综合实力迈上了新台阶，京津冀协同发展稳步推进，滨海新区龙头带动作用显现，“大项目”“小巨人”“楼宇经济”快速发展，形成了“三二一”产业格局。改革开放也取得了新突破，自贸区建设高标准开局，开放型经济水平持续提升。城乡面貌也呈现了新气象，“美丽天津·一号工程”深入推进，“两港四路”大交通体系日臻完善，城市综合承载能力显著提高，生态环境明显改善，人民生活水平不断提升，文化软实力不断增强，天津在全国的地位和作用日益凸显，对国家的贡献日益增加。这些大思路、大手笔、大格局、大气魄，体现出务实里富有创新，创新中注重实效，形成了天津这座城市的重要内容和一大特色。

天津人秉承的博大气魄和宽阔胸襟的传统——“开放包容”，就是天津这座城市的“魅力范儿”

我喜欢漫步在天津的五大道，窄窄的街道，樱花簇拥着一幢幢小洋楼，我幻想过能住到这里，每天推开窗闻花香、看行人，傍晚坐在马车上徜徉，缓走其中。这里宛如旧日津门的缩影，租借历史的回忆录。让我们掀开这本回忆录，回顾一下中国的近代史，感受天津开放包容的往昔。

明代在天津设卫的一个主要原因，就是漕运、芦盐带动了天津商业的发展，强化了天津的经济功能，提高了天津的军事地位。1860 年天津被西方列强的战舰轰开大门后，便成为我国北方最早的通商口岸，被迫向世界开放。天津独特的区位优势，集荣辱于一身，是中国维新变法的策源地，是中国北方洋务运动的中心，是清政府推行新政的试验场，成为东西方文化的汇合地。第二次鸦片战争后，1866年清政府在天津设立机器局，这是天津近代工业的发端，也是中国北方工业的发祥地。1880年，清政府建立北洋水师大沽船坞，这为天津近代工业的发展奠定了坚实的基础。1878年清政府成立了“官督商办”股份制性质的“开平矿务局”，这是中国最早机械化采煤的煤矿，也是中国第一家发放股息的公司。天津建造了中国最早运营的津唐铁路，建立了中国最早的电报通信设施，成为中国近代邮政的发祥地。与此同时，天津民族资本的近代工业也孕育而生，中国化学工业的先驱、著名实业家范旭东，创建了永利制碱公司，还有贻来牟机器磨坊、德泰机器厂、天津自来水公司、织染缝纫公司、北洋劝业铁工厂、天津牙粉厂等几十家官办、官督商办、商办的企业相继成立，天津初步具备一个工业城市带动和辐射周边地区经济发展的功能。天津还是北方的金融中心，设立了“北四行”，建立了中国第一家证券交易所。与此同时，许多外国银行相继在天津设立分行，至20世纪30年代，天津已经成为中国北方最大的金融中心和金融市场，并与上海相呼应，成为“中国南北两大金融高地”。

由于实业的兴旺，天津形成了融汇南北、中西合璧、贯通中外的多元文化。诸如以长芦盐业生产制造运输形成的“盐文化”，以“天后宫”为代表、河海兼容的漕运文化，以建立租界、修建教堂、开办洋行为代表的租借文化，以《大公报》《时报》《直报》等报刊为代表的传媒文化，以严复译著的《天演论》和梁启超创刊的《庸言》为代表的思想文化，以公办北洋大学和私立南开大学相继成立的学院文化。同时，因为租借的建立，天津也很大程度上对外开放，带来了西方不同国家的建筑风格，也带来了异国的风俗文化。此外，中国近代音乐、话剧是由李叔同由日本引进到天津的。京剧、评戏、曲艺等艺术门类的不断丰富和完善，也成为天津历史文化名城的一大特色。天津城市文化的包容性、多样性和开放性，展示了天津文化的性格，勾画出天津文化的清晰面目。天津人海纳百川，开放包容，特别是近几年，天津更是吸纳国外的和国内其他省市的先进理念、先进科技、先进管理方式，在总结成功经验的基础上吸收再创新。开放包容的胆识气魄和博大胸襟成为天津不断发展进步的强劲动力。

天津人秉承的幽默风趣和热情开朗的情怀——“开放包容”，就是天津这座城市的“市井范儿”

天津虽然没有和北京一样的举世瞩目，也没有和上海一样的耀眼繁华，虽然没有像山西一样的历史厚重，也没有像广州一样的丰富多彩。但是天津有着自己的历史、文化和独特魅力。

“君自故乡来，应知故乡事，来日绮窗前，寒梅著花未?”我的家乡情结很浓，故乡在我的身上打上了深深的烙印。我在天津从上学、就业，到成家、生子，这十三年走过的路，我像热爱自己的家乡山西侯马一样，渐渐地爱上了天津、爱上了滨海新区、爱上了泰达，爱上了天津独有的“市井范儿”。这种“市井范儿”我认为就是天津在大都市里仍保留的风义侠气。就是天津人性情淳朴、直率热情、幽默自嘲、能说善侃、守土恋家、不拘小节、不失大义的特质和喜欢过安稳日子的生活态度。就是天津人乐观豁达，无论多么艰辛，都有一种积极阳光、苦中取乐的心态，敢于拿自己找乐，具有“吗钱不钱的，乐和乐和得了”的幽默谐趣，就是天津人“马大哈、逗你玩、二他妈、姐姐”等个性语言和蕴含着的深刻人生哲理。就是我吃惯了“大麻花”“煎饼果子”“锅巴菜”这些唇齿留香的食品。就是在悠闲的时候爬盘山、游海河、逛古文化街、听相声，到七里海钓小螃蟹，在咱新区看大海。就是我不断地深深地爱上这座城市的一个个烙印……

“品德范儿”“激情范儿”“魅力范儿”“市井范儿”串联起来的“天津范儿”宛如海河水，藏珍纳景，激波扬涛，在激励着天津人民励精图治、开拓创新，显示出强大的生命力和创造力的同时，也在不断地感染我、影响我、包裹我。

2015 年 12 月

争做践行“三严三实”好干部
树立忠诚干净担当新形象

“严以修身、严以用权、严以律己，谋事要实、创业要实、做人要实”“对党忠诚、个人干净、敢于担当”，是习近平总书记在新的历史条件下对干部特别是党员领导干部提出的基本要求，是党员领导干部修身之本、为政之要、做人之基。各级党员领导干部要深刻理解“三严三实”蕴含的丰富内涵，突出问题导向，贯彻从严要求，坚持知行合一，注重典型引领，把提升思想认识和解决实际问题结合起来，推动“三严三实”专题教育深入开展。

深刻认识“三严三实”专题教育的重大意义

2013 年 3 月，习总书记在参加全国两会安徽代表团审议时首次提出，“各级领导干部都要树立和发扬好的作风，既严以修身、严以用权、严以律己，又谋事要实、创业要实、做人要实”。之后，习总书记分别在 2014 年 3 月视察河南省兰考县、2014 年 10 月在党的群众路线教育实践活动总结大会上讲话、2015 年 1 月视察驻昆明部队、2015 年 2 月在视察驻西安部队先后四次在不同场合强调“三严三实”，在全党、全社会引起高度共鸣，形成了广泛共识。“三严三实”只有短短六句话二十四个字，谆谆告诫，字字珠玑，振聋发聩；深切关怀，语重心长，意蕴深远。这既是我们做人做事、为官用权的警世箴言，也是各级领导干部的行为准则、从政指南，又是对领导干部加强作风建设与党性修养的根本要求。开展“三严三实”专题教育，是党的群众路线教育实践活动的延展深化，是持续深入推进党的思想政治建设和作风建设的重要举措，是严肃党内政治生活、严明党的政治纪律和政治规矩的重要抓手，对于进一步增强党的创造力凝聚力战斗力，协调推进“四个全面”战略布局，具有重大的现实意义和深远的历史意义。

开展“三严三实”专题教育是持续推进作风建设的重要举措。我们党历来重视作风建设，从革命战争时期的“三大纪律八项注意”“三大作风”，到夺取全国政权时的“两个务必”，再到改革开放后的“八个坚持八个反对”。这些优良的作风，锻造了过硬的队伍，赢得了群众的支持，凝聚了强大的力量，是我们党发展壮大的重要原因。党的群众路线教育实践活动开展以来，党风政风得到明显改善，但“四风”还没有根除，党员干部队伍管理和党员干部身上仍然存在不严不实的问题。现在，我们党站在新的历史起点上，正在协调推进“四个全面”战略布局，改革发展稳定任务之重前所未有，矛盾风险挑战之多前所未有，对我们党治国理政的考验之大前所未有。实现中华民族伟大复兴的中国梦，关键在党的创造力、凝聚力和战斗力。我们党作为执政党，不但要有强大的“真理力量”，还要有强大的“人格力量”，要以严的精神管党治党、以实的作风干事创业。只有认真贯彻“三严三实”要求，切实解决党员干部作风与新形势新任务不相适应的问题、与党和人民新要求新期盼不相符合的问题，我们党才能战胜“四大风险”、经受住“四种考验”，更好地巩固执政基础，提高执政能力，完成执政使命。

开展“三严三实”专题教育是加强干部队伍建设的迫切要求。“三严三实”是打造高素质干部队伍的内在要求。“三严三实”从精神支柱、价值追求、行为规范等方面，全面阐述了新时期党员干部应有的精神特质，为加强干部队伍建设提供了指导。“三严三实”是选拔任用干部的重要标准，要让那些认真践行“三严三实”的干部干事有舞台、工作有位子。“三严三实”是教育培养干部的重要内容，应纳入各级党委（总支、支部）中心组学习之中，教育引导党员干部认清“三严三实”的重要意义、基本内涵和精神实质。我们在加强干部队伍建设中一定要把“三严三实”作为教育培养干部的重要内容、考核评价干部的重要依据、选拔任用干部的重要标准、监督管理干部的重要要求，教育干部修身严、用权严、律己严，激励干部谋事实、创业实、做人实，打造一支坚守精神高地、脚踏实地、勤政廉政的干部队伍。

开展“三严三实”专题教育是解决“不严不实”的现实需要。当前，一些领导干部仍然存在侥幸心理，思想上对反腐倡廉的重视程度不够，一些惯性思维和行为没有得到根本纠正。还有一些领导干部对待工作标准不高，把关不严，满足于“大概齐”“差不多”，不作为、慢作为，存在“庸懒散”现象。出现以上这些问题，原因是多方面的，既有自我要求不严的问题，也有外在约束不强的原因，还与一些党组织履行“两个责任”不够，干部监督管理失之于软、失之于宽都有关系。但深究起来，根源上还是个人理想信念滑坡，宗旨意识淡薄，事业心、责任心不强，“四风”的错误观念在作祟。“不严不实”看似小节，实为大患，长此以往，关键时刻必然会犯错误。开展“三严三实”专题教育，就是要向“不严不实”问题叫板、挑战。查摆问题，整改问题，形成从严从实的氛围，进一步营造风清气正的政治生态和良好环境。

开展“三严三实”专题教育是改革发展稳定的切实保障。“三严三实”从思想和实践两个层面对党员干部的精神状态和工作方法作出了系统精辟的概括，既提振了士气，又指明了方法。当前，我国全面深化改革进入深水区和攻坚期，尤其需要以“严”和“实”汇聚起攻坚克难的强大动能，努力推动全面深化改革各项工作。发展和民生工作事关千家万户的切身利益，尤其需要践行“三严三实”要求，既不能超越发展阶段做出过高承诺，又不能代民作主自定民生项目，必须做到承诺要实、履诺要严。稳定既是改革的前提，又是发展的保障，只有践行“三严三实”，才能始终绷紧安全稳定这根弦，做到守土有责。

深刻认识“三严三实”的丰富内涵和重大意义

“三严三实”言简意赅、内涵深刻，贯穿着马克思主义政党建设的基本原则和内在要求，丰富了管党治党的思想理念，为加强党员干部党性修养、把全面从严治党要求落到实处提供了重要遵循。各级党员领导干部学习“三严三实”、践行“三严三实”，必须准确把握“三严三实”的基本内涵，真正做到对党忠诚、个人干净、敢于担当，更加自觉地在政治上思想上行动上同以习近平同志为核心的党中央保持高度一致，不断提高全面从严治党的政治自觉和行动自觉，争做“三严三实”的表率。

严以修身，这是我们干事创业的基础，必须锤炼品行，拧紧“总开关”。这个词语的核心是“身”字。身，即身体，从心理学角度看是各种欲望的本源。古语有“修身齐家治国平天下”“吾日三省吾身”，可见修身的重要性，它是安身立命、齐家自好的前提基础。我们要把修身作为一生的必修课，加强党性修养，坚定理想信念，提升道德境界，追求高尚情操，树立正确的世界观、人生观和价值观。修身先树理想，坚持正确的政治路线、政治立场、政治方向、政治道路，坚定对中国特色社会主义的道路自信、理论自信、制度自信。修身重在立德，自觉陶冶道德情操、锤炼道德意志、筑牢道德防线，始终坚守共产党人的精神家园。修身必扬正气，讲修养、讲道德、讲人格，带头弘扬新风正气，自党抵制歪风邪气，做良好社会风气的倡导者和先行者。标杆就是毛主席讲的，要成为一个高尚的人，一个纯粹的人，一个有道德的人，一个脱离了低级趣味的人，一个有益于人民的人；就像总书记讲的，要信念坚定、为民服务、勤政务实、敢于担当、清正廉洁，成为党和人民需要的好干部。

严以用权，这是我们干事创业的核心，必须树立正确权力观。“权”古语中就是“锤”，也称作“秤”。在古代就是从事“度量衡”职能的“公器”。国企的干部虽没有政府官员手中权力大，但是手中的权力也不容小视，有的手中掌握着上亿的资产，掌握着大项目的审批和大额资金的使用，所以一定要对手中权力有战战兢兢、如临深渊、如履薄冰的谨慎，确保行使不偏向、不变质、不越轨、不出格。用权守规矩，把握法定职权必须为、法无授权不可为的基本要求，不越位、不错位、不缺位，按规则、按制度用权。用权受监督，用制度管权管事管人，自觉接受人民的监督，不断提高透明度，让阳光照进权力运行的每一个角落。反对用权任性，一方面要防止“一把抓”“一言堂”“一支笔”“一句话”，另一方面要防止把任性与敢于决断、敢于负责、敢于担当等同起来。有的干部怕出问题、怕担风险、怕担责任，以纪律约束严了为借口，不干事、少干事，有畏难情绪，不敢工作。大家一定要摒弃这种错误认识，任何时候，只要对工作有利，对发展有利，符合规则，符合制度，就要坚持下去。

严以律己，这是我们干事创业的根本，必须守住原则底线。党员领导干部要把增强遵规守纪的自觉性放在首位，常思“严”之益、常念“纵”之害，自己管好自己、自己管住自己。心中要始终有党，坚决贯彻执行党章，牢记自己第一身份是共产党员，把自觉维护党中央权威、始终同党中央保持高度一致落实到具体工作中。要牢记权力不可私用、不可乱用、不可滥用，始终做到“思”而有所顾忌、“行”而不忘法纪。心中要始终有责，担负起党风廉政建设责任，不仅自己心存敬畏、手握戒尺，而且还要抓好班子、管好队伍，遵守党纪国法，做到廉洁从业。

谋事要实，这是干事创业的前提，必须立足实际谋划发展。古语讲“先谋后事者昌，先事后谋者亡”说的是决策应在执行之前，否则后果严重。我们做任何工作一定要从实际出发谋划事情，使点子、政策、方案符合实际情况，符合客观规律。首先，谋事要深入调查研究。党员领导干部要以身作则、亲力亲为，在了解情况上多多益善，在把握问题上穷根究底，在认识规律上努力攻关，在完善措施上群策群力，全心谋发展。其次，谋事还需要一切从实际出发。要把局部利益放在全局利益中去把握，把眼前需要与长远谋划统一起来，拿出符合客观实际、干部群众认同的管用招法来解决矛盾、推动工作，协同发展。

创业要实，这是干事创业的关键，必须主动作为苦干实干。创业要实，就是要真干事。事有千件，贵在真干。当前我国正处于全面深化改革的攻坚时期，面临着复杂繁多的矛盾，也遇到很多新情况、新问题。作为党员干部，就要敢干事、能担当。创业要实，就是要会干事。“工欲善其事，必先利其器。”领导干部仅有干事的热情和愿望远远不够，还需有干事的能力和本领。特别是当前我国正处于推进“四个全面”战略布局的关键阶段，这就要求广大党员干部要注重运用方法和技巧，从实际出发，善于学用政策，善用科学方法，破解发展难题，善于总结提高，在实践中不断完善经验。创业要实，就是要干实事。要创好业、干好事，不仅要有干事的激情和愿望，更要有干事的能力和实力。要把创业的落脚点放到办实事、求实效上，通过真抓实干使各项改革部署落到实处、取得实效。

做人要实，这是干事创业的保证，必须坚守忠诚，坦荡为人。要争做老实人，把做老实人的那股劲融入工作、学习、生活的各个方面，把心思多用在工作上，具体来讲要做到以下两点。一是忠诚善良。就是对组织要忠诚，不讲谎话，对同志要忠诚，不讲假话，对群众要忠诚，不讲空话；就是心存善念，关心他人，善待他人。与人为善必自善，与人为恶必自恶。二是光明磊落。就是要坦坦荡荡，堂堂正正。作为领导干部，要时刻站在组织的大家庭角度做人做事，不进个人的小圈子。出以公心、心底无私、公开透明，就能让绝大多数人理解、让绝大多数人信服。切实做到言行一致、知行统一。多干老实事，以大局为重、以发展为要，对工作尽力，对岗位尽责，对事业尽心。做到台上台下一个样，人前人后一个样。

紧紧抓住“三严三实”专题教育的着力点

“三严三实”专题教育不是一次活动，不分批次、不设环节，而是融入领导干部经常性的学习教育。各级党组织要认真学习、精心组织，切实抓好贯彻落实。

一要抓好学习教育。开展“三严三实”专题教育，首要的是抓好学习教育、打牢思想根基。应在学习教育上下足功夫、花足力气，切实把“严”和“实”的要求立起来，以思想自觉引领行动自觉。把深入学习习近平总书记系列重要讲话精神作为学习教育的重中之重，领会核心要义，掌握精神实质，把握贯穿其中的立场观点方法，做到学而信、学而用、学而行。要认真研读《习近平谈治国理政》《习近平关于党风廉政建设和反腐败斗争论述摘编》等重点书目，深学细照笃行，把学习当成一种习惯，养成良好学风，久而久之对坚定理想信念就会产生潜移默化、水滴石穿的效果。

二要明确领导责任。各单位党组织应增强政治责任感，把学习贯彻“三严三实”要求作为当前和今后一个时期的重大政治任务，制定符合本单位切实可行的专题教育方案，精心组织实施。能否把这个重大政治任务完成好，是对各单位党委履行党建主体责任的直接检验。党委书记应承担起第一责任人的职责，把抓专题教育情况作为党建工作述职评议考核的重要内容。各级领导干部应发挥带头作用，层层做出示范，确保专题活动不走过场、取得实效。

三要突出问题导向。把问题意识、问题导向贯穿专题教育全过程，把发现问题、解决问题作为出发点和落脚点。坚持边学边查边改，深入查找“不严不实”的问题，列出问题清单，一条一条梳理，一项一项整改，对准靶子，解决问题才有的放矢。对存在“不严不实”问题的领导干部，立足于教育提高，促其改进；对群众意见大、不能认真查摆问题、没有明显改进的，应进行组织调整。应建章立制，强化刚性执行，以解决问题的成果来检验专题活动的成效。推动践行“三严三实”要求制度化、常态化、长效化。

四要抓实四个“关键动作”。这四个“关键动作”是：高质量讲好专题党课、组织好专题学习研讨、开好专题民主生活会和组织生活会、抓好整改落实和立规执纪，坚持“集中抓”与“持久抓”并重、“抓节点”与“抓日常”并重，有效融入经常性学习教育。

五要做到统筹兼顾。将开展“三严三实”专题教育与完成好“十二五”、谋划好“十三五”结合起来，与本单位重点工作结合起来，与改进干部作风结合起来，把作风建设激发出来的进取精神转化为做好工作的强大动力，做到“两手抓”“两不误”“两促进”。

2015 年 9 月

淬炼“三功”持续发力
锲而不舍落实中央八项规定精神

习近平总书记就反“四风”工作作出的重要批示，充分彰显了以习近平同志为核心的党中央把党的伟大自我革命进行到底、持之以恒推进全面从严治党的鲜明态度和坚定决心，为当前和今后一个时期深入落实中央八项规定精神、纠治“四风”工作指明了方向。各级党组织要一以贯之学懂弄通做实习近平新时代中国特色社会主义思想，进一步提高政治站位，保持政治定力，发扬斗争精神，增强斗争本领，树牢“四个意识”、坚定“四个自信”、做到“两个维护”，始终牢记初心使命，以自我革命的勇气，锲而不舍落实中央八项规定精神。

提高政治站位，增强大局观念，在部署推动上用真功

总书记反复强调，各级领导干部要善于从政治上看问题，善于从政治上谋划、部署、推动工作。政治上搞明白了，思想上才能领会到位，行动上才能贯彻到位。这一论断，也是“不忘初心、牢记使命”主题教育带给我们的深刻启示，只有提高政治站位，才能增强大局观念、正确认识大局、自觉服从大局、坚决维护大局。作风建设是党的建设金色名片，中央八项规定是长期有效的“铁规矩”“硬杠杠”，落实中央八

项规定精神是党的十八大以来持续深入推进的重大政治任务，是主题教育的重要内容。各级党组织务必要自觉与习近平总书记关于作风建设的要求对标对表，从增强“四个意识”、做到“两个维护”的政治高度充分认识这项重点工作的必要性、艰巨性和紧迫性，增强抓作风、改作风、正党风的自觉性和坚定性，增强政治定力、政治判断力、政治鉴别力、政治执行力，延续主题教育中的优良作风，不等不靠，担当作为，协同配合，抓住关键，确保各项任务取得实效。

落实“两个责任”，形成强大合力，在督促落实上用真功

“不忘初心、牢记使命”主题教育为深入推进作风建设注入了强大动力。各级党组织要以开展主题教育为契机，把落实中央八项规定精神、纠治“四风”工作贯穿主题教育全过程，突出工作重点，坚决整治形式主义、官僚主义，深入治理享乐主义、奢靡之风，抓好主题教育专项整治，扎紧制度笼子。各级党组织和纪检组织要充分认识自身在这些工作中的定位和职责，在落实各项工作任务中要密切配合、互相支持、形成合力。各级党组织要切实把主体责任扛起来，把全面从严治党的要求落实到完成重点工作任务过程中，同时以重点工作的有效开展来推进本单位全面从严治党向纵深发展。党组织书记是第一责任人，要切实担负起管党治党第一职责，种好“责任田”，练好“基本功”，在本单位推动落实重点工作过程中做到“亲自部署、亲自过问、亲自协调、亲自督办”。班子成员要把履行“一岗双责”作为行动自觉，要在制度上履行好“一岗双责”，在工作中体现好“一岗双责”，在监督中落实好“一岗双责”。各级纪检组织要切实扛起监督责任，把重点工作任务的开展作为持续推进党风廉政建设、加快转变工作作风的重要契机和有效举措，充分发挥牵头、把关、监督等环节的重要作用，强化督促指导

和追责问责，倒逼各级党组织和领导干部履职尽责，坚决防止在落实上级决策部署中走形式、走过场，确保以高的标准、严的要求将各项工作要求落到实处，进一步营造风清气正的干事创业氛围。

强化责任担当，切实履职尽责，在发挥作用上用真功

“人不率则不从，身不先则不信。”要求党员坚决做到的，自己却“不学不做”；要求党员认真整改，自己却消极应付；自身“软如泥”，却要求他人“硬如铁”?！这样的党员干部怎么能够以上率下，怎么能够履职尽责？大家一定要真正把落实管党治党责任作为最根本的政治担当，推动主体责任和监督责任一贯到底，落细落实。要旗帜鲜明讲政治。以“两个维护”为纲为魂，把讲政治要求贯穿政治监督全过程，把准政治方向、强化政治担当、提高政治能力，始终在思想上、政治上、行动上同以习近平同志为核心的党中央保持高度一致，严守政治纪律和政治规矩，形成与多处岗位相称的政治能力。要坚定不移重规矩。要带头遵守党章党规党纪，坚持把党的纪律挺在前面，要把“坚定不移重规矩”立起来、严起来，始终言有所戒、行有所止。要发挥作用敢担当。敢于担当是一种人生态度，有目标有方向是一种人生智慧。要让担当者担当、让有为者有位，要多谋改革发展之策，多解“提质增效”之题，敢啃硬骨头、敢碰硬钉子，在推进公司高质量发展中打头阵、当先锋，知责进取、负责有为。要坚持失责必问、问责必严。没有问责，责任就落实不下去。问责本身不是目的，不是搞“事后算账”。事实上，问责只是手段，尽责才是目的。对于那些责任不落实、措施不到位、监管不严格、造成严重后果的，要从严问责追责。

2019 年 9 月

坚守初心使命　永葆政治本色
在推动国企高质量发展中担当作为

习近平总书记指出："担当大小，体现着干部的胸怀、勇气、格调，有多大担当才能干多大事业。"国有企业作为国家发展的重要支柱和强国的重要力量，是承担历史使命的先锋队。作为国企的党员干部，要以对党忠诚、为党分忧、为党尽职、为民造福的政治担当和以时不我待、只争朝夕、勇立潮头的历史担当，干在实处，走在前列，勇闯改革创新路，勇于战胜各种艰难险阻和风险挑战，担当新使命、展现新作为，在全面贯彻新发展理念、推动国企高质量发展中把党的十九大擘画的宏伟蓝图落细落实，满怀激情地投入到新时代中国特色社会主义伟大实践中。

不忘初心、牢记使命，不断强化勇于担当的意识

担当作为是新时代党员干部的政治本色，是职责所系、使命所在。中国共产党人的初心和使命，就是为中国人民谋幸福，为中华民族谋复兴。新时代新征程，无论是推进全面深化改革、推动高质量发展，还是打好"三大攻坚战"，都需要每一名党员干部乐于担当、敢于担当、善于担当。比认识更重要的是决心，比方法更关键的是担当。讲担当不仅

要积极作为、主动作为，提高执行力，还要有更高标准，既要用行动抓落实，又要有目标求成效，既要坚持以人民为中心的发展思想，更要饱含深厚的为民情怀。

担当作为是一种责任，是检验每一名领导干部是否真正体现共产党人先进性和纯洁性的重要标准。共产党人的担当，应当是为主义、为信仰、为宗旨、为初心而赴汤蹈火、献出生命也在所不惜的真担当，是为大局、为大义、为大任而甘心付出、无私奉献的大担当，是面对大是大非、风险困难敢于横刀立马、举旗亮剑、冲锋在前的铁担当。当前国企个别干部仍存在担当精神不足，干工作缺乏执行力和落实力，面对难题“绕圈子”，干工作表态多、调门高但行动少，形式主义、官僚主义的“病灶”还没有连根拔起。党员干部要发扬自我革命精神，勇于刀刃向内，坚决做到政治上不虚化、思想上不自欺、工作上不虚空、作风上不轻飘，以冲天干劲践行初心、勇担使命。

不忘初心、牢记使命，切实拿出敢于担当的实际行动

敢当守初心、担使命的示范者。忠诚是共产党员的政治生命线，是首要和根本政治要求，也是做一名好干部、做好一切工作的前提。习近平总书记强调，“对掌握刀把子、枪杆子、印把子、笔杆子、钱袋子的同志，要在对党忠诚上有严格要求”。国企掌握着大量资源，服务万千百姓，关乎国计民生，是中国特色社会主义的重要物质基础和政治基础，是我们党执政兴国的重要支柱和依靠力量。“洛阳亲友如相问，一片冰心在玉壶。”国企领导干部要有“赤子”般的忠诚品质，始终保持忠于党、忠于祖国、忠于人民、忠于法律的政治本色，牢固树立政治意识、责任意识、宗旨意识，做到政治上绝对可靠、思想上绝对忠诚、行动上绝对紧跟，做讲忠诚、守初心的示范者，为党和人民守护好、发展

好这份事业。

勇当国有企业改革的先行者。国企改革是场“大考”，考的是掌控大局的定力、担当负责的魄力、干事创业的能力。当前国企在解决历史遗留问题、体制身份转变、防范国有资本流失等多方面攻坚克难，不断破解体制机制难题，成效显著，改革红利逐步显现。但在进一步凝聚共识、激励担当、深化改革方面依然任重而道远。要勇做担使命的先行者，积极探索、主动作为、敢于担当、甘于奉献，不断提高担当的能力、增强担当的勇气、锤炼担当的品格，抢抓难得的历史机遇，打好深化国企改革的主动仗，注重改革质量和效益，盘活存量资产、优化资源，瞄准重点，攻破难点，以实干谋发展、求实效、铸恒心，把国企改革发展各项工作抓紧抓实抓到位。

争当推进高质量发展的引领者。国有企业作为壮大国家综合实力、保障人民共同利益的重要力量，是全面深化改革的重中之重。国企改革的意义并不局限于自身，而是以小见大，以点带面，串珠成线，以小改革撬动大改革，在全面深化改革的宏大舞台中发挥其作用。要全面贯彻落实习近平总书记关于国企改革重要指示精神，及时转变发展理念，坚持把创新作为引领发展的第一动力，打造更多以优秀企业为代表的创新发展平台，争当推进高质量发展的引领者。要持续强化产融协同，做好产融联动支持，提升产融协同规模和效应，互促共进形成发展合力。

不忘初心、牢记使命，持续锤炼善于担当的过硬本领

在深学笃信中坚定理想信念。习近平总书记指出，“坚定理想信念，坚守共产党人精神追求，始终是共产党人安身立命的根本”。有了坚定的理想信念，站位就高了，心胸就开阔了，就能坚持正确政治方向，做到“风雨不动安如山”。要把深入学习贯彻习近平新时代中国特色社会

主义思想作为首要任务、根本任务，进一步树牢“四个意识”，坚定“四个自信”，做到“两个维护”，避免少知而迷、不知而盲、无知而乱的困境，始终在政治立场、政治方向、政治原则、政治道路上同以习近平同志为核心的党中央保持高度一致。要始终把忠诚放在第一位，任何时候任何情况下都要站得稳、靠得住。既要以知促行，坚持理论联系实际，把自己摆进去、把职责摆进去、把工作摆进去，创造性地开展工作；又要以行促知，在履职尽责的实践中不断加深对习近平新时代中国特色社会主义思想的感悟，坚持不懈用习近平新时代中国特色社会主义思想武装头脑、指导实践、推动工作。

在学思践悟中修炼自我。为政之道，修身为本。干部的党性修养、道德水平，不会随着党龄工龄的增长而自然提高，也不会随着职务的升迁而自然提高，必须强化自我修炼、自我约束、自我改造，在担当作为中经受历练，不断涵养政治定力，练就政治慧眼，恪守政治规矩，自觉做政治上的明白人、老实人。要明大德以锤炼坚强党性，在大是大非面前旗帜鲜明，在风浪考验面前无所畏惧，在各种诱惑面前立场坚定，建好领导干部的精神家园和价值高地。要守公德以恪守立党为公、执政为民理念，将理想信仰的精神支柱转化为具体的为人民服务的生动实践，干出经得起历史、实践和人民检验的政绩。要严私德以保持人民公仆本色，加强家风建设，以“修身齐家”形成良好操守，以平常心对待名利得失，在为党、为事业做贡献中实现人生境界的升华。

在细照笃行中增长才干。“苟日新，日日新，又日新。”当前国内外形势正在发生深刻复杂变化，各种困难、风险、挑战层出不穷。我们适应的一面正在下降，不适应的一面正在上升。如果不能主动加快知识更新、优化知识结构、拓宽眼界和视野，就无法赢得主动、赢得优势、赢得未来。要树立本领恐慌的危机意识，常学常新、以新应新，善于打破思维惯性和工作惯性，聚焦新时代领导干部需要具备的八种执政本领，抓好能力本领需求与事业发展、工作推进需要的无缝对接，不断提高适应新时代、实现新目标、落实新部署的能力，以创新举措破解发展难题，在开拓创新中担当作为。同时，要多到条件苦、困难大、矛盾多的地方去锻炼，在推进重要工作中总结经验、在解决纠纷矛盾中增长才干、在完成急难险重任务中经受考验，在实践中强化担当作为的真本领，努力交出新时代的合格答卷。

2019 年 6 月

做心怀“五情”的共青团干部

——深入学习习近平总书记在同团中央新一届领导班子集体谈话时的重要讲话精神

2023年6月26日，习近平总书记同团中央新一届领导班子集体谈话时强调“青年人有理想、敢担当、能吃苦、肯奋斗，中国青年才会有力量，党和国家事业发展才能充满希望”，念兹在兹的“青年情”，激励着广大青年心怀感情、热情、激情、豪情、痴情，勇担使命，以青春的意志、青春的热血、青春的奋斗放飞人生梦想，成就事业华章，为强国建设、民族复兴挺膺担当。

厚植浓郁感情，以信仰之坚指引人生方向。习近平总书记强调要“加强对广大青年的理想信念教育”，就是希望青年“胸怀忧国忧民之心、爱国爱民之情”，铸就对党的“真信仰”“铁忠诚”。家国情怀是支撑一个人事业之基础。只有从心底里全心全意付出、全情投入工作、全力以赴追随，才能真正做好党的助手和后备军。国有企业是党的经济部队，更要持之以恒致力于加强和改进对广大青年的思想政治引领，打造学思践悟的新学校、大课堂，引导青年以坚定信仰指引人生方向，以党的旗帜为旗帜、以党的意志为意志、以党的使命为使命，牢记“国企姓党、国企强国、国企为民”的根本属性，让爱党、爱国成为无悔选择和自觉行动。

满怀一腔热情，以实干之力投身伟大事业。习近平总书记指出，

“共青团要坚持围绕中心、服务大局”，就是希望青年以事业为重、以担当为荣，努力做出无愧于初心、无愧于时代、无愧于人民的业绩。“热爱可抵岁月漫长。”青年多一份对事业的热情，就多一份责任担当，多一份主动作为。对国企青年来讲，投身企业改革发展，就是最广阔的舞台。泰达控股是具有深厚底蕴和优良传统的企业，是天津国企的一张亮丽名片，一代代泰达青年冲锋在改革发展主战场，奋战在重大项目主阵地，坚守在服务民生最前沿。新征程上，泰达的青年弄潮儿、追梦人、生力军要接续奋斗，敢于穿梭“荆棘林”、跨越“大沙漠”，争做勇当先锋、勇挑重担的担当者，坚毅不拔、锻炼意志的吃苦者和奉献祖国、绘就青春的奋斗者，努力成为堪当民族复兴重任的时代新人。

释放澎湃激情，以担当之举展现青春作为。习近平总书记指出，要“激发强国有我的青春激情，在强国建设、民族复兴伟业中勇当先锋队、突击队”，就是希望广大青年打破暮气、振奋精神，以激情创造奇迹，以激情成就事业，以激情提升境界。“人是要有点精神的。”对青年来讲，激情是活力的源泉，是最珍贵的品质。泰达青年是有激情的，它激荡在万里之外由习近平总书记亲自揭牌的“一带一路”典型案例——中埃·泰达苏伊士经贸合作区内，隐含在供应全世界的“泰达芯”口罩核心滤材中，流淌在“退烧锦鲤”放心药的生产线上。新时代下，泰达青年将与全国其他最具创新热情、最具创新动力的青年一道，把青春激情转化为持久的、积极向上的行动力，不为任何风险所惧、不为任何干扰所惑，以“功成不必在我”的精神境界和“功成必定有我”的激情斗志奋勇前行。

激发万丈豪情，以追梦之志提振生机活力。习近平总书记强调，“实现强国建设、民族复兴宏伟目标，需要全党全国各族人民包括广大青年团结一致、全力以赴，继续爬坡过坎、攻坚克难”，就是希望青年敢于有梦、勇于追梦、勤于圆梦。国家民族的前途命运、人民群众的幸福安康，是当代中国青年应当肩负起的时代重任。豪情满怀地追求卓越、追求一流、追求梦想，是青春最亮丽的底色。全面建设社会主义现代化大都市，是属于每一个天津人共同的追梦之旅，在新时代追梦、筑梦、圆梦的道路上，广大青年大有可为，也必将大有作为。要秉承敢闯敢试的精神、追梦圆梦的毅力，在担当中历练，在尽责中成长，在奋斗中幸福，把个人理想融入民族复兴伟大梦想，与时代同步伐、与人民共命运，让青春在强国建设、民族复兴的火热实践中绽放绚丽之花。

永葆一片痴情，以青春之名奔赴美好未来。习近平总书记强调，共青团要“努力培养社会主义建设者和接班人”，就是希望将广大基层团组织能真正打造成青年在实践中学习中国特色社会主义和共产主义的学校，做好团结、引领、教育、服务各项工作。百年征程中，共青团带领广大青年在革命年代冲锋陷阵、抛洒热血；在社会主义建设时期，忘我劳动、全力付出；在改革开放时期，创新创业、拼搏奋斗。进入新时代，这支先锋队、突击队要以习近平总书记的重要讲话精神为新的动员令和冲锋号，一如既往坚守初心情怀，用脚步丈量祖国大地，用眼睛发现中国精神。一心一意培植服务情怀，用耳朵倾听人民呼声，用内心感应时代脉搏。一丝不苟培养本领情怀，让实干成就精彩人生，用青春的能动力和创造力书写民族复兴的新篇章。

2023 年 7 月

图书在版编目(CIP)数据

人生五情 / 王林强著. -- 北京 : 中国文史出版社, 2024.1

ISBN 978-7-5205-4256-2

Ⅰ. ①人… Ⅱ. ①王… Ⅲ. ①中国共产党-基层组织-工作-文集 Ⅳ. ①D267-53

中国国家版本馆 CIP 数据核字(2023)第 166420 号

责任编辑: 薛未未
封面题签: 蒋子龙

出版发行: **中国文史出版社**
社　　址: 北京市海淀区西八里庄路 69 号院　邮编: 100142
电　　话: 010-81136606　81136602　81136603 (发行部)
传　　真: 010-81136655
印　　装: 北京新华印刷有限公司
经　　销: 全国新华书店
开　　本: 720×1020　1/16
印　　张: 18.5　　字数: 239 千字
版　　次: 2024 年 1 月第 1 版
印　　次: 2024 年 1 月第 1 次印刷
定　　价: 59.80 元